모순의 근원과 대안

한국의 교육

모순의 근원과 대안

한국의 교육

김영석 지음

경상대학교출판부

저자의 말

이 책은 한국 교육이 내포한 모순의 근원을 천착하고 이를 해소할 수 있는 대안을 제시하고자 하는 목적에서 기획되었다. 한국 교육의 근원적 모순을 분석하는 과정에서 독자들에게 한국의 교육이 작동하는 방식에 대해 깊이 있는 이해를 제공하는 것도 이 책이 의도하는 바이다. 이 책은 입시문제, 학교 문화, 신자유주의 교육정책, 대학의 시장화, 교과이기주의 등 한국 교육을 병들게 하고 있는 다양한 문제들을 주제별로 고찰하고 있는데, 그 과정에서 근대 한국 교육의 역사적 전개과정을 이해할 수 있도록 하였다. 또한 주제별로 대안을 제시하여 한국 교육이 나아가야 할 방향을 제시하고자 하였다.

이 책의 장별 내용들은 필자가 평소에 여러 계기를 통해 작성해 두었던 미발표 원고들을 바탕으로 하고 있다. 여러 원고들을 하나의 줄거리 속에 묶는 과정에서 다소 내용이 중복된 감이 있지만, 최대한 일관성을 갖추고자 노력하였다. 장별 내용을 소개하면 다음과 같다. 제1장에서는 한국 교육이 오늘날과 같은 왜곡된 형태를 갖게 된 역사적 기원을 식민잔재와 군사 문화, 신자유주의 교육정책 등을 중심으로 살펴보았다. 제2장에서는 여러 가지 교육 모순의 가장 큰 뿌리라 할 수 있는 5·31교육개혁의 전개과정을 살펴보았다. 그 과정에서 신자유주의 교육정책을 주도적으로 실천해 온 민주 정부

교육정책의 문제점을 살펴보았다. 제3장에서는 신자유주의 교육정책의 뿌리인 영미 교육개혁의 주요 내용을 살펴보았다. 제4장에서는 교육과정교과서 저질화 및 교육내용 파편화의 근본 원인이 되고 있는 교과이기주의 및 중앙집권형 교육과정 개발체제의 문제에 대해 살펴보았다. 제5장과 제6장에서는 입시문제의 근본 원인을 분석하고 그 대안을 선진국의 사례들을 중심으로 제시하였다. 제7장에서는 입시문제 해소 이후 대비해야 할 초·중등교육 정상화의 기본 방향을 살펴보았다. 제8장에서는 학벌 문제를 해소하고 대학경쟁력을 강화할 수 있는 국립대 네트워크의 구체적 실현 방안에 대해 논의하였다. 제9장에서는 근대 한국 교육의 역사적 전개 과정을 교육운동을 중심으로 살펴보았다. 마지막 제10장은 대안 사회의 대안 교육을 비판교육학의 관점에서 논의하였다.

듀이는 그의 저서 『민주주의와 교육』에서 한 사회의 수준만큼 그 사회의 교육 수준도 달라진다는 점을 역설하였다. 그리고 교육을 통해 모든 학생들이 동등한 수준에서 미래를 준비할 수 있도록 학교에 대한 행정적 지원은 물론 가정에서 누리지 못한 것까지 충분히 누릴 수 있는 수준의 뒷받침을 해 주어야 한다고 하였다. 나아가 전통적인 학교 문화, 전통적인 교과, 교수법과 훈육의 방법을 개선하여 청소년이 스스로 경제적·사회적 진로를 개척할 수 있도록 환경을 조성해야 한다고 하였다. 그리고 이러한 민주적 이상이 그 사회의 공교육을 지배해 가지 못한다면 민주적 이상 그 자체가 우스꽝스러우면서도 비극적인 환상에 불과할 수밖에 없다는 점을 지적하였다.

듀이의 주장을 바탕으로 한국 교육을 바라보면 암울하기만 하다. 4차 산업혁명 시대에 진로를 개척하는 데 아무런 도움이 되지 않는 교과내용, 무의미한 내용의 단순 이해를 바탕으로 반복적 문제풀이를 요구하는 입시, 재미없는 학교수업과 열악한 교실환경, 입학성적으로 대학의 명성을 유지하는 서열체제, 취업 준비에 매달리는 대학교육을 개혁하지 않고서는 민주적 이상의 실현은 물론 우리 사회의 미래 자체가 어둡다고 할 것이다. 촛불 시민들이 청산을 요구했던 적폐 가운데 한국 교육의 고질적 모순들이 포함된다고 할 것이다. 교육이 더 이상 아이들을 불행하게 만드는 흉기가 아니라 행복한 미래를 설계하는 밑거름이 되기를 바라는 마음으로 이 책을 집필하였다. 끝으로 원고를 꼼꼼하게 편집·교정해 주신 출판부 관계자 분들께 감사드립니다.

2017년 8월
김영석

목차

저자의 말 5

제1장 한국 교육의 모순과 위기의 원천 11

1. 한국 사회에서 교육이란? 13
2. 한국 교육의 모순과 기원 16
3. 신자유주의체제하에서 교육개혁과 한국 교육의 위기 26
4. 개혁의 시급성 34

제2장 5·31교육개혁의 추진과 민주 정부 교육정책의 모순 35

1. 5·31교육개혁의 의의와 사회적 파장 37
2. 5·31교육개혁의 추진 배경문민정부 41
3. 5·31교육개혁의 구체화 및 실천국민의 정부 46
4. 신자유주의 교육개혁의 모순 심화 및 교육복지 필요성의 증가참여정부 50
5. 5·31교육개혁 추진 과정상의 특징 56
6. 기로에 선 교육 59

제3장 영미식 신자유주의 교육정책의 특징과 한국 교육의 문제 63

1. 이명박·박근혜 교육정책의 이념적 좌표는 어디쯤일까? 65
2. 실패한 교육개혁 모델영미식 신자유주의 교육개혁 68

3. 생략된 역사 공교육 확대의 경험 74
4. 이념만 있고 실용은 없는 정책 78

제4장 교과이기주의 교육내용을 둘러싼 그들만의 경쟁 81
1. 교육내용을 둘러싼 갈등의 심화 83
2. 교육내용 선정을 둘러싼 사회적 갈등의 증가 85
3. 한국 국가교육과정체제의 문제점 92
4. 대안적 교육과정 개발체제 98

제5장 한국의 대입제도, 문제의 본질 103
1. 내신과 수능 대입시험의 특징과 문제점 105
2. 입시와 대학경쟁력 109
3. 잦은 대입제도 변경에도 입시문제가 해소되지 않는 이유 116

제6장 대안적 대입제도의 모색 129
1. 주요 선진국의 대학 입시 131
2. 각국의 대학체제 및 학생 선발 방식 142
3. 주요 선진국의 사례를 통해 본 대입제도의 세 가지 대안 151

제7장 초·중등교육 정상화의 조건과 방향 170
1. 왜 표준성취시험이 문제인가? 173
2. 현행 초·중등교육의 문제점 175
3. 초·중등교육의 개선을 위한 입시제도 및 평가제도의 개선 방안 180
4. 초·중등교육의 개선을 위한 교육과정체제 개편 방안 183
5. 초·중등교육의 개선을 위한 교사 연수 및 교육여건 개선 186
6. 교육개혁의 원칙 188

제8장 국립대 네트워크의 의의와 실현 방안 191
1. 국립대 네트워크의 의의 193
2. 국립대 네트워크의 실천상의 쟁점 198
3. 국립대 네트워크의 기대 효과 204
4. 국립대 네트워크의 단계적 실현 방안 208

제9장 근대 이후 한국의 교육운동 213
1. 일제강점기의 민족주의교육운동 217
2. 해방 이후의 새교육운동 226
3. 군사정부의 체제 이념교육 236
4. 민주화 시대의 참교육 251

제10장 탈자본주의 사회의 대안 교육 267
1. 자본주의체제하에서 교육 269
2. 탈자본주의 사회에서 교육 276
3. 사회개혁에 있어서 교육의 역할 290

참고문헌 293
찾아보기 305

제1장

한국 교육의 모순과 위기의 원천

1. 한국 사회에서 교육이란?

한국 사회에서 교육만큼 특별한 의미를 갖는 분야도 찾기 어려울 것이다. 예로부터 교육은 개인이 사회적으로 성공할 수 있는 가장 확실한 수단으로 여겨 왔기 때문이다. 그래서인지 한국 사람들은 자녀 교육에 거의 모든 것을 바칠 정도로 과열된 투자를 아끼지 않는다. 유치원, 초등학교 시절부터 각종 사교육을 받게 하는가 하면, 그것도 부족해서 조기유학을 보내기도 한다. 자녀들 유학 때문에 혼자 남아서 돈을 벌던 '기러기 아빠'가 외롭게 죽어간 사건은 외국 유명 언론에까지 보도되기도 했는데, 이는 한국인에게 교육이 어떤 의미를 갖는지를 단적으로 보여 주는 사건이라 하겠다.

높은 교육열이 꼭 나쁜 것은 아니지만 지나치게 과열된 교육 경쟁은 다양한 사회적 문제를 만들어 낸다. 심지어는 성적을 비관하여 자살하는 초등학생이 있는가 하면, 자녀의 사교육비를 벌기 위해 노래방 도우미로 나서는 어머니들도 있다.

그런데 과연 한국인들이 믿는 것처럼 교육이 사회적 신분이동의 확실한 수단이 되는 것일까? 또 많은 사회적·경제적 비용을 투자한 만큼 우리의 교육이 그 효과를 거두고 있는 것일까?

한국 사회에서 교육의 의미는 철저히 왜곡되어 있다. 교육이란 원래 개인의 발달을 돕는 행위로 정의된다. 개인의 발달이란 여러 가지로 해석될 수 있어서 사회적으로 유용한 인간이 되는 것을 의미하기도 하고, 개인의 자아실현을 의미하기도 한다. 그러나 한국 사회에서의 교육은 철저히 명문 대학에 진학하거나 좋은 직장에 취직하기 위한 준비과정으로 전락해 버렸다. 초등학교에서 고등학교까지는 대학에 진학하기 위한 준비 과정이라면, 대학은 취업준비기관이 된 것이다. 엄청난 규모의 사교육을 쏟아 붓는 이유도 명문대학에 입학하고 일류 직장에 취직하기 위한 것이다.

이렇듯 시험 준비를 위한 지식의 암기 정도로 의미가 격하된 교육을 받은 개인들은 행복하지 않다. 이 때문에 자신의 진정한 발달을 위한 교육은 오히려 모든 학교교육이 끝난 후에 시작되는 경우가 많다. 정서적으로 또 교양적으로 도움이 되는 책을 읽고, 취미활동을 위해 학원에 다니거나 직업 훈련을 받는 것도 대개 정규 교육이 끝난 이후에 자발적으로 시작된다. 세상을 이해하고 사회를 바라보는 시각도 학교교육이 끝난 후에서야 갖게 되며, 학교교육의 근본 목표 중 하나라 할 수 있는 민주주의에 대한 이해도 학교가 아닌 다른 곳에서 익히게 된다.

한편, 처절하리만큼 치열한 입시경쟁에 살아남기 위해 엄청난 사교육비를 지출해야 하는 한국의 교육체제하에서 교육은 사회적 신분이동의 수단이라는 기능도 상실해 가고 있다. 시골의 가난한 학생이 혼자 열심히 공부해서 명문대학에 입학하거나, 고등고시에 합격하는 일은 이제 주변에서 듣기 어려운 옛날이야기가 되어 버렸다. 부모의 사회적·경제적 지위가 높을수록 자녀의 수학능력시험 성적이 높다는 것은 여러 연구들을 통해 확인되고 있다. 서울대 합격자 가운데 절반가량이 강남 소재강남, 서초, 송파 고등학교와 특목고과학고, 외고, 자사고 출신이라고 한다. 이러한 입시경쟁은 한국 사회 특유의 학벌체제로 이어지기 때문에 엄청난 규모의 사교육비를 들여 명문대 진입에 성공한 학생들은 학벌주의체제하에서 평생 동안 특권적 지위를 누리며 살아가게 된다. 한국 사회에서 교육은 학벌체제를 유지하는 도구로 활용되며, 사회적 계급체제를 재생산하고 공고히 하는 임무를 수행하고 있는 것이다.

나아가 한국 사회에서 학교는 오히려 비교육적이고 반사회적인 행동 양식을 가르쳐 주는 곳이기도 하다. 왕따 문화, 차별 문화, 교실 폭력 등 폭력적이고 비민주적인 행동 양식을 학교에서 배운다. 세계에서 유일하게 도덕윤리 교과가 존재하고, 심지어는 화장실 벽에까지 교훈적 내용으로 가득 채워 놓은 우리나라의 교실에서 아이러니하게도 가장 비교육적이고 반도덕적 행위가 횡행하게 된 데에는 일제 식민 지배와 군사독재를 거치는 동안 형성된 반민주적·비교육적 문화가 학교체제에 뿌리 깊게 자리 잡고 있기 때문이다.

한국 사회에서 교육은 이제 골칫덩어리가 되어 버렸다. 사교육비 걱정 때문에 출산을 꺼리고, 자녀를 학교에 보내기가 겁나고, 돈 있는 사람은 조기유학을 보내야 하는 실정인데, 이에 대한 근본적 치유를 모색하기는커녕 오히려 교육 불평등을 조장하는 정책 대안들이 쏟아져 나왔다. 그야말로 교육이 총체적 위기에 처한 것이다. 이 장에서는 한국 교육이 처한 모순과 위기가 어디에서부터 비롯된 것이며, 이를 해소하기 위해서는 어떠한 노력들이 필요한지 살펴보기로 한다.

2. 한국 교육의 모순과 기원

황국신민화와 교육

왕따 문화, 학교 폭력, 교실 붕괴 등 우리 교육의 어두운 모습은 기실 일제 식민 지배의 유산이라 할 수 있다. 일본 제국주의는 우리 민족 고유의 교육 전통을 의도적으로 말살하고 이를 황국신민화 교육으로 대체해 놓았다. 일부에서는 일제의 식민 지배가 근대 교육의 도입으로 한국의 근대화에 이바지했다고 주장하기도 하지만, 일제 지배는 우리 교육에 도움을 주었기보다는 오늘날까지도 치유되지 못한 부정적인 유산만을 남겨 놓았을 뿐이다.

사실 한국 사람들의 높은 교육열은 이미 구한말 근대적 교육제도가 최초로 도입될 당시에도 확인되고 있었다(허수열 2005). 1894년 갑오개혁 이후 중학교, 외국어학교, 의학교, 농상공학교, 소학교 등의 관공립학교가 설립되었고, 이후 애국계몽운동이 일어나고부터는 전국 각지에 정규 사립학교를 비롯한 수많은 학교가 세워졌다. 1910년 3월을 기준으로 보통교육기관의 학생 수만도 10만 명을 상회하였다. 당시의 입시경쟁률도 높았는데, 한성 사범학교 본과의 경쟁률은 19.5대 1이나 되었고, 서울 소재 공업전습소나 선린상업학교의 경쟁률은 13대 1이나 될 정도로 높았다. 일제가 아니더라도 근대교육을 도입하고자 하는 민족적 열기는 넘치고도 남았던 것이다(이만규 1988).

그러나 조선이 일제에 병탄되면서 조선총독부는 애초에 조선인 교육에 적극적으로 나설 생각이 없었다. 물론 그렇다 하더라도 그 이전에 이미 고양되어 있던 조선인들의 높은 교육열을 무시할 수는 없었다. 결국 조선인의 높은 교육욕구를 어느 정도 충족시켜 주되 그것을 식민 지배에 유리한 방향으로 이끌어 갔다. 이전의 민족교육운동을 탄압하는 대신, 천황에 충성스러운 황국신민화 교육을 강화해 갔다. 반면 과학·기술 분야의 산업화에 필수적인 교육을 받을 기회는 거의 막혀 있었으며, 저급한 직업 훈련 정도나 이념교육을 통한 오직 일본 제국주의의 도구를 만들어가는 데에만 치중하였다.

황국신민화 교육은 특히 중일전쟁 이후에 강화되었다. 이미 알려져 있다시피 우리말, 우리 역사 말살 정책을 폈는가 하면 창씨개명, 신사참배 및 황국신민서사 암송 등을 강요하였고, 나아가 1938년 제3차 교육령을 통해 학교를 전쟁 준비에 필요한 노동력 착취 기관으로 전락시켰다(이치석 2005). 이러한 황국신민화 교육이 갖는 특징을 크게 다섯 가지로 정리해 볼 수 있다.

첫째, 황국신민화 교육을 통해 학교는 병영화되고 군사적 획일주의가 강조되었다. 일본 제국주의는 한반도를 병참기지화하였는데, 그 일환으로 학교를 병영화하고 군사교육을 강조하였다. 학생들을 상대로 제식 훈련을 실시하였는가 하면, 군수산업을 지원하기 위해 근로보국대를 조직했다. 따라서 개인의 지적·인격적 발달을 위한 교육은 사라지고 군대식 획일주의가 대신하게 되었으며, 학교의 조직도 군대 조직에 따라 재편되었다. 이러한 군사문화는 군사정권을 거쳐 오늘날에도 애국조회, 경례 문화 등의 형태로 일부 남아 있다.

둘째, 황국신민화 교육은 학교를 노동력 착취의 수단으로 보았다. 2차 대전 기간 동안 일제의 총동원체제 구축 노력은 학교에까지 이어져 학교근로보국대를 조직하고 체계적인 노동력 착취체제를 구축하였다. 학교가 노동력을 착취하는 전통은 군사정권 시절에 새마을운동의 기치하에 쥐잡기, 폐품 모으기, 운동장 청소하기, 화장실 청소하기 등의 형태로 부활되었는가 하면 오늘날 학생들에게 학교 청소를 강요하는 것도 부분적으로는 노동력 착취 문화의 잔재라고 볼 수 있다.

셋째, 황국신민화 교육은 절대 복종과 자기 비하를 강조하는 폭압적 교육이다. 이 교육에서는 천황 또는 국가에 대한 절대 복종을 가장 중요한 국민의 태도라고 강조했다. 국가에 대한 절대 복종은 다른 한편으로는 감독자로서 교사에 대한 절대 복종이나, 반장 등 동료 학생이나 선배에 대한 복종으로 이어졌다. 한편 일제의 교육은 "조센징은 안 돼!"라는 식으로 우리 민족에 대한 자기 비하를 강요했으며, 이를 통해 식민 지배의 정당성을 학생들의 뇌리에 각인시켰다. 이러한 교육은 오늘날에도 "한국인들에게는 강력한 지도자가 필요하다"는 식의 의식으로 남아 있다.

넷째, 일제 식민지 교육은 민족 간, 계층 간 교육의 불평등을 철저히 조장하였다. 우선 조선인에게는 보통교육 이상의 교육기회가 거의 주어지지 않았으며, 중등교육기관 역시 일본인을 위한 입학할당제를 통해 입학 기회의 차별이 주어졌다. 그나마 조선인들이 진학할 수 있는 극소수의 중등학교와 전문학교 역시 지주, 자본가, 상인, 일부 관리 등 이른바 특권층만이 진학할 수 있었다. 경성제국대학과 같은 국립대학의 경우 소수의 특권층을 양성하기 위한 기관으로 설치·운영되어 오늘날까지도 국립대학이 국민 다수에게 저렴한 비용으로 양질의 교육을 공급하는 기관이 아니라 특권층을 양성하는 기관으로서 그 의미가 왜곡된 뿌리 깊은 원인을 제공하고 있다.

다섯째, 일제의 군사파시즘은 전체주의적 교육방법을 통해 개인에게 강요되었다(권오정 외 1992). 일제의 교육칙어教育勅語에 따르면, '성전수행聖戰修行의 지상명령에서 충군애국忠君愛國을 핵심으로 하는 국민의 자세'를 제시하고 있는데, 이러한 교육목표는 소위 신으로서 천황이 밝힌 신성한 것이므로 일반 국민이 의문을 품거나 비판한다는 것은 상상도 할 수 없음을 명확히 하고 있다. 나아가 천황이 요구한 신념 태도를 신사참배나 황국신민서사 암송 등 여러 가지 의식을 통해 고백할 것을 강요했다. 이러한 의식의 반복 및 특정 주의주장의 지속적 주입으로 개인을 세뇌하였는가 하면, 일탈하는 개인에 대해 무자비한 폭력을 가함으로써 체제를 유지하고자 하였다.

일본 제국주의 교육의 어두운 유산은 해방 이후에도 일본군 장교 출신이 권력을 잡고, 친일파가 득세하는 상황에서 오늘날까지도 채 청산되지 못하고 이어져 오고 있다. 학교 내의 폭력, 집단주의적 통제, 국가 이데올로기의 강조 등 우리 교육에 그 흔적이 남아 있는 잘못된 관행도 일제의 유산과 관련을 맺고 있다.

군사파시즘과 교육

해방 後 미군정이 실시되자 일제의 군국주의식 교육 대신 미국적 이데올로기를 강조하는 교육으로 대체하려는 노력이 경주되었다. 예를 들어 황국신민화 교육의 선봉에 섰던 수신修身, 지리, 역사 등의 교과를 폐지하고 미국적 교과인 사회과the Social Studies를 신설하여 민주시민 교육을 강조하였다(권오정 외 1992). 그러나 이러한 노력은 우리 민족 스스로의 주도하에 이루어졌다기보다는 미군정청 또는 미국무성 등의 개입으로 이루어진 것이다. 해방 이후 미국 유학이 활발해졌던 것도 미국적 이념을 전파시키려는 노력의 일환이었으며, 교육계 많은 인사들이 단기 혹은 장기에 걸쳐 미국 유학을 다녀왔다. 더불어 미국식 교육체제를 우리 문화에 접목하려는 데에도 많은 힘을 쏟았다.

그러나 미국식 교육체제의 수입은 우리에게 그다지 자연스러운 것이 못 되었으며, 이후 군사정권이 들어서면서 민주시민 교육은 뒷전으로 밀려나고 오히려 일본 제국주의의 교육 유산이 다시 부활하기 시작했다. 당시 일본은 미군정에 의해 군국주의 세력이 축출되고 비록 타의에 의한 것이지만 군사 파시즘의 잔재를 청산하려는 노력이 어느 정도 성공을 거두었다. 반면 일본에서 청산된 군사 파시즘은 오히려 한국에서 더욱 더 철저한 모습으로 부활되고 있었다. "일본인보다 더 일본인다웠다"던 박정희는 만주군관학교와 일본 육사를 거쳐 일본군 장교로 복무하였으며, 일본의 군국주의를 동경했던 것으로 알려져 있다. 나아가 군사 정권의 핵심부를 차지했던 세력 역시 박정희의 만주 인맥이라 할 수 있어서 이들의 국가 통치 방식이 일제의 군사 파시즘과 밀접한 관련이 있으리라는 것은 쉽게 짐작할 수 있다. 실제로 앞에서 살펴본 황국신민화 교육과 군사정권하의 교육은 그 방식이 너무나도 유사하였다.

첫째, 군사정권하에서 학교 문화는 일제가 학교를 병영화하던 방식을 그대로 답습한 것이었다(이치석 2005). 교련교육을 통해 학생들에게 제식 훈련을 비롯한 군사교육을 강요하였는가 하면 학도호국단과 같은 조직을 통해 학생 조직을 연대, 중대와 같은 군대 조직으로 대체해 놓았다. 봄 소풍, 가을 소풍을 춘계 행군, 추계 행군과 같은 군대 행사로 명명하였다. 심지어는 등하교 길에 학생들을 분대 또는 소대로 조직하여 함께 등교하고 함께 하교하게 하는 경우도 있어 오히려 일제의 황국신민화 교육보다 철저한 병영화를 시도하였다.

둘째, 국가 동원체제를 통한 노동력 착취 역시 일본 제국주의 시대의 교육 관행을 그대로 답습하였다. 각종 국가 정책의 홍보를 위해 가장 우선적으로 활용되었던 것이 학교였는데, 예를 들어 국가에서 쥐잡기 운동을 강조하면 학생들은 자신들이 잡은 쥐의 마릿수를 학교에 보고해야 했으며, 빈병 모으기, 폐품 모으기를 하기 위해 집에 있는 빈병과 폐품을 학교에 가져가야 했다. 그뿐만 아니라 반공궐기대회를 비롯한 각종 관제 데모 행사에 학생들이 동원되었는가 하면, 소년체전이나 전국체전 등의 행사에 매스게임이나 카드섹션 인원으로 동원되어 6개월 이상을 땡볕에서 땀을 흘려야 했다.

셋째, 복종과 자기 비하를 강조하는 폭압적 교육이었다는 점도 일제의 황국신민화 교육과 다를 바가 없었다. 국가의 정책을 홍보하고 그로 인해 권위를 인정받은 교사에 대한 절대 복종은 폭력을 통해 유지되었다. 우리가 영화 〈말죽거리 잔혹사〉나 〈친구〉에서 볼 수 있었듯이 교사에게 불손한 태도를 보이는 학생에게 뺨을 때리고 매질을 가하는 모습은 당시 학교에서는 일상적으로 목도할 수 있는 '관행'이었다. 이러한 폭력에 의한 복종을 교사뿐만 아니라 이른바 선도부 혹은 반장과 같은 학생 간부도 학생들에게 강요하였다. 영화 〈말죽거리 잔혹사〉에서 주인공을 가장 악랄하게 괴롭힌 사람은 교련교사나 담임교사가 아니라 선도부원인 동료 학생이었다. 한편 교사나 동료 학생의 폭력에서 벗어나기 위해 학생들은 암암리에 비굴한 태도로 이들의 비위를 맞추었고 심지어는 자기 비하나 우스꽝스러운 행동을 보이기도 했다. 이러한 학교 문화는 오늘날에도 왕따, 집단 괴롭힘 등의 형태로 남아 있으며, 그것이 개인의 발달에 얼마나 치명적인 악영향을 미쳤는지에 대해서는 굳이 설명할 필요가 없을 것이다.

넷째, 학교는 차별을 당연시하고 특권을 만들어가는 도구로서 기능하였다. 성적 만능주의 풍토 속에서 성적이 좋은 학생, 또는 사회지도층의 자녀와 그렇지 못한 학생들은 교사와 사회, 동료 학생들로부터 각기 다른 종류의 사람으로 취급받았다. 이들은 반장을 비롯한 학생 간부로 뽑혔으며 각종 동원 행사에도 면제를 받았다. 그 연장선상에서 좋은 대학에 진학하는 학생과 2류, 3류 대학에 진학하는 학생, 대학에 가지 못한 학생은 차별을 받았다. 한편 경성제국대학의 후신인 서울대학교 역시 특권화된 국립대학으로서 기능하였다. 일제가 제국대학에 합격한 소수의 조선 학생들에게 사회지도층의 자격을 부여했듯이 치열한 경쟁을 거쳐 서울대학교에 합격한 학생들은 사회적 특권을 얻을 수 있었다. 서구의 국공립대학이 저렴한 비용으로 양질의 교육을 공급하기 위한 것이라면, 국립 서울대학교는 특권의 상징이 되어서 줄 세우기식 입시 문화 및 사교육 열풍의 근본 원인을 제공하였다.

다섯째, 국가주의적·전체주의적 교육 방법이 횡행하였다. 반공을 통한 배타적 국가주의가 강조되면서 국가에 대한 절대적 충성 및 공산주의에 대한 히스테리적 반감을 표출할 것을 강요했다(김상봉 2005). 국기에 대한 맹세, 국민교육헌장의 암송, 호국영령에 대한 묵념 등이 일상적으로 강요되었는가 하면, 반공을 주제로 한 포스터 그리기, 반공 웅변, 표어 짓기, 글짓기 등을 통해 개인의 신념을 공개할 것을 강요했다. 나아가 세계 민주 국가들 가운데에서는 유례를 찾아볼 수 없는 국사의 교과독립 및 도덕·국민윤리 교과개설을 통해 당시의 편협했던 국가 지배 이데올로기를 주입하기 위한 노력을 기울였다.

이렇듯 일제 황국신민화 교육의 전통을 철저히 이어받은 군사정권은 자신들이 정권의 명운을 걸었던 산업화를 위해 사회 여러 분야의 발전, 특히 교육의 발전을 희생시켰다. 단순히 저임금 노동력의 착취에 그치지 않고, 국가가 당연히 부담하여야 할 교육도 학부모의 부담으로 전가시켰다. 그 결과 중등교육의 70%, 고등교육의 80% 이상을 사립학교에 떠맡기고 있는 기현상이 빚어지고 있다. 우리나라에서 사립학교는 해방 후 지주들에게 학교를 세울 경우 토지개혁으로부터 재산을 보호해 준다는 유인책을 통해 급속히 발전하게 되었다. 이후 사학비리척결을 내걸었던 군사정권은 사학의 이념을 통제하고 국가 이데올로기 주입을 위한 획일적 교육을 강요하는 한편 편법적 방식을 통해 사학 재단에 대한 사적 소유권을 인정해 주는 어정쩡한 정책을 펼쳤다. 나아가 사학은 개인의 것이고 개인의 소유 문제를 건드리는 것은 반자본주의적인 것이라는 식으로 사학의 비리와 반교육적 행태를 보호해 왔다. 결국 국가가 부담하는 국립대학은 특권층을 위한 기관이 되고, 국민 대중의 교육은 부실한 사학에 떠맡겨 버린 꼴이 되고 말았다. 특권을 차지하기 위한 입시경쟁을 위해 막대한 사교육비를 지출해야 하는 국민의 부담은 군사정권 당시에도 결코 작은 것이 아니었다.

계급 재생산과 교육

일제와 군사정권을 거치면서 학교에 잔존하는 비민주적 관행과 문화, 국가주의와 획일주의에 경도된 교육과정 및 교과서, 획일적 대학서열체제 및 입시지상주의 풍토, 비대해진 사교육시장, 교육비용의 민간부담 등 수많은 해결과제가 남게 되었다. 그러나 민주화 시대라고 해서 이러한 문제가 쉽사리 개선될 수는 없었다. 오히려 교육을 둘러싼 여러 가지 갈등이 표출되기 시작했다. 권위적 교육관행에 익숙한 교사와 신세대 청소년의 갈등, 지배와 명령에 익숙한 학교장과 평교사의 갈등이 학교현장을 시끄럽게 했으며, 과거와 같은 권위적·폭력적 통제를 대신할 만한 수단을 갖지 못한 데다 입시위주의 교육을 대신할 프로그램도 갖지 못한 학교가 입시 학원과 같은 사교육 기관보다 신뢰받지 못하게 되는, 이른바 '학교 붕괴', '교실 붕괴' 현상이 빚어지게 되었다.

한편 1990년대 이후 등장한 민주화 정부는 이러한 교육의 근본 문제에 대한 깊은 성찰 없이 섣부른 처방을 내놓고 말았다. 기존에 우리 교육이 안고 있는 문제는 그대로 방치한 채 모든 문제를 시장 경쟁에 의해 해소하려는 '신자유주의 교육개혁'이 추진되었다. 기존에 형성되어 있는 획일적 대학서열체제를 그대로 둔 상태에서 대학 간의 경쟁을 강조하다 보니 기존의 일류대학과 삼류대학, 수도권 대학과 지방대학 간의 격차는 갈수록 벌어지고, 이른바 일류대학에 진학하려는 입시경쟁도 더욱 더 치열해질 수밖에 없게 되었다. 이에 비례하여 사교육 시장이 비대해지는 것은 두말할 나위가 없다. 나아가 군사정권의 유일한 치적이라 할 수 있는 고교평준화도 해체되었다. 교육의 특성화라는 기치하에 세워진 각종 특수목적 고등학교와 자립형 사립학교는 과거 명문 고등학교의 지위를 이어받게 되었으며, 입시경쟁은 대입에서 고입 과정에까지 앞당겨졌다. 또 교사가 정당한 교육적 권위를 회복할 기회를 주지 않은 채 교사들 간의 경쟁까지 부추기면서 교직은 안정된 직업이라는 허울에 가려진 단순 노동으로 전락해 버렸다.

이와 같은 신자유주의 교육개혁이 초래한 가장 심각한 결과는 학교가 철저하게 계급 재생산의 수단으로 전락했다는 것이다. 학교교육을 통해 부모의 사회경제적 계급이 자녀 대에도 재생산된다는 것은 여러 가지 자료를 통해 확인되고 있다. 물론 한국에서 교육은 언제나 계급 재생산의 기능을 담당해 왔다. 과거에도 중학교 입시와 고등학교 입시를 통해 명문 중학교에 입학하기 위해서는 거액 과외를 받아야 했고, 이를 받을 수 있는 계층은 한정되어 있었기 때문이다. 많은 사립대학이 음성적 기부입학, 즉 부정입학을 공공연하게 해 왔다는 점을 감안할 때, 부유층과 특권층 자녀가 좋은 대학에 입학할 기회는 훨씬 많았다고 할 수 있다. 그러나 최근의 교육을 통한 계급 재생산은 단순히 과외를 통한 입시 준비를 하는 차원을 넘어 훨씬 더 복잡하고 철저한 형태를 띠고 있다. 최근의 교육을 통한 계급 재생산이 과거에 비해 독특해진 점을 정리해 보면 다음과 같다.

첫째, 문화자본의 역할이 대단히 중요해졌다. 한 연구(장미혜 2002)에 따르면, 부모와 함께 전시회 관람이나 예술 공연 관람, 해외여행 등 다양한 문화적 체험을 많이 한 학생일수록 수학능력시험 점수가 높다고 한다. 한 개인이 다양한 문화적 체험을 하는 것이 나쁜 것은 아니지만 이것이 곧 그 사람의 미래를 좌우할 수학능력시험 성적과 관련이 있다는 점이 문제이며, 이러한 문화적 체험을 한정된 계층에서만 할 수 있다는 것이 문제라 할 수 있다. 최근에는 이른바 입학사정관제의 도입으로 학생의 문화적 체험이 학생부에 이력화되어 대입에 직접적 영향을 미치고 있다. 학생이 경험한 다양한 활동들이 학생부에 기입되고 여기에 기록된 이력과 면접을 바탕으로 학생을 선발하는 학생부 종합전형의 비중이 확대되면서 문화적 자본을 가진 학생들이 상위권 대학에 진학하는 데 있어 훨씬 유리하게 되었다. 또 정규교육과정이 아닌 잠재적 교육과정의 차원에 있어서도 문화적 자본을 가진 학생들이 대학 입학에 유리하다. 잠재적 교육과정이란 명시적으로는 의도하지 않았지만 학생의 발달에 결정적으로 영향을 미칠 수 있는 교육적 경험들을 말한다. 우선 다양한 체험을 한 학생들은 수업시간에 발표도 활발하게 하고 따라서 교사와 상호작용도 훨씬 강하고 긍정적일 수밖에 없다. 교사와 이루어지는 긍정적 상호작용은 학생의 자아개념 발달에 영향을 미치게 되어 매사에 자신감을 가진 상위 계층의 아이들이 갈수록 학업성적이 높은 것은 물론 대입 면접에서도 긍정적 평가를 받을 가능성이 높다.

둘째, 교육을 통한 계급 재생산이 노골화되고 제도화되었다. 과거에는 비록 드물긴 했지만, 시골의 가난한 집 학생이 서울대학교에 입학하고 고시에 합격하여 출세했다는 이야기를 우리 주변에서 하나의 미담으로 전해 들을 수 있었다. 반면 부잣집 아이가 과외를 통해 대학에 가고 불법 기부금을 내고 '뒷문'으로 대학에 가는 것은 자랑스럽지 못한 일로 여기곤 했다. 그러나 요즘은 부모가 부자인 혜택을 자식이 누리는 것은 당연하며 따라서 기여금을 주고 대학에 입학할 수 있어야 한다는 주장까지 공공연하고 끈질기게 제기되어 왔다. 대학의 등록금도 훨씬 더 인상해야 한다고 주장하는가 하면, 부잣집 아이들만 다니는 자립형 사립학교가 설립되었다. 주장뿐 아니라 실제로 부잣집 아이들이 보다 좋은 대학에 '뒷문'이 아닌 '정문'으로 떳떳이 들어갈 수 있는 기회가 많아졌다. 우선 입시제도가 다양해지고 복잡해지면서 특목고 또는 자사고를 졸업했거나 해외에서 생활한 경험이 있어서 외국어를 잘하는 경우 시험 성적에 구애받지 않고 대학에 진학할 수 있게 되었는데, 이렇게 특례입학을 하는 학생들 중 저소득층 자녀는 거의 없다. 또 대입 면접의 비중이 커지면서 노골적으로 출신 지역이나 부모의 사회경제적 지위를 고려하여 가산점을 주는 사례가 발견되고 있다.

3. 신자유주의체제하의 교육개혁과 한국 교육의 위기

이상에서 한국 사회에 있어서 교육의 의미가 국가 동원체제하의 정권 홍보 수단 또는 계급 재생산의 수단으로서 기능하여 왔음을 살폈다. 이러한 교육의 모순은 개선되기는커녕 앞으로도 심화될 전망이다. 30여 년간 진행되어 온 신자유주의 교육개혁은 국민 다수가 교육을 통해 사회적으로 상승할 수 있는 기회를 원천적으로 봉쇄할 뿐 아니라 학교교육을 계급적 이해관계를 대변하는 수단으로 전락시켜 왔기 때문이다. 다음에서는 신자유주의 교육개혁이 우리 교육을 어떻게 왜곡하고 있는지를 살펴봄으로써 현재 우리 교육이 처한 위기의 본질을 이해해 보고자 한다.

공교육의 위기

민주주의 사회에서 교육은 사회의 불평등을 치유하고, 귀속적 신분이 아닌 개인의 능력에 따라 사회적 지위를 분배하기 위한 필수적인 장치로 여겨 왔다. 기능주의 교육학자들은 교육을 통해 개인의 타고난 능력을 극대화하고 이를 토대로 사회적 역할과 지위를 배분하여 공정한 사회질서를 유지할 수 있다고 보았다. 그런데 이와 같이 교육을 통해 개인의 능력을 평가하고 그에 따라 사회적 지위를 배분하는 체제가 성공하려면, 중요한 전제조건을 갖추어야 한다. 순수한 개인의 능력과 노력에 따라 평가가 이루어져야 하며, 부모의 사회적·경제적 지위가 이 과정에 영향을 주지 않아야 한다. 부모의 사회적·경제적 지위가 자녀의 교육에 영향을 줄 경우, 부모의 지위가 높아 각종 사교육 등 혜택을 받은 학생들의 능력은 과대평가될 수밖에 없고, 이렇게 과장된 능력을 바탕으로 사회적 지위를 배분하는 것은 결코 공정하다고 볼 수 없다. 얼마 전 사교육을 통해 서울대학교에 입학한 강남지역 출신의 학생들이 대학에서 만족스럽지 못한 학업 수행 능력을 보였다는 보고가 있었다. 이렇듯 부모의 지위에 따라 대학입학 시에 능력 이상의 평가를 받는 학생들만이 기회를 얻을 경우, 사회의 발전 역량을 극대화하는 데도 비효율적일 뿐 아니라 가난하지만 능력 있는 학생들에게는 불공정한 처사가 아닐 수 없다.

그렇다면 어떻게 해야 부모의 사회적·경제적 지위가 아닌 개인의 순수한 능력을 바탕으로 사람을 길러내고 평가할 수 있을까? 유럽과 미국 등의 국가에서는 개인의 순수한 능력이 극대화될 수 있도록 하기 위해 공교육 제도를 발전시켜 왔다. 가난한 집안의 학생이라도 저렴한 비용 혹은 무상으로 양질의 교육을 받을 수 있는 기회를 제공했을 때, 다양한 소질과 재질을 가진 학생들이 부담 없이 그 능력을 발휘할 수 있고 그래야만 진정으로 능력 있는 사람이 성공할 수 있다는 것이다. 또 단 한 번의 입시로 인생의 성패를 갈라내는 게 아니라 다양한 경로를 통해 기회를 주고 자신이 좋아하는 바를 최선을 다해 해내는 사람이 성공할 수 있는 장치를 만드는 데 있어서 공교육 제도는 핵심적 역할을 해 왔다. 이 때문에 유럽 국가들의 경우 대부분의 학교가 공립학교이다. 사립학교의 비중이 비교적 높다고 하는 미국의 경우도 공립학교의 비중이 80% 이상이라는 점은 그다지 놀라운 일이 아니다.

그런데 거꾸로 사립학교의 비중이 70%가 훨씬 넘는 우리나라에서는 오히려 공교육의 비중을 줄여가려는 움직임이 벌어지고 있다. 공교육의 실패를 이유로 평준화 제도를 폐지하고 자립형 사립학교의 설치를 확대 실시하였는가 하면, 국립대학을 법인화하고 교육비용을 민간에 전가하려는 움직임도 벌어지고 있다. 그러나 공교육의 실패를 평준화 정책으로 돌리는 것은 잘못된 진단이라 할 수 있다. 평준화 정책은 오히려 공교육의 질을 향상시키는 데 기여하여 왔다. 평준화 지역에서 공부하는 학생들의 학업성취도가 비평준화 지역보다 높다는 일련의 연구 결과들이 이를 뒷받침해 주고 있다. 공교육 제도를 유지하는 대부분의 나라들이 입시를 통해 학생을 선발하는 시스템을 채택하지 않고 있다는 점을 볼 때, 공교육은 입시의 평준화를 전제로 하고 있음을 유의할 필요가 있다. 일정한 수준에 이르는 모든 학생들에게 동등한 학업의 기회를 제공하는 것이 공교육의 기본 취지이기 때문이다. 결국 평준화를 포기하는 것은 성적을 핑계로 상위 계층의 학생들에게 보다 나은 교육 환경을 제공하려는 의도라고밖에는 볼 수 없다. 자립형 사립학교의 경우도 이러한 제도를 유지하는 외국 사례를 통해 볼 때, 상위 계층의 학생들이 소수 인종이나 저소득층의 아이들과 섞이는 것을 꺼려하는 것 이상의 의미를 갖지 못하고 있어서 그 결과가 초래하는 사회적 파장은 심각한 것이다. 최근 이른바 SKY라고 불리는 대학들에서 학생들끼리 출신고교에 따라 서로를 구분하고 차별하는 행태가 벌어지고, 일부 고교 출신들이 고위직을 차지하는 비중이 높아지는 현상이 발생하는 것도 평준화 해체가 불러온 병폐라 할 수 있다.

현재 우리나라의 공교육 제도는 과도한 입시경쟁과 이로 인한 천문학적 규모의 사교육비 지출로 이미 그 의미가 상당히 퇴색되어 있다. 교육의 기능이 입시 준비로 전락되어 있는 상태에서 공교육만을 받은 학생이 좋은 대학에 진학하기 어려운 현실 때문이다. 이러한 현실이 빚어진 데는 사교육을 받지 않으면 좋은 성적을 받기 어렵게 되어 있는 대입제도도 한몫을 하고 있으며 무엇보다도 서울대를 정점으로 하고 있는 왜곡된 대학서열체제가 원인이 되고 있다.

결국 공공의 영역에 지출하는 비용을 줄이고 교육마저 민간의 부담으로 떠맡긴 채 무한 경쟁을 강조하는 신자유주의적 교육정책을 통해, 우리나라는 이미 위기에 처해 있는 공교육을 아예 무너뜨리고 상위 계층의 학생들만 교육의 혜택을 누리게 만드는 불공정한 사회 시스템을 만들어 가고 있다. 공교육이 무너지면, 처한 환경에 관계없이 자신이 좋아하는 것을 열심히 하면 성공할 수 있다는 믿음이 헛된 구호에 지나지 않게 되기 때문이다.

대학의 위기

흔히들 대학의 기능을 학문, 교육, 봉사로 나누어 설명한다. 대학은 지식을 생산해 내는 학문기관이자 생산된 지식을 바탕으로 후세를 교육하고, 그 지식을 사회적으로 보탬이 되도록 응용하는 기능을 한다는 것이다. 물론 이 세 가지 기능 중에서 대학의 본질을 규정하는 데 있어 가장 중요한 것이 학문이라 할 수 있다. 대학이 정치적·사회적 영향으로부터 자유롭게 연구를 하고 그 결과를 발표할 수 있을 때, 그 결과를 바탕으로 사회를 비평하고 후세를 교육하고 인류의 삶에 진보를 가져올 수 있는 기술을 개발할 수 있기 때문이다. 이런 이유로 대학의 본질인 학문의 자유를 보호하기 위해 헌법에서도 양심학문, 사상의 자유를 인간의 기본권으로 보호하는가 하면, 대학의 자치를 민주주의의 핵심제도로 인정하고 보호하고 있다.

그런데 우리 사회에 있어서 이러한 대학의 본질은 독재 정권에 의해 또는 천박한 자본주의에 의해 철저히 훼손되어 왔다. 과거 군사정권 시절, 대학의 학자들은 정권 옹호를 위한 이데올로기를 생산해 내는 하수인으로서 역할을 했고 양심에 따라 사회를 비판하거나 사회 문제를 객관적으로 탐구한 지식인들은 정권에 의해 혹독한 탄압을 받았다. 연구의 결과를 발표하는 출판물은 물론이고 강의실에서 이루어지는 강의 내용도 감시의 대상이 되었다. 신성한 교정에 전투경찰이 상주하였는가 하면, 학생 시위를 막기 위해 교수들을 동원하여 학생을 설득하게 하거나 감시하게 하였다. 한편 이러한 권위주의 시대의 잘못된 유산은 이후 민주화 시대에도 사라지지 않고 있으며, 비판적 학자들에 대한 이념적 색칠을 가하는가 하면 이른바 블랙리스트를 통해 차별하는 악습은 오늘날까지도 계속되고 있다.

한편 신자유주의적 질서가 지배하게 되면서 대학의 본질은 또 다른 방향에서 위협을 받고 있다. 신자유주의 대학 정책의 핵심은 대학 간의 활발한 경쟁을 유도하여 대학이 산업 발달에 필요한 신기술을 보다 많이 개발하고 이를 바탕으로 기업이 요구하는 인재를 양성하여 산업 활동에 유리하도록 도움을 주자는 것이다. 산업적·경제적 활용가치가 높은 쪽으로 연구 및 교육활동을 활성화하고 그렇지 못할 경우 경쟁을 통해 도태시킨다는 전략이다. 이러한 정책에 따라 삶의 본질 또는 사회·자연 현상의 본질을 탐구하는 인문학이나 기초과학 분야는 산업에 활용할 수 있는 직접적 가치가 없다는 이유로 도태될 수밖에 없게 되었다. 그러나 앞에서도 보았듯이 사회에 유용한 기술을 개발하기 위해서는 순수한 학문 활동이 활발하게 이루어져야 하는데, 순수학문은 하지 않고 그 부산물이라 할 수 있는 기술 개발만을 요구하는 것은 이치에 맞지 않는다. '당장에 황금을 얻을 욕심으로 황금알을 낳는 거위의 배를 갈라버린 어리석은 주인'과 마찬가지의 생각이라 할 수 있다.

이러한 신자유주의 대학 정책은 인문학 및 기초과학의 위기뿐만 아니라 대학의 본질을 위협할 여러 가지 부작용을 만들어 내고 있다. 우선 대학이 취업준비 기관으로 전락되어 버렸다. 학생들은 취업에 도움이 되지 않는 순수학문 분야를 깊이 있게 경험하기보다는 외국어 시험 준비나 취업 시험 준비, 각종 고시를 준비하는 데 열중하고 있다. 이를 교정해야 할 대학 당국은 오히려 이를 장려하기 위해 취업 실적에 따라 학과를 평가하고 교수를 평가

하는 등 스스로 대학의 본질을 왜곡하는 데 앞장서고 있다. 순수학문은 오랜 세월 축적되어 온 인간의 가장 고차원적인 정신작용의 산물이며, 이를 대학에서 경험함으로써 풍부한 교양을 갖춤은 물론 깊이 있는 사고능력을 기를 수 있다. 순수학문 분야에 대한 풍부한 경험이 오히려 인생을 살아가고 사회에 적응하는 데 많은 효과가 있을 수 있기 때문에 자본주의가 발달한 서구의 대학들도 학부 과정은 철저히 기초학문을 중심으로 편성하고 있는 것이다. 대학이 얕은 기능인들만을 생산해 낸다면 사회의 발전을 기대하는 것도 어려운 일이라 하겠다.

한편 기존의 왜곡된 서열체제를 그대로 둔 채 대학 간의 무한 경쟁을 강조하는 것은 애초에 불공정한 경쟁이라 할 수 있다. 오랫동안 지속되어 왔던 대학서열체제는 잘못된 기준을 바탕으로 확립된 것이다. 대학을 학문과 교육 능력을 바탕으로 평가한 것이 아니라 입학하는 학생들의 성적을 기준으로 평가한 것이기 때문이다. 획일적 대학서열체제의 상층부에 위치하는 대학들은 열심히 노력하지 않아도 입학성적을 기준으로 명문대학의 평가를 받고 각종 특혜를 누려 왔다. 이른바 명문대학의 졸업생들은 그들이 대학시절을 어떻게 보냈는지에 관계없이 졸업장을 받을 수 있었고, 사회에 나가서는 엘리트로서 대접을 받았다. 나아가 동문들끼리 다양한 인맥을 형성하여 우리 사회의 권력층을 형성하고 있다. 권력층을 동문으로 둔 대학들은 천문학적 규모의 발전기금을 거둘 수 있고, 그들 선배들이 지배하고 있는 기업이나 공공기관으로부터 각종 혜택을 받는다. 교수들의 연구실적평가에 있어서 오히려 지방 국립대학이 수도권 대학들보다 높으며 지방대 출신이 열심히 노력하여 유수의 학술지에 논문을 게재하였다는 사례가 매년 신문을 통해 보도되고 있지만, 여전히 수도권의 명문대학들은 많은 액수의 연구비를 수혜하고 그 졸업생들의 취업률도 훨씬 높다. 이명박정부 이후 국립대학에 대한 정부의 지원은 매년 줄어들고 있어서 수도권 대학과 격차가 더욱 더 벌어지게 되었고 유수한 지방 인재들이 높은 비용을 지출하면서 수도권으로 몰려들어야 하는 비극이 심화되고 있다. 결국 저렴한 비용 또는 무상으로 양질의 교육을 제공해야 하는 공교육기관으로서 지방 국립대학의 위기는 공교육 전반에 대한 위기로 이어지고 있다.

교육의 위기와 양극화

우리 사회는 최근 사회 각 분야에 있어서 양극화가 심화되어 많은 사회적 위기를 초래하고 있다. 양극화는 교육 분야에 있어서도 심각하게 진행되고 있는데, 교육의 양극화를 가장 잘 보여 주는 사교육비 지출을 예로 들어 보면, 2016년 기준 월 소득 100만 원 미만 가구의 1인당 월평균 사교육비는 5만 원으로 나타났지만, 월 소득 700만 원 이상 가구는 44.3만 원으로 나타나, 약 9배 차이가 났다. 소득과 성적 역시 비례했다. 월 500만 원 이상 고소득층 자녀는 2005년 수능시험에서 평균 317.6점400점 만점을 획득한 반면, 200만 원 이하 저소득층 자녀는 287.6점에 머물렀다. 지역별로도 교육의 양극화가 심각하게 진행되고 있는데, 서울과 지방, 도시와 지방, 서울 내에서도 강남과 비강남의 사교육비 지출 및 교육여건은 많은 차이를 보이고 있다.

교육의 양극화는 다시 사회적 양극화를 심화시키고 재생산해 내는 기제가 되고 있다. 상위 계층의 자녀들이 비싼 사교육을 통해 서열체제의 상위권에 위치하는 대학에 진학하고 이는 다시 좋은 직장과 높은 소득으로 이어져 사회적으로 상위 계층에 안착하게 된다. 반면 하위 계층의 자녀들은 사교육비를 많이 지출할 수도 없고 따라서 수능 성적도 낮아지고, 하위권 대학에 진학하거나 가정 형편상 대학에 진학하지 못해 저임금의 직장을 얻게 되어 다시 그들의 부모와 마찬가지로 하위 계층으로 떨어지게 되는 것이다.

한편 교육의 시장화는 중산층을 붕괴시켜 교육의 양극화는 물론 사회적 양극화를 극대화하는 중요한 원인이 된다. 예컨대 일부에서 주장하는 것처럼, 공립학교를 자율화하고, 자립형 사립학교 등을 확대하여 학생들이 학교를 선택할 권리를 준다면, 우선 강남과 같이 소득이 높은 지역의 공립학교와 농어촌 지역 혹은 도시 빈민 지역의 공립학교 간의 격차는 심화될 수밖에 없다. 이러한 이유 때문에 우리가 영화 〈맹부삼천지교〉에서 보았듯이 부모는 빚을 내서라도 강남 혹은 이른바 부유촌으로 이사를 가야 한다. 또 비싼 등록금을 받는 자립형 사립학교가 전국 곳곳에 세워지면서 이들 학교와 일반계 고등학교 간의 격차가 벌어져 상위 계층 학생들은 사립학교, 하위 계층 학생들은 공립학교에 다니게 되는 계층 간 공간적 괴리마저 생기게 되었다. 중간에 위치하는 계층은 어떻게 해서라도 자립형 사립학교에 자녀를 보내기 위해 빚을 내거나 재산을 처분하여야 하며, 그 결과 중산층이 붕괴되는 사회적 양극화가 발생될 것이다. 이러한 교육에 의한 양극화는 이미 신자유주의 교육개혁이 진행된 미국 등의 국가에서 비참한 모습으로 확인되고 있으며, 우리나라도 그 폐해를 실감할 수 있게 되었다. 하층 계급은 대를 이어 하층 계급으로 살아야 하는 '빈곤의 악순환'이 교육에 의해 발생된다는 점은 교육의 중요성을 반증하는 중요한 교훈이라고 할 수 있다.

4. 개혁의 시급성

이상에서 한국 교육이 처한 모순의 근원 및 현상을 살펴보았다. 일제와 군사정권을 거치면서 우리 교육은 전체주의체제의 도구로서 그 본질이 왜곡되어 왔으며, 신자유주의 교육개혁으로 인해 계급 재생산의 도구로 전락되어 버렸다. 이러한 교육적 모순은 계급모순을 심화시키는 중요한 원인이 되고 있으며 그 결과 양극화가 심화되는 등 사회적 위기가 극대화되는 위험에 처하게 되었다. 경제적 계급에 따라 보다 좋은 교육을 받고 사회적 지위를 배분받는 현재의 체제는 대단히 불공정한 것이며 사회적 발전 역량을 약화시키는 체제라 할 수 있다. 이러한 불공정한 체제를 개선하기 위해서는 공교육을 확대하고 대학을 평준화하는 등의 과감한 교육개혁이 필요하다. 아울러 교육개혁에 대한 국민적 공감대를 확대하기 위해 교육주체가 자신의 권리를 이해할 수 있도록 다양한 차원의 교육운동이 필요하다.

제2장

5·31교육개혁의 추진과 민주 정부 교육정책의 모순

1. 5·31교육개혁의 의의와 사회적 파장

역대 정부를 이어온 교육정책의 근간

1995년 문민정부 시절 「신교육체제 수립을 위한 교육개혁방안」의 이름으로 발표된 5·31교육개혁안만큼 오랜 기간 동안 광범위하게 대한민국 교육을 바꿔 놓은 교육정책은 일찍이 없었다. 문민정부에서 기안되었지만, 정치적 노선을 달리하는 국민의 정부와 참여정부가 이를 계승하겠다고 공개적으로 천명하였고, 이후 이른바 민주 정부 교육정책의 기본 골격이 되었다. 5·31교육개혁안이 완성된 것은 문민정부가 끝나갈 무렵인 1997년이었는데 국민의 정부가 출범할 당시 정권 이양과 함께 전수되었다. 국민의 정부는 5·31교육개혁을 구체화하여 세부 정책을 실천하는 역할을 담당했다고 할 수 있다. 참여정부 역시 5·31교육개혁의 기조를 이어가겠다고 천명하였다. 노무현 대통령도 5·31 교육정책을 이어받았음을 여러 차례 공개적으로 밝혔으며, 참여정부 후반에 발표된 교육혁신위의 교육비전2030에도 5·31교육개혁의 기조를 이어가겠다는 언급이 포함되었다. 교육을 백년지대계百年之大計라고 하지만 이처럼 장기적 시각에서 계획되고 실천된 국가정책의 유례는 찾아보기 힘들 정도이다. 이후 등장한 이명박정부와 박근혜정부는 이전 정부의 교육정책을 좌파 평등주의로 규정하면서 고교 다양화 및 입시 다양화 정책 등을 통해 5·31교육개혁의 원안에 충실한 근본주의적 개혁을 강하게 추진해 왔다.

다양한 사회적 파장과 논란의 대상이 된 5·31교육개혁의 추진

앞에서도 언급하였다시피 5·31교육개혁만큼 커다란 사회적 반향을 일으킨 개혁조치는 일찍이 없었다. 5·31교육개혁의 추진으로 교육계는 해방 이후 최대의 소용돌이에 휩싸이게 되었다. 그동안 언론의 주목을 받아 왔던 교육 관련 쟁점들 몇 가지만 열거해 봐도 그 사회적 파장의 규모를 짐작할 수 있다.

- 제7차 교육과정의 시행 수준별·선택형 교육과정, 수행평가 도입 논란
- 열린교육이라는 용어 유행 학교 붕괴, 교실 붕괴 현상에 대한 논란
- 종합생활기록부이후 학생생활기록부, 학생부의 도입 및 입시전형 방법의 다양화
- 특목고 확대 및 자립형 사립학교의 전국적 설치
- 성과주의 도입 및 구조개혁 문제예: 정년 단축로 인한 교직 사회의 갈등
- 경쟁적 대학재정 지원사업 실시, 대학설립준칙주의, 학부제, 교수 성과연봉제 및 계약제 도입, 국립대법인화 문제로 인한 대학 사회의 변화 및 갈등

이러한 일련의 교육개혁 조치들은 교직 사회는 물론이고 사회적으로도 커다란 반향과 함께 여러 가지 갈등을 촉발하였다. 우선 교직 사회는 그 자체가 교육개혁의 주체가 아닌 대상이 된 데 대한 불만을 표출하였다. 학부모들은 급변하는 교육정책이 초래한 혼란에 대해 불만을 가졌다. 심지어는 학교 붕괴, 교실 붕괴라는 용어가 등장하였다.

그러나 5·31교육개혁 초기의 일부 조치는 포퓰리즘적 요소를 포함하고 있어 일반 국민에게 지지를 받는 내용이 많았다. 특히 교육 공급기관에 대한 책무성을 강조하는 정책은 교직 사회에 대한 질시와 부정적 시각을 지녀온 일반 국민들에게 폭넓은 지지를 받았다. 그 과정에서 교사는 인권 침해체벌, 부패돈 봉투, 무능의 상징으로 비쳐지기도 하였다.

교육의 본질적 측면에서 비추어볼 때 긍정적으로 평가할 수 있는 일부 내용들이 포함되기도 하였다. 이른바 열린교육이라는 이름으로 포장된 창의성 및 학습자의 개성을 강조하는 교육철학, 교직 사회의 민주화 바람, 학생생활부의 도입 등 긍정적 평가의 요소도 존재한다. 그러나 이러한 긍정적 측면의 내용들이 교육개혁의 성과로 나타나 결국 교육의 본질을 회복하는 차원까지 이어지지 못한 것은 이 교육개혁조치가 가진 철학적 배경이 애초부터 교육의 본질과는 거리가 멀었기 때문이다. 특히 교육공급자 간의 경쟁을 통해 교육의 문제를 해결해 보겠다는 경제결정론적 시각은 교육의 특수성을 간과했을 뿐 아니라 잘못된 진단에서 나온 잘못된 처방이라는 평가를 피할 수 없는 여러 가지 상황들이 벌어졌다.

5·31교육개혁에 대한 사회 각계의 다양한 평가 및 이념 논쟁의 촉발

이 개혁조치가 초래한 사회적 반향의 다양성만큼 이에 대한 이념적 평가 역시 다양했다. 우선 교육학자들은 물론이고 사회운동 세력들 간에 가장 광범위한 합의를 형성하고 있는 평가는 '신자유주의 교육개혁'이라는 평가일 것이다. 신자유주의 교육개혁이라는 평가가 내려진 가장 큰 이유는 교육 공급자들 간의 경쟁을 강조하는 일련의 정책 내용들 때문이다. 수요자 중심의 교육소비자 주권론, 수준별 교육과정, 교육공급시장의 다양화 및 특성화자립형 사립학교, 특수목적고 등의 정책은 교육을 상품시장에 비유해 다양한 교육상품을 공급하고 이를 수요자가 선택할 수 있게 한다는 시장주의적 교육개혁이라 할 수 있다. 이 정책을 기안하고 실천해 온 사람들도 이 정책이 '다품종 소량생산 시대에 걸맞은 지성과 인재를 양성하기 위한 교육정책'이라고 자부하고 있어서 경제 결정론적 시각에 사로잡혀 있음을 보여 주고 있다(나라정책연구회 1995).

그런데, 비록 5·31교육개혁이 문민정부에서 기안되었다고 하지만 이를 추진하고 실천해 온 주체가 이른바 민주화 세력이었다는 점이 최대의 아이러니가 아닐 수 없었다. 민주화의 진전 및 완성을 기치로 내건 민주 정부가 사회적 약자의 입지를 약화시키는 신자유주의 교육개혁을 주도한다는 모순이 발생한 것이다. 이러한 모순이 비단 한국에서만 빚어진 현상은 아니었지만 이 때문에 국내 진보 세력 내에 치열한 비판과 논쟁이 일어났다. 결국 민주화 정부들은 우군 없는 교육개혁을 외롭게 펼쳐갈 수밖에 없었다.

반면 보수 세력은 민주 정부의 교육개혁이 자신들에 의해 기획되었다는 사실에는 눈감은 채, 국민의 정부와 참여정부의 교육정책을 좌파 평등주의로 규정하고 이에 대한 이념적 공세를 계속해 왔다. 민주 정부의 성격과 일부 관련이 있는 교원노조합법화, 고교평준화 정책, 본고사 금지, 내신강화 등의 정책은 자신들이 기획한 5·31교육개혁의 핵심 내용이 되거나 최소한의 안전장치가 되는 정책인데도 불구하고 이를 좌파 평등주의의 증거로 삼았다. 학벌·대학서열화 완화 및 지방대 육성, 학교민주화 등 민주화와 맥락을 같이하는 정책들은 이념 논쟁 때문에 제대로 시도조차 되지 못했다.

2. 5·31교육개혁의 추진 배경문민정부

5·31교육개혁이 다양한 평가와 논쟁을 촉발한 데는 이 개혁 조치가 구상된 당시 사회적 맥락의 복잡성에도 기인하고 있다. 문민정부는 군사정권에 기대어 집권한 '과거'를 애써 지우려는 듯 과거 정권과의 차별성을 강조하였고, 그러는 가운데 과거의 권위주의와 획일주의에서 탈피하려는 노력을 기울였다. 그러나 WTO체제의 출범과 함께 세계화의 바람이 불면서 권위주의의 탈피를 위한 자율화와 민주화는 시장화로 대체되고 말았다.

민주화의 요구

문민정부는 과거 군사정부의 잔재를 지우기 위해 하나회를 청산하는 등 일련의 개혁조치를 단행하였다. '문민정부'라는 표현 자체가 그런 의지의 표현이었다고도 할 수 있다. 국가가 모든 것을 간섭하는 권위주의적이고 획일적인 관행을 탈피하여 자율과 탈 권위를 지향하는 사회 분위기가 확산되었다. 이러한 정부의 행보는 일반 국민은 물론 진보진영의 인사들에게도 크게 어필하였다. 억압적인 군사주의 문화를 청산하는 것은 국민의 바람인 동시에 진보 진영의 문제의식과도 일치하였기 때문이다.

한편 교육계 내에서도 기존의 중앙집권적 획일주의 교육관행에서 탈피하여 개성과 창의성을 강조하는 교육으로 탈바꿈하려는 노력이 진행되었다.

지방교육자치의 실시 및 단위학교의 자율성 확대, 교직단체의 활성화 및 학교 운영의 민주화 확대 등의 조치들은 이러한 사회적 분위기를 반영하는 것이었다. 이러한 사회적 분위기 속에서 마련된 교육개혁안이 5·31교육개혁안이라고 할 수 있다. 중앙집권적이고 권위적 관행의 탈피는 문민정부의 진보성으로 비춰졌고, 5·31교육개혁안의 수립과정에 진보진영도 부분적으로 참여하였다(박도순 2007: 11).

그러나 사실 5·31교육개혁은 민주화와는 다른 맥락에서 등장한 모델을 차용한 것이었다. 교육계에서 이 모델의 본질을 제대로 간파하게 된 것은 상당한 시간이 지난 후였다. 5·31교육개혁의 모델은 미국도 일본도 아닌 영국이 주된 수입처였으며, 이는 과도한 국가 재정을 슬림화하려는 목적으로 등장한 신자유주의 교육개혁 모델이라 할 수 있다. 그런데 영국의 '과도한 국가'와 한국의 '과도한 국가'는 본질이 달랐다. 즉 우리와 전혀 다른 문제를 해결하기 위해 등장한 모델을 우리 문제의 처방책으로 도입한 것이다. 5·31교육개혁안이 마련될 당시 한국은 교육재정의 규모에 있어서 영국에 비할 바가 되지 못하였고 의무교육의 무상화 수준도 초등학교까지밖에 진척되지 못하던 상태였다. 더군다나 사학의 비중이 영국이나 미국 등의 나라들과는 비교도 할 수 없이 컸기 때문에 적어도 교육에 있어서는 세계 어느 나라보다 슬림화된 국가 형태를 가지고 있었다. 미국이나 영국 등의 국가에서 진행되었던 공교육 확대의 역사적 경험이 한국에서는 아직 시작되지도 않은 상황에서 교육 영역의 과도한 국가 부담 문제를 우리는 걱정할 필요도 없었고 그럴 여지조차 없었다고 할 수 있다. 한국에서의 '국가과도현상'은 돈은 주지 않고 간섭만 과도하게 하는 데서 비롯된 문제였으므로 재정을 더 많이 투여하고 자율성을 더 많이 부여하면 해결될 수 있었다. 결국 민주화가 필요한 곳에 시장화가 처방되었고, 잘못된 진단에서 비롯된 잘못된 처방은 엄청난 부작용을 초래했다.

세계화 전략

문민정부가 민주화를 시장화로 대체하는 데 대한 정당화 기제가 된 것이 WTO체제의 출범으로 본격화된 경제 분야에 있어서 세계화이다. 세계화 시대가 되었으므로 교육도 이에 맞추어 경쟁체제로 전환해야 한다는 논리이다. 그런데 문제는 당시 세계화의 본질이 무엇인지 이것이 한국 사회에 어떤 변화를 초래할 것인지에 대한 인식도, 준비도 되어 있지 않았다는 것이다. 세계화가 우리 사회에 어떤 영향을 미칠 것인지 면밀히 분석해 보지도 않은 상태에서 1994년 대통령의 시드니 방문 이후 돌연 세계화를 국가 전략으로 덜컥 설정해 버렸다. 그 세계화에 제대로 대응하지 못한 결과가 IMF 구제금융 사태로 이어질 것이라고는 상상도 못했다.

결국 교육 역시 세계화·정보화 시대의 국제경쟁력을 강화하는 수단으로 활용해야 한다는 생각이 점차 힘을 얻게 되고 교육경쟁력을 강화하기 위해 공교육을 시장화해야 한다는 생각이 탄력을 받기 시작했다. 한편 세계화는 곧 영어를 잘하는 것이라는 인식이 확산되어 영어 교육을 강화하기 위해 원어민 교사를 수입하고 영어 관련 사교육 시장 규모도 커지는 현상도 빚어졌다. 대학교육의 국제 경쟁력을 강화해야 한다는 목소리도 높아져 이후 BK21 사업, 산학 협력, 경쟁에 따른 연구비 지원 등으로 구체화되었다. 그리고 교육의 목표가 시민교육이나 자아실현이 아닌 인적자본의 개발에 있음을 강조하여 경제지상주의가 확고하게 자리 잡게 된다.

소비자 주권론 5·31교육개혁의 원안

세계화·정보화에 대비한 교육경쟁력 강화라는 시대 상황과 맞물리면서 문민정부의 교육민주화 요구에 대한 대응은 교육주체의 권리 회복보다는 교육 수요자의 요구에 맞추어 교육 공급자를 경쟁하게 만드는 차원으로 변질되어 전개된다. 이러한 생각의 이념적 토대가 된 것이 문민정부의 싱크탱크였던 나라정책연구회가 제시한 '소비자 주권론'이다(나라정책연구회 1995).

소비자 주권론의 핵심 아이디어는 학교와 교원을 '교육서비스'의 공급자로, 학생·학부모·기업을 소비자로 보는 경제적 메타포에 기반하고 있다. 공급자 측면에서 보았을 때, 비용을 최소화하고 편익을 극대화하는 기업적 운영체제를 도입하고 동시에 공급자 간의 경쟁을 활성화하여 교육서비스의 질교육경쟁력이 제고될 수 있다는 생각이다. 교육 소비자인 학부모와 학생에게는 다양한 교육서비스 상품을 선택할 수 있는 제도적 기반예: 학교정보공개 및 학교선택권 등을 마련해 주어야 한다고 주장한다.

이러한 이론적 토대를 바탕으로 교육 공급자의 자율과 경쟁을 강조하는 각종 정책들이 마련되었다. 특수목적고 및 자립형 사립학교, 자율형 공영학교 등의 설립으로 공급자 시장 다변화 모색함과 동시에, 탈규제의 원리와 기업경영방식의 도입을 주장하게 된다. 심지어 대학교육과 중등교육은 경쟁의 원리를 도입하여 완전 자율화해야 한다는 주장이 이들 소비자 주권론에 포함되었는가 하면 학교의 설립기준과 의사결정구조, 등록금과 교육비도 자율화해야 한다고 주장하였다. 국립대 법인화민영화 정책 역시 이러한 철학적 배경하에서 등장하였으며, 1990년대 이래 대학의 난립 현상을 초래해 결국 국가가 나서 구조조정까지 하게 만들었던 대학설립준칙주의도 공급자 시장의 다변화 정책의 일환으로 제시된 것이었다.

한편 소비자 측면에서는 교육 수요자의 선택을 확대하기 위해 '교육정보센터'를 설립하여 교육에 대한 정보서비스를 강화학교정보공개 요구해야 한다는 주장을 한다. 어느 학교가 평균 시험 성적이 어느 정도인지를 공개해 학생들에게 보다 성적이 높은 학교를 선택할 수 있게 하자는 것이다. 또 학교 내에서는 수준별 수업 및 선택형 교육과정의 운영을 통해 학생의 선택권을 확대해 주는 방식을 택하게 하였다. 그 밖에도 교육부의 규제 완화 및 학부모의 견제 및 감시 강화 등이 소비자 주권론의 핵심 내용에 포함되어 있다.

소비자 주권론의 원안은 5·31교육개혁의 수립과정에서 상당부분 정제되었고, 국민의 정부와 참여정부를 거치면서 일부 완화되었으나, 자립형 사립고 정책, 학교정보 공개, 대학자율화 등 소비자 주권론의 문제 항목들은 이명박정부를 거치면서 전면 부활하였다.

3. 5·31교육개혁의 구체화 및 실천 국민의 정부

5·31교육개혁의 현장 착근을 위한 노력

문민정부에서 기획된 5·31교육개혁의 대부분은 국민의 정부에서 실천되거나 시범 운영되었다. 수요자 중심 교육의 기치하에 출범하여 수준별 선택형 교육과정을 주된 내용으로 하는 제7차 교육과정이 시행된 것도 국민의 정부에서이다. 수행평가의 도입, 학생생활기록부 등을 내용으로 하는 대학입시제도의 개선, 특수목적고 및 특성화 고교, 교원성과급제 운영, 자립형 사립학교 시범 운영 등 5·31교육개혁의 핵심 내용들이 국민의 정부하에서 시행되었다. 교육경쟁력 강화 사업, 교육계 내의 구조조정 사업 등 시장주의적 교육개혁은 IMF 구제금융사태로 인해 돌이켜 생각할 여지도 없이 강행되었다.

물론 정권 초반에는 민주화 정권으로서 본질을 유지하기 위해 상향식 교육개혁을 지향하겠다는 점을 분명히 했다. 새교육공동체위원회를 구성하여 시민단체 대표 등 각계 인사를 참여시키고 이른바 상향식 교육개혁을 지향하겠다고 천명하였다. 그러나 이미 김대중 대통령과 초대 이해찬 교육부 장관 모두 5·31교육개혁의 기본 방향에 대해 찬성하였고, 개혁의 방향이 미리 정해진 상황에서 상향식 교육개혁은 말장난에 불과하였다. 정부가 주도하는 개혁의 과정에 일반의 참여를 독려하는 차원을 벗어나지 못한 것이다. 그나마 정권이 중반을 지나면서부터는 아예 교육부가 교육개혁을 주도했다. 교육부는 교육발전 5개년 계획을 발표하여 개혁의 로드맵을 제시하였다. 교육부에 따르면 이 계획이 각계의 의견수렴을 거쳤으며, 전략적 실천 방안을 포함하고 있어서 실천성을 담보하고 있다고 한다. 물론 각종 정책에 대한 토론회가 활성화되어 과거와는 달리 쌍방향의 의사소통이 가능해지고, 각종 정책에 대한 시범 운영을 활성화하여 정책의 현장 적합성을 높이는 데 주력한 점을 간과할 수 없다. 그러나 대부분의 교육정책이 실천되는 과정을 구체적으로 살펴보면 관료 주도의 교육개혁이라는 비판을 면하기는 어렵다. 개혁의 대상으로 지목된 대학이나 교사집단이 사사건건 교육부와 충돌하게 된 것도 이 개혁이 교육부 주도의 개혁이었음을 보여 주는 단적인 증거라 할 것이다.

그러나 엄밀히 따져 보면 교육부를 개혁의 주체로 보기 어려운 점도 있다. 교육부 관료의 사고를 지배한 것은 경제관료, 나아가 산업 및 노동시장의 요구를 대표하는 경제계였다고 할 수 있다. 5·31교육개혁이 경제적 메타포를 교육에 적용한 것에 불과한 것이듯 교육을 경제논리로 재단한 것은 경제계의 요구에 의한 것이었고 경제계의 사고를 그대로 수용하여 교육개혁을 실천한 것이 교육 관료들이었다고 할 수 있다.

경제계의 요구를 수용한 국민의 정부는 교육을 경제계의 생산 수단으로 설정하는 개혁을 구체화하고 본격화했다. 예를 들어 교육부를 교육인적자원부로 개편하고, 교육을 산업 및 노동시장과 연계하여 인적자원 개발 수단으로 보기 시작한 것도 국민의 정부에 들어서이다. 이러한 작업의 일환으로 국립대학발전계획, 국립대학 구조조정 및 평가사업, 대학평가, BK21, 연구중심대학육성사업 등 다양한 고등교육정책들이 발표되었다.

신자유주의적 구조 개혁 및 지식기반사회 대비

국민의 정부가 등장한 것은 한국 민주주의의 발전상을 보여 주는 획기적 사건이라 할 수 있다. 최초의 평화적 정권교체를 통해 등장한 국민의 정부의 성격에 맞는 정책은 남북화해정책 이외에도 정치적·사회적 평등의 실현, 복지 확충 등의 정책일 것이다. 그러나 평화적 정권교체와 민주화의 상징인 국민의 정부에게 최우선적으로 부여된 정책과제는 아이러니하게도 IMF 구제금융사태의 해결이었다. 막대한 세금을 복지가 아닌 기업회생에 쏟아 붓고 수많은 근로자를 길거리로 내모는 정리해고를 단행하는 일들이 민주 정부의 손을 통해 행해졌다. 당시 공적 자금으로 기업에 투입된 천문학적 규모의 자금은 지금도 국가 재정의 부담이 되어 증세가 아니면 복지 예산을 늘릴 수 없는 지경에 이르렀다.

교육 분야에 있어서 교육복지의 확대나 교육민주화보다는 구조조정 및 대학경쟁력 강화 사업에 치중하게 된 것도 IMF 구제금융사태와 무관하지 않다. 문민정부 시절 막연히 그려 보았던 세계화는 가혹한 현실이 되어 찾아왔고, 사회 전반에 걸쳐 진행된 구조조정의 바람은 교직 사회에도 불어 왔다. 교직의 안정성에 대한 사회의 비판을 부분 수용하여 교원정년이 단축되고 성과급제도가 도입되었다. 특히 대학 사회에 불어 닥친 신자유주의적 개혁은 대학 사회를 더 이상 낭만의 상아탑으로 남겨 놓지 않았다. 대학구조조정 계획이 발표되고 대학평가 및 차등지원을 통한 경쟁 방식이 수용되었다. 교수들도 연구업적에 따라 평가받고 보수도 차등화되었다. 임용방식도 기간제가 아닌 계약제로 바뀌었다.

경제계의 요구가 가장 구체적으로 적용된 것도 대학교육이라 할 수 있다. 지식기반경제에 대비하여 대학의 국제 경쟁력을 강화한다는 명목하에 BK21 사업, 대학 특성화 사업 등이 추진되었다. 전략 분야 연구개발 지원이 강화되고 정보화 및 IT기술의 발달에 부응하기 위한 정보화 교육도 강화되었다. 나아가 산학협력을 강화하고 산업현장과 연계한 교육과정 개발이 본격화되었다. 그러는 가운데 점차 순수학문은 점차 설자리를 잃게 되고 전국의 대학들이 '산업대학화'되어가는 현실을 목도할 수밖에 없게 되었다.

교육민주화 및 교육복지에 대한 관심

국민의 정부의 정책 기조가 5·31교육개혁안의 실천 및 신자유주의 교육개혁에 치중한 측면이 있으나 일부 교육민주화 및 교육복지에 대한 관심이 기울여진 점을 간과할 수 없다. 교원노조가 합법화되었고, 정부 차원에서 지방대 육성 문제 및 학벌 문제 해소를 위한 관심을 갖게 된 것도 국민의 정부에서 비로소 시작된 것이다. 평생직업교육체제 구축, 학생 복지 확대, 중학교까지 의무교육 무상화, 학급당 인원수 감축, 교육여건개선사업 등 교육 복지 사업에도 관심을 갖기 시작했다. 그러나 IMF 구제금융사태로 문민정부 시절 GDP 대비 5%를 가까스로 달성했던 교육 예산이 다시 줄어든 데다 강력한 신자유주의 교육개혁에 밀려 이러한 조치들의 효과는 미미할 뿐이었다.

4. 신자유주의 교육개혁의 모순 심화 및 교육복지 필요성의 증가참여정부

방향 전환의 시도

사회적 비주류 출신인 노무현 대통령이 당선되자 정치개혁과 사회민주화에 대한 기대가 어느 때보다 높았다. 교육에 있어서도 교육 주체들의 권리 회복, 공교육 강화, 교육복지의 실현 등에 대한 주문과 기대가 높아졌다. 대통령직 인수위가 설정한 정책 방향도 이러한 사회적 기대를 반영하는 것이었다. 인수위는 보고서를 통해 교육민주화, 교육의 공공성 강화, 공교육내실화, 교육복지의 확대를 약속했다. 이는 교육기회의 분배 과정에 약자를 보호하는 정책을 표방한 것으로 교육정책의 일대 방향 전환을 시도한 셈이다. 인수위 보고서의 내용 중 주요 사항을 요약하면 다음과 같다.

- 대학서열체제 완화, 학벌 문제 해소, 지방대 육성 등 교육의 실질적 문제에 대한 관심 서울대 학부정원의 단계적 축소 및 대학원 중심대학으로 집중 육성, 대학의 영역별 특성화 강화, 수능 개혁 및 중등교육과정졸업자격고사의 도입, 지역 간 교육 격차 해소 및 지방대 육성
- 교육혁신위원회의 출범 대통령 직속 기구로 교육 관련 집단의 참여를 통한 지속적이고 안정적인 교육개혁 모색
- 교사회, 학생회, 학부모회의 법제화, 민주적 대학지배구조 등 교육민주화 청사진 제시

그러나 이러한 방향 전환의 시도는 정권 출범과 동시에 좌초되었다. 노무현정부가 내건 대부분의 사회적 개혁 프로그램이 그러했듯이 교육개혁 역시 보수 언론의 집요한 이념 공세, 그리고 관료 및 이해 집단의 저항으로 흐지부지되거나 시도조차 되지 못했다. 대통령과 여당의 대응도 미숙했다. 교사회 및 학부모회 법제화, 민주적 대학지배구조 및 학교경영체제 문제 등은 이념논쟁에 부딪혀 좌초된 대표적 사례라 할 수 있다.

교육정책의 방향 전환 시도가 실패했음을 아는 데 필요한 시간은 그리 길지 않았다. 정권 출범과 동시에 발표된 2003년 4월 교육인적자원부 대통령 업무보고 자료에는 인수위 보고서의 많은 내용이 누락되거나 퇴색·변질되었다. 그러는 와중에 NEIS 문제를 둘러싸고 대통령이 직접 교육주체들과의 갈등을 빚는 상황도 벌어졌다. 결국 '참여'정부의 슬로건과는 달리 교육주체들의 참여는 외면당하고 교육개혁의 주도권이 다시 교육부로 넘어가고 말았다. 교육개혁의 내용도 5·31교육개혁안으로 회귀하였다.

2003년 4월 교육부 업무보고를 시작으로, '참여정부 교육인적자원개발 혁신 로드맵', '소득 2만 불 시대 도약을 위한 대학경쟁력 강화 방안'이 발표되고, 2004년에는 '지방대학혁신역량 강화사업', '산학협력중심대학 육성사업', '대학구조개혁 방안' 그리고 2005년에는 '특성화를 위한 대학혁신 방안,' '고등교육 평가체제 개선 방안', '국립대학 운영체제 다양화·자율화 방안', '제2차 국가인적자원개발기본계획' 등이 발표되었다. 이들 정책은 5·31교육개혁안과 국민의 정부 '교육발전5개년계획' 및 '제1차 국가인적자원개발기본계획' 등을 되살려 연장한 것들이다.

신자유주의 교육개혁의 가속화

정치개혁과 사회민주화의 기대를 떠안고 출범한 참여정부도 경제지상주의를 벗어나지 못했다. IMF 구조개혁의 영향으로 고용 없는 성장이 계속되면서 서민 경제는 파탄이 난 데다 지난 정권에서 단행된 무리한 경기부양의 후폭풍으로 경기침체가 지속되자 정권은 경제 프레임에서 헤어날 줄 몰랐다.

교육에서의 경제지상주의도 노골화되었다. 대통령부터 "대학은 기업이다"라는 인식을 숨기지 않았다. 심지어 교육부총리에 재경부 장관 출신을 임명할 정도가 되었다. 그러는 가운데 경제적 관점에 입각한 교육정책, 즉 5·31교육개혁이 보다 가속화되었다. 거기에 국립대 통폐합 및 정원 축소와 같은 대학구조조정 사업이 추가되고 교육개방의 구상이 더해졌다.

그런데 국립대 통폐합과 정원 축소 조치는 5·31교육개혁의 부작용을 해소하는 과정에서 나온 것이라는 점이 아이러니이다. 교육 공급시장 확대를 위해 실시된 대학설립준칙주의로 사학이 난립하게 되었는데, 학생 자원의 감소로 이들 사학은 부실화되어 갈 수밖에 없게 되었다. 학생 모집에 문제가 있는 사학들은 문을 닫거나 공립으로 전환하는 길을 택해야 하는데 이들 사학 대부분이 구조조정을 거부해 왔다. 재단에 출연된 설립자의 재산을 되찾으려 한다는 속사정도 어찌 보면 표면적 이유이다. 구조조정 시 출연된 재산을 돌려주겠다는 교육부의 방침에도 불구하고 여전히 구조조정을 거부했던 데에는 재단을 탈세의 수단으로 활용하고 있다는 의혹은 물론이고 황금알을 낳는 돈벌이 수단을 쉽사리 포기하지 못하는 저간의 사정들이 숨어 있다. 그런데도 불구하고 교육부는 이들 부실 사학의 생명을 연장하기 위해 오히려 국립대학 측에서 구조조정 사업을 강행해 왔다. 그 결과 1970년대 30% 수준에 달했던 국립대학의 비중은 오늘날 15% 수준까지 감소하고 말았다.

여하튼 적어도 대학에서만큼 확실히 경제 논리를 적용하겠다는 대통령의 공언대로 대학교육은 철저히 산업 역량 강화의 수단으로 활용되었다. 지식기반산업에 대비한 투자 및 인적자원개발 강화 정책의 이름하에 산학협력 맞춤형 교육프로그램 개발이 활성화되고, 특히 과학기술 분야에 대한 투자가 강화되었다. 과학 및 수학 영재 교육에 대한 투자도 과학기술 분야에 대한 투자의 일환으로 탄력을 받았다.

교육기관에 대한 책무성도 한층 강화되었다. 교원평가제가 도입되었으며, 부적격 교사를 퇴출하는 길도 쉬워졌다. 학교 운영에 있어 기업 경영 방식을 도입하려는 움직임도 있었다. 각 지방에 건설될 혁신도시에 공영형 혁신학교를 도입할 계획을 수립한 것인데, 이들 공영형 혁신학교는 교원자격, 교육과정, 학생 선발을 자율적으로 할 수 있다.

한걸음 나아가 교육개방도 부분 허용되었다. 경제자유구역 내에 외국인을 위한 국제학교·자율학교송도국제학교 설립 계획이 발표된 것이다. 그리고 이들 학교에 내국인 입학을 허용하는 문제를 놓고 여러 가지 사회적 논란이 벌어졌다. 아울러 외국 대학과의 공동학위제 운영 및 분교 설립 등의 조치가 고려되었다.

교육을 둘러싼 이념 갈등의 심화

한편 참여정부가 자신들의 색깔을 실현하기 위해 표방해 온 '교육민주화'나 '교육기회균등'의 차원에서 계획했던 대부분의 개혁은 이념 논쟁에 부딪혀 좌초되거나 표류되었다.

우선 참여정부 기간 내내 논란이 되었던 사립학교법 개정의 경우 개방형 이사의 구성과 관련하여 몇 년간의 논란 끝에 겨우 국회를 통과하였으나, 야당의 요구에 밀려 재개정에 합의하고 말았다. 사립학교 재단이 법적으로 개인 소유가 아닌데도 불구하고 개인의 소유권을 침해하려는 좌파적 발상으로 치부되었다. 3불정책의 경우 보수 언론의 끈질긴 반대 선전으로 기여입학 금지를 제외한 본고사 금지, 고교등급제 금지도 폐지 위기에 몰렸다. 내신강화를 통한 학교교육 정상화 및 대학서열체제 완화를 목표로 계획된 2008 대학입시안도 단 한 번의 실시를 끝으로 막을 내리게 되었다. 수능등급제는 온 국민의 머릿속에 확고하게 자리 잡은 변별력 프레임을 극복하지 못해 혼란만 가중하였고, 내신 강화 정책도 주요 대학들의 반발로 반영비율을 대학의 자율에 맡기는 쪽으로 가닥을 잡고 있다. 대학들이 변별력 확보를 위해 논술을 강화하려는 움직임을 보이면서 본고사의 부활 여부를 둘러싼 논란도 가열되었다. 학교교육을 정상화하고 대학들이 학생 선발이 아닌 교육과 연구로 경쟁하게 하겠다는 참여정부의 계획은 경쟁을 없애려는 평등주의적 발상으로 규정되면서 이념적 논쟁만 남긴 채 무산되고 만 것이다. 사실 참여정부의 거의 모든 정책에 이념 논쟁이 따랐다고 해도 과언이 아니었다.

논쟁은 엉뚱한 곳에서도 벌어졌다. 참여정부 들어 사교육비가 증가한 문제를 놓고, 이것이 평준화 정책 때문이라는 주장이 제기되면서 평준화 때문인지 아니면 입시제도 때문인지를 둘러싼 논쟁이 벌어졌다. 노태우 정부 시절 외국어 분야와 과학 분야의 영재 교육을 위해 설립되었던 외고와 과학고 등 특목고가 대입준비기관으로 변질되어 버린 문제도 참여정부 기간 내내 논란이 되어 왔으며 이와 관련된 논쟁은 현재도 진행되고 있다.

교육복지에 대한 인식

한편 참여정부 기간 동안 교육 격차 문제가 사회 문제가 되면서 자의반 타의반으로 교육복지에 대한 관심이 구체화되는 계기가 마련되었다. 사회양극화, 다문화 가정 증가 등 신자유주의적 모순 심화로 인한 사회적 불만이 증가되었고, 이에 사회복지 차원의 교육정책에 대한 수요가 증가하였다. 특히 참여정부 후반기에 들어 이 문제에 대한 심각성이 부각되었는데, 정부와 여당은 방과 후 학교, 대학생 멘토링 사업, 저소득층 교육비 지원, 농어촌 학교 지원, 실업계 학교 지원 등 각종 교육 격차 해소 및 교육복지 정책을 내놓았다. 장기적인 교육복지 대책도 마련되었는데, 정부의 2030계획에 따른 교육혁신위의 보고서에도 교육복지정책이 핵심 내용으로 등장하게 되었다.

그러나 교육 격차 해소 및 교육복지 정책은 정권 후반기에서야 방향 설정이 이루어져 구체적 성과를 내기 어려웠으며, 정권 교체 이후 사실상 폐기되었다. 이후의 정권들은 교육 격차를 교육복지가 아닌 학교교육의 책무성 강화의 관점에서 바라보았다. 이 시각은 교육 격차를 학교 간·지역 간 학력 격차의 문제로 보고 이를 교육공급기관에 대한 책무성 강화를 통해 해결하려고 했다. 그런데 문제는 학교 간 학력 격차가 학교교육의 변인에 의한 것이 아니고 학생들의 개인변인, 즉 부모의 소득이 얼마나 높고 사교육을 얼마나 받았는지에 의해 차이가 난다는 점이다. 사교육을 제대로 받지 못해 성적이 낮은 학생들이 다니는 학교를 차별하는 '이중 차별'의 문제가 발생하는 것이다. 그런데도 불구하고 특목고나 자립형 사립학교를 증설하고 그 출신들이 대입에서 선호되는 환경이 조성되고 말았다. 결국 교육복지 정책보다는 본격적 학력 경쟁 및 이를 바탕으로 한 교육기관에 대한 차별적 지원 등을 내용으로 하는 신자유주의 교육개혁이 가속화되었다.

5. 5·31교육개혁 추진 과정상의 특징

교육 관료에 의한 교육개혁

문민정부 당시 5·31교육개혁을 구상한 집단은 교수 출신의 청와대 정책참모진이었으며 교육개혁위원회도 서울 소재 주요대학의 교수들로 이루어진 전문가 집단이 주도하였다. 교수들이 주도하는 개혁이 주로 선진국의 사례를 바탕으로 한 이상주의적 개혁으로 흐르는 경향이 있듯이 5·31교육개혁도 영미의 사례를 바탕으로 한 비현실적 개혁 구상이었다. 우리와는 전혀 다른 토양에서 파생된 문제와 이에 대한 해결책을 우리의 문제 해결책으로 삼다 보니 현실과 동떨어진 개혁이 될 수밖에 없었다.

국민의 정부와 참여정부에서는 교육정책의 탁상공론화를 방지하기 위해 새교육공동체위원회, 교육혁신위원회를 구성해 아래로부터 개혁을 유도하였다. 그러나 이는 형식에 불과했고, 국민의 정부와 참여정부에서 실질적으로 교육개혁을 주도한 것은 교육부 관료들이었다. 정책 과제 수행의 주도권이 관료들에게 맡겨진 가장 큰 이유는 이들이 현실을 잘 안다는 가정에서이다. 그런데 그 '현실을 안다'는 의미가 현장에서 벌어지는 우리 교육의 본질적 문제를 잘 안다는 뜻보다 현실의 이해관계를 잘 안다는 뜻으로 풀이되는 경우가 더 많았다. 결국 우리의 토양에 잘 맞지 않는 개혁 구상이 현실 논리에 굴곡되어 기득권을 가진 세력의 입맛에 맞게 변질되는 식으로 전개되고 말았다.

한편 관료중심의 개혁은 곧 상명하달식 교육개혁을 의미하였다. 교육부가 지침을 마련하고 이 지침에 충실히 따르는지의 여부에 따라 예산을 차등 지원하는 방식을 통해 교육 주체들의 자율권은 박탈되었다. 예컨대 대학자율화라는 명목으로 예산 확보는 내맡기면서 행동은 일일이 간섭하는 모순적 개혁이 진행되었다고 할 수 있다.

교육 논리에 대한 경제 논리의 우위

앞에서도 언급하였듯이 5·31교육개혁은 경제 메타포를 교육에 적용한 개혁안이다. 이 개혁안을 구상한 것도 경제학자 출신의 정책 참모였으며, 이 생각을 지지하는 세력도 경제학자들로 이루어진 전문가 그룹이나 경제 관료, 기업 등이라 할 수 있다. 교육도 경제 논리로 풀어야 한다는 주장은 경제지상주의에 사로잡힌 주요 언론들을 설득하였고, 나아가 일반시민들에게도 단순하고도 명쾌하게 다가갔다. 교육 관료들도 이 논리에 설득되었으며, 집권 세력도 이 논리를 비켜가지 못했다.

한편 교직사회에 대한 질시와 학교교육에 대한 학부모의 불만은 경제논리에 입각한 교육개혁을 지지하게 된 또 다른 원동력이 되었다. 신자유주의적 구조 개혁에 국민 대다수가 일자리를 잃을까 봐 불안해 하는 상황에서 교직의 상대적 안정성은 질시의 대상이 될 수밖에 없었다. 학교 내 비교육적 관행은 청산되지 않았고 게다가 사설학원에 비해 입시교육에 전념할 수 없는 학교의 특성상 학부모의 불만은 고조되었다. 이러한 상황에서 학교도 사설학원처럼 운영하겠다는 생각은 특히 중산층 시민들에게 매력적으로 다가갈 수 있었다.

이러한 경제 논리에 입각한 교육개혁에 대한 교육학계의 대응은 무기력했다. 신자유주의 교육개혁에 교사는 물론이고 교육학자, 교육단체, 교육 관료들까지 철저히 저항했던 미국이나 영국의 사례와는 대조적이라 할 수 있다. 일부 진보적 교육학자들을 제외하고 교육학계 전반에 걸쳐 신자유주의 교육개혁에 대해 침묵하거나 동조했다. 주류 교육학계의 대응 논리는 아예 없거나 빈약했다. 결국 전교조, 대학노조, 교수노조 등 진보적 운동단체가 신자유주의 교육에 대한 비판을 주도했다.

시장주의 교육개혁의 지지 세력과 집권 세력의 부조화 및 모순

5·31교육개혁의 최대 모순은 추진 세력이 이른바 민주화 세력이었다는 점이다. 민주화 세력의 지지기반은 서민계층과 진보적 성향의 고학력층인데, 지지 세력을 배반하는 교육개혁을 민주화 집권 세력이 주도하였다. 반면 경제 논리에 입각한 교육개혁의 이념적 토양을 제공하고 있는 계층은 재계, 보수 언론, 자유지상주의를 신봉하는 보수 지식인들인데, 이들은 집권 세력을 좌파 아마추어로 폄하하였다. 교육을 통한 계층의 상승 또는 유지를 할 수 있다고 믿는 중산층 역시 소비자 주권론에 입각한 교육개혁을 지지하였는데 이들 역시 집권 세력을 지지하지 않는다는 문제가 있다. 결국 외로운 개혁이 진행되었다.

6. 기로에 선 교육

민주 정부에서 추진했던 5·31교육개혁은 실패했다고 평가되었다. 시장주의적 교육개혁을 지지하는 세력으로부터는 좌파 평등주의와 교육계 기득권층교수, 교사의 저항으로 개혁이 제대로 이루어지지 못했다고 평가를 받았다. 반면 신자유주의 교육개혁의 폐해를 지적하는 세력은 5·31교육개혁이 초래한 교육계 내부의 혼란, 교육 양극화 등의 문제를 들어 실패한 조치로 평가하고 있다.

이후 5·31교육개혁의 원안을 구상했던 세력이 집권하면서 5·31교육개혁에 포함되었던 안전장치들은 해체되고 시장에 대한 맹신을 바탕으로 한 근본주의적 개혁이 이루어졌다. 참여정부의 '진보성'을 비판한 이명박정부에서 취할 수 있는 선택은 신자유주의 교육을 더욱 더 '제대로' 시행하는 길밖에는 없었다. 이명박정부의 출범에서 종료시점까지 교육수석, 교육과학기술부 차관 및 장관을 지내면서 쉼 없이 교육개혁을 주도했던 인사가 5·31교육개혁의 원안 작성에 참여했던 이주호 장관이었다는 점에서 근본주의적 신자유주의 교육정책이 실시되리라는 것은 명약관화했다.

이명박정부의 교육개혁 작업은 참여정부의 이념성을 상징하던 3불 정책, 즉 고교평준화 정책, 본고사 금지, 기여입학제 금지 정책을 완화하는 것에서부터 출발하였다. 2008년 4월, 국민반대여론이 강한 기여입학제를 제외한 2가지 제도를 완화하기 위한 정책이 발표되었다. 우선 고교 다양화 정책을 통해 고교평준화 제도가 사실상 해체되었으며 대입자율화정책을 통해 사실상 본고사 제도가 부활하였다. 고교 다양화 정책이란 자율형 사립고, 특목고외국어고등학교 및 과학고등학교, 특성화고 등 다양한 형태의 학교를 설립하여 학생의 학교 선택권을 확대하겠다는 취지의 정책이다. 그러나 이 정책은 자율형 사립고 및 특목고 입시를 위한 경쟁을 촉발하였으며, 일반계 고교 진학 학생의 소외감을 증폭시키는 결과를 초래하였다(성열관 2008).

대입자율화경쟁 역시 학생 및 학부모의 부담을 가중시키는 결과를 초래했다(김승현 2012). 대입자율화조치를 통해 대학별로 수능점수, 학생부내신성적, 논술 및 구술시험, 고급심화과목AP, UP 성적 등 다양한 입시전형자료를 활용할 수 있게 했으며, 반영비율도 자율적으로 정하게 했다. 여기에 입학사정관 전형이 추가되면서 전국적으로 활용되는 대입전형의 숫자는 기하급수적으로 늘어났다. 대표적인 대입전형자료인 논술이나 구술시험은 수준 높은 선행지식을 요구한다는 점에서 사실상 과거의 본고사가 부활한 것이라 할 수 있다. 입학사정관제의 경우 학생들에게 다양한 분야에서 경험스펙을 요구하고 있어서 다양한 입학전형 방식에 대비해야 하는 학생들의 부담은 가중될 수밖에 없게 되었다. 그렇다고 수능의 부담이 준 것은 아니었다. 수능이 아닌 학생부와 대학별고사를 통해 학생을 선발하는 수시 전형에서도 이른바 수능최저등급을 요구하기 때문에 수능준비에 대한 부담은 높을 수밖에 없다. 수도권의 상위대학에서는 수능최저등급으로 1~2등급을 요구하기 때문에 수능 점수가 높지 않으면 좋은 대학에 갈수 없는 현실은 달라지지 않았다.

고등교육 분야에서도 신자유주의 교육정책은 강화되었다. 서울대학교 법인화로 대표되는 고등교육의 시장화 정책이 그것이다. 대학 스스로 정부 출연금 이외의 재원을 마련하여 자율적·효율적 대학경영체제를 실현한다는 취지에서 도입된 국립대 법인화 정책은 사실상 국립대의 민영화 정책이라 할 수 있으며, 재정기반이 취약한 지방 국립대 대부분이 이 정책에 반대하는 입장을 취하고 있다. 현재까지 법인화된 국립대학은 서울대학교를 비롯해, KAIST, 울산과기대, 인천대 등 네 곳이다.

한편 성과에 따라 교원과 학교를 평가하고 차별적으로 지원하는 제도도 확대되고 신규로 도입되었다. 학부모와 학생이 교사를 평가하는 교원평가제가 도입되었는가 하면 전국단위 학업성취도 평가를 실시하고 그 결과를 공개하여 학교 및 교육구청의 성과를 평가받게 하는 제도도 도입되었다. 시·도 교육청도 평가에 따라 교부금을 차별 지원받는 정책이 도입되었다. 대학들도 각종 지표를 활용한 평가를 통해 정부 사업비를 차별 지원받으며, 국립대학의 경우 대학운영의 성과를 평가하여 지원금을 차별화하는 정책이 도입되었다. 매년 연구 성과 및 근무 실적에 따라 교수 개별 간 연봉의 차별화가 이루어지는 국립대학 성과급적 연봉제도 시행되었다.

이후 박근혜정부는 일반계 고교에 대한 지원, 대입전형의 단순화, 전국단위학업성취도 평가의 축소 실시, 획일적 대학평가 완화 등 이명박정부에서 추진해 온 신자유주의 교육정책을 완화하는 각종 정책을 내걸었다. 그러나 이러한 조치들은 기존의 정책이 노정하는 문제를 보완하는 차원에서 계획된 것이지 새로운 패러다임의 교육정책을 제시하는 차원은 아니다. 결국 신자유주의 교육정책은 유지되었고, 사교육비는 역대 최고 수준에 이르렀다. 한편 박근혜정부에 들어서 시행된 지방대 중심의 대학구조개혁은 수도권 집중화를 가속화시키고 있다. 경제 파탄에 따른 중산층의 붕괴로 그나마 수도권 대학 진학을 위한 입시경쟁에 뛰어들 수 있는 학생들의 숫자도 점점 줄어들고 있다.

촛불혁명으로 헌법재판소가 대통령 박근혜의 파면을 결정하였고 이후 치러진 조기 대선의 결과로 제3기 민주 정부라 할 수 있는 문재인정부가 들어서게 되었다. 그러나 문재인정부가 과거 10년의 오류를 반복하지 않으리라는 보장은 없다. 대한민국의 교육은 기로에 서 있다.

제3장

영미식 신자유주의 교육정책의 특징과 한국 교육의 문제

1. 이명박·박근혜 교육정책의 이념적 좌표는 어디쯤일까?

근본주의적 신자유주의 교육개혁을 밀어붙였던 이명박정부 교육정책의 폐해는 서서히 그 효력을 발휘하여 오늘날 초·중등교육에서부터 고등교육에 이르기까지 광범위한 문제를 촉발시키고 있다. 상대편 후보의 복지 정책을 차용하여 당선된 박근혜정부에서는 당초 내세웠던 교육복지 확대나 지방대 육성 등의 공약은 사실상 지키지 않고, 전교조 법외노조화, 국정교과서 시행 등 교육을 둘러싼 이념논쟁을 촉발시키는 데만 치중하였다는 점에서 이명박정부 교육정책의 연장선상에 서 있었다. 사교육비는 다시 증가하기 시작했고, 교육양극화는 심화되었으며, 일반계 고교와 지방대의 부실화가 폭넓게 진행되었다. 교육 모순은 적폐가 되어 국민을 절망하게 만들고 있다.

마치 4대강 사업이 그랬던 것처럼 이명박정부가 추진했던 교육정책은 교육 전문가들로부터 '설마 저걸 할까?'에서부터 '진짜로 하는 것 아닌가' 하는 조바심과 우려를 낳게 하는 것들이었다. 그러면서 정작 궁금한 것은 많은 사람들에게 '설마'라는 생각이 들게 할 정도의 '기발한' 정책 아이디어를 그들은 어떻게 생각해 내었을까 하는 것이다. 물론 이명박정부의 교육정책이 전혀 새로운 것들은 아니다. 일부 내용은 이미 노무현정부와 김대중정부를 관통하여 이어져 온 '5·31교육개혁안'에 들어 있었던 것들이며, 또 일부는 5·31교육개혁안의 원안이라 할 수 있는 '소비자 주권론', 더 거슬러 가보면 '소비자 주권론'이 참고한 1980년대와 1990년대에 걸쳐 진행된 영미식 교육개혁안에 들어 있던 내용들이 상당수이다. 그리고 5·31교육개혁안, 소비자 주권론, 영미식 교육개혁, 이런 것들은 대략 신자유주의 교육개혁이라 규정지을 수 있는 것들이다.

그런데 이명박정부의 교육정책, 그리고 이후 계승된 박근혜정부의 교육정책은 신자유주의라는 서술어만으로는 부족한 느낌이 든다. 참여정부, 거슬러 올라가서는 국민의 정부의 교육정책도 충분히 신자유주의적이었다고 할 수 있기 때문이다. 이명박정부의 교육정책의 근간이 된 5·31교육개혁은 이명박정부가 정신적으로 계승한 김영삼정부에서 비롯된 것이었다. 당시 한나라당의 전신이 과거 민자당·신한국당까지 거슬러 올라가는 점도 있겠지만 5·31교육개혁안의 원안인 '소비자 주권론'을 만들어 낸 김영삼정부 정책팀의 인맥이 그대로 이명박정부의 교육정책라인으로 이어졌던 점도 주목해야 한다. 영어 교육 강화론도 이미 김영삼정부의 '세계화' 시절에 있었던 내용이며, 특목고니, 자립형 사립학교니 하는 이야기도 이미 그 시절에 만들어진 구상이었다. 다만 김영삼정부에서 만들어진 5·31교육개혁안은 소비자 주권론에서 현실적으로 문제가 될 수 있거나 공교육의 기반을 무너뜨릴 수 있는 독소조항을 제거한 정도에 불과하지 않는다. 국민의 정부나 참여정부에서도 최소한의 안전장치라 할 수 있는 3불 정책 정도를 유지했을 뿐이다.

그런데 이명박정부를 이끌어 가고 있는 사람들은 자신들이 참여해서 내놓았던 구상을 충실히 따라온 교육정책을 좌파 평등주의 교육정책이라고 치부하여 왔다. 그래서 5·31교육개혁안들의 안전장치들을 떼 내는 데 그치지 않고 보다 더 신자유주의적인 교육개혁을 시도하였다. 5·31교육개혁안보다 더 신자유주의적인 교육개혁은 도대체 무엇일까? 그 상상력의 끝이 어디인지는 알 수 없으나 초등학교 때부터 입시 준비하느라 밤 열시까지 학원에서 밤을 지새우는 일본과 60~70년대 한국의 풍경, 흑인·빈민의 학생들과 백인 중산층 학생들이 다니는 학교가 싸늘하게 경계 지워지는 미국의 풍경 등 다양한 그림이 우리의 모습으로 다가와 있다.

1995년에 발표되어 20년 넘게 진행되어 온 5·31교육개혁이 초래한 교육현장의 모습과 1980년대 이후 진행되어 온 영국과 미국의 신자유주의 교육개혁이 초래한 그들의 모습을 살펴보면 우리가 앞으로 어떠한 정책 수단을 쓸 수 있고 써서는 안 되는지를 비교적 명확히 알 수 있다. 그러나 과거 정부를 부정하는 데만 급급한 나머지 과거에 대한 면밀한 반성과 외국 사례를 타산지석으로 삼아 보는 과정을 생략한 채 제어되지 않는 상상력들을 현실화해 온 적폐를 청산하기 위해서는 이명박·박근혜정부가 모델로 생각했던 교육개혁의 원안들이 어떤 모순을 지니고 있고 어떻게 실패했는지를 살펴볼 필요가 있다.

2. 실패한 교육개혁 모델영미식 신자유주의 교육개혁

20여 년이 넘게 한국 교육을 지배해 온 5·31교육개혁의 소비자 주권론은 그 원형을 1980년대 이래 영국과 미국에서 진행되어 온 신자유주의 교육개혁에서 찾을 수 있다.

1980년대 이래 영국잉글랜드와 웨일스과 미국에서 진행된 신보수주의·신자유주의 교육개혁은 문민정부 당시 5·31교육개혁을 초안한 사람들이 참고한 원형으로 비단 한국뿐 아니라 세계 여러 나라의 교육개혁에 지대한 영향을 미쳐 왔다. 이 두 나라는 일종의 '정책 돌려쓰기'를 통해 서로의 개혁 내용을 참조하였고, 이런 이유로 각자의 특수성에도 불구하고 상당히 유사한 내용의 개혁을 진행시켰다(이병곤 2002).

1980년대 영국과 미국에서 보수적 교육개혁의 목소리가 높아진 것은 다음 두 가지 현상의 등장과 관련지어 설명할 수 있다. 첫째, 국가의 영역을 축소하고 시장의 자율성 확대를 주장하는 신자유주의적 경제체제의 등장, 둘째, 정치, 사회, 문화, 종교 등에 각 분야에 만연된 정치적 보수주의의 등장이 보수적 교육개혁의 원동력을 제공하였다.

이러한 개혁을 가능하게 하기 위해 이들이 가장 먼저 서두른 작업이 공교육에 대한 공격이었다. 한국에서 그랬던 것처럼 공교육에 대해 이른바 '좌파평등주의'식 공격이 무차별적으로 이루어진 것이다. 예를 들어 1970년대 국제무역 경쟁에서 일본이나 독일에 밀리게 된 원인이 공교육의 경쟁력이 낮은 탓이며, 그렇게 된 것은 루소나 듀이의 진보주의에 물든 교사나 교육학자들이 공교육체제를 장악하여 학생들에 대한 훈육과 주지주의 교육을 게을리하는 등 교육을 하향 평준화시킨 탓이라고 한다(Evans 2005).

한편 신보수주의 교육개혁의 이면에 종교적 근본주의가 작용하고 있는 점도 간과할 수 없다. 예컨대 Heritage Foundation이나 일부 워싱턴 싱크 탱크의 보수적 학자들은 미국 교육계에 만연한 '인간적 세속주의Human Secularism'을 몰아내고, 종교적·이념적 검열의 강화 및 창조론의 교수를 주장해 왔다. 동시에 세속주의를 실현하고 있는 공교육이 축소되어야 하며, 국가는 공교육에 '예산 낭비'를 할 것이 아니라 홈스쿨링이나 종교적 사학에 다니는 학생을 지원해서 공교육으로부터 '탈출'을 지원해야 한다고 주장한다.

이렇듯 경제적 신자유주의, 국가주의, 주지주의, 종교적 근본주의 등이 복잡하게 얽혀서 진행된 영국과 미국에서의 교육개혁은 몇 가지 전형적인 특징을 드러내고 있다(애플 2003).

첫째, 교육을 시장에서 거래되는 상품에 비유한다. 이 생각에 따르면 현대의 공교육제도는 국가가 독점하여 획일적이고 수준 낮은 상품을 생산하는 기구로 비유될 수 있으며, 교육의 질을 높이기 위해서는 공급 사이드의 다변화를 통해 경쟁의 원리를 도입해야 한다. 학부모는 교육상품의 소비자에 비유되어 다양한 교육상품학교을 선택할 수 있도록 환경을 조성해야 한다고 주장한다.

둘째, 학교 간의 경쟁을 가능하게 하기 위해서는 학교의 수준을 비교할 수 있는 표준화된 지표가 필요하다. 교육 주체들이 자신들의 입맛대로 교육내용이나 방법을 선택하게 하면 교육공급자들 간에 비교가 불가능하므로 표준적인 교육과정, 표준성취 수준, 수업방법의 표준화, 그리고 그 결과를 평가할 수 있는 표준화된 시험이 필요하다. 시험 성적을 통해 어느 공급자가 어느 정도의 성과를 거두었는지 알 수 있고, 이는 학부모가 학교를 선택할 수 있는 중요한 지표가 된다.

셋째, 학교교육은 학생의 흥미를 중시하고 학습자에게 생각할 기회를 주는 교육보다는 읽기, 쓰기, 셈하기 등 기초학습기능과 훈육, 가치 주입 등의 방법을 선호한다. 순종적이고 공부 잘하는 학생들만 있어야 학교의 이미지가 제고되며, 그런 학교를 보수적 성향의 학부모들이 더 많이 선택할 수 있기 때문이다. 비판적 사고나 문제 해결력 등의 교육은 가급적 배제한다. 학생들에게 '생각'할 기회를 주는 교육은 사회 질서를 부정하려는 진보주의자들의 '음모'라고 믿는다.

신자유주의·신보수주의 개혁의 핵심은 교육 공급자 측의 다변화를 통해 학부모의 선택권을 확대하며, 표준화된 교육과정 및 시험을 통해 학생의 성취도를 비교하고 이에 따라 성과를 지급하는 방식으로 교육기관에 대한 책무성을 강화한다는 내용이다. 개혁의 구체적 내용들을 살펴보면 다음과 같다.

바우처 제도

바우처 제도는 미국에서 고안된 제도이다. 이 제도는 저소득층 학생들이 사립학교나 중산층 거주 지역의 공립학교로 전학하여 보다 나은 교육을 구매할 수 있도록 지원해 준다는 취지로 마련되었다. 이 제도가 제안된 것은 1960년대 밀턴 프리드만에게까지 거슬러 올라갈 정도로 오래전 일이다. 그 후로도 몇 차례 의회에 법안이 상정되었으나 번번이 무산되었으며, 이 제도를 강력히 지지했던 레이건 정부 시절에도 몇 차례 시도되었지만 엘리트주의라는 비판과 함께 무산되었다. 그러다가 부시정부에 들어서 공립학교들 중에서만 학교 선택을 허용한다는 조건으로 이 법안이 상정되었는데 연방 차원에서는 역시 부결되었고, 각 주에서도 이 제도를 도입하기 위해 법안을 상정하였지만 극히 일부 지역을 제외하고 대부분 실패하였다. 그럼에도 이 제도의 도입을 주장하는 목소리를 지속되어 왔다. 바우처 제도를 지지하는 사람들은 이 제도가 학교를 시장의 지배하에 끌어들여 효율성을 제고할 수 있으며, 학부모의 선택 및 개입이 용이해진다는 점을 들고 있다. 그러나 내심으로는 공교육에 대한 지원 축소와 종교적 신념을 가진 홈스쿨링 및 종교계 사학에 대한 지원을 늘리려는 생각이 숨어 있다. 이 때문에 종교와 국가를 분리하는 미국 헌법의 정신에 바우처 제도가 위배된다는 지적이 강력하게 제기되었다. 또 결국 이 제도의 혜택을 보는 기관이 부유층이 다니는 사립학교라는 점에서 사회 양극화를 초래할 것이라는 비판이 제기되었다.

자율학교

공공의 자금이 투여되면서도 교육과정, 예산, 운영 등에 있어서 단위학교에 자율권을 부여하는 제도 역시 학교 선택 운동의 일환으로 도입되었다. 미국에서는 차터스쿨이라는 이름으로 자율학교 제도가 도입되었는데, 1988년 차터스쿨 운동이 시작되어 1991년 미네소타, 1992년 캘리포니아에서 출발하여 각 주에 확산되었다. 영국도 1988년 교육법에 통과되면서 정부의 지원을 직접 받으면서 학부모가 참여하는 학교 운영위원회를 통해 자율적으로 운영되는 GMSGrant Maintained School을 설치하여 운영했다. 같은 시기에 도입된 시립기술학교City Technology Colleges도 자율학교의 한 형태로 기업 및 산업계와 연계된 교육트러스트가 일정액의 출연 및 운영을 담당하고 정부가 보조하는 방식의 사영공립학교이다.

노동당 정부가 들어서면서 GMS는 폐지되고 대신 중앙정부의 직접 지원은 없으나 일정 부분 학교 운영의 자율권을 부여하는 기초학교Foundation School가 생겨났다. 노동당 정부는 또 기술, 비즈니스, 언어 영역에 비중을 두는 특성화 고교를 육성하였다. 2002년부터 'City Academy'가 설치되어 운영되고 있는데, 이 역시 특성화학교의 유형에 속한다. 아카데미는 누구나 학교설립 조성금 10%를 부담하면 정부가 나머지를 지원해 학교를 만들 수 있다. 학교의 운영은 학부모가 참여하는 학교 운영위원회가 담당하며 국가표준교육과정을 따르지 않아도 된다.

차터스쿨이나 영국의 재정교부학교 등의 사례에서 보듯 이들 자율학교는 공교육의 틀 내에서 유지되어 온다는 것이 바우처 제도와는 다르며, 이 때문에 미국의 민주당 정부나 영국의 노동당 정부에서도 이 제도를 용인해 왔다. 그러나 자율학교가 찬성론자들의 선전과는 달리 대부분 소기의 성과를 내지 못하고 재정만 낭비한다는 비판을 받고 있다. 나아가 기존의 공립학교에 다니는 학생들과의 차별 문제도 지적되고 있어서 궁극적으로 공교육제도를 약화시킬 것이라는 비판을 받고 있다. 효율성 문제가 지적되자 아예 민자를 활용해, 예컨대 영국의 에드엑셀Edexcel과 같은 교육 관련 사기업체가 공립학교를 인수하여 운영하게 하는 방법을 택하기도 했지만, 별다른 실적을 보여주지 못하기는 마찬가지이다.

표준화된 교육과정, 표준화된 시험, 성과주의

교육과정의 국가 표준을 만드는 운동은 영국이 먼저 주도했다(김영석 2006). 국가교육과정의 필요성은 대처정부가 들어서기 전 1970년대 노동당 정부 시절부터 제기되었으나 본격화된 것은 1988년 교육법이 발효되고부터이다. 이후 1991년, 1995년, 1999년 세 차례의 전면적 개정 작업이 있었다. 미국에서 국가교육과정 운동은 레이건 정부 후반부터 부시 정부에 이르기까지 교육정책을 주도한 윌리엄 베넷, 다이안 래비치 등 교육계의 신보수주의자Neo

Conservatives들이었다. 국가교육과정 개발계획은 부시 정부에서 America 2000의 이름으로 추진되어 왔는데, 클린턴 정부가 Goals 2000이라는 이름으로 승계하여 법안을 발표했고, 이 계획에 따라 각 교과별로 국가표준성취 수준을 발표하였다. 이를 기점으로 하여 각 주별로도 교과별 스탠더드를 발표하게 되었다. 국가교육과정이 도입된 표면적 이유는 학생의 전반적 학업성취 수준이 낮고, 지역 간, 학교 간, 남녀 간 격차가 심하다는 이유에서이다. 그러나 보다 근본적인 이유는 국가표준을 바탕으로 표준화된 시험을 개발하고, 이 시험의 성적을 토대로 학교의 성공 여부를 재단하여 궁극적으로는 학부모들이 학교선택의 기준으로 활용할 수 있도록 하겠다는 것이다. 영국의 경우 표준학력검사Standard Attainment Tests를 토대로 학교 간 비교표를 작성하여 학부모에게 공개하는 동시에 보다 많은 학생을 모은 학교에 보다 많은 재정을 지원하였다. 같은 맥락에서 부시 정부의 낙오방지법No Child Left Behind은 모든 학교가 표준화된 시험을 통해 학력 향상 여부를 보여야 하며, 실패할 경우 학생들이 다른 학교를 선택할 수 있도록 조치하고 재정 지원도 줄였다. 학교단위의 재정 지원뿐 아니라 성적에 따라 교사의 성과급, 심하게는 퇴출 여부까지 결정하는 기준으로 활용하겠다는 움직임도 있어서 교직사회의 갈등을 유발할 수밖에 없다. 한편 시험 성적이 낮은 학교에게는 오명이 주어지고 그곳에 다니는 학생들은 실패자라는 낙인이 찍히게 된다. 시험에서 제외된 과목들은 천대받고 교사들도 깊이 있는 가르침보다는 시험 준비에 치중하게 되는 등의 문제가 지적되었다. 심지어 많은 교사들이 업무 증가와 스트레스 등으로 인하여 낙오방지법 시행 이후 학교를 떠났다는 보고가 있다. 그리고 낙오방지법의 시행에도 불구하고 미국 학생들의 성적은 국제 비교에서 개선되지 못했다.

3. 생략된 역사 공교육 확대의 경험

영미에서 신자유주의·신보수주의 교육개혁이 일어나게 된 배경을 이해하기 위해서는 1960년대와 1970년대 이들 나라에서 진행되었던 공교육 확산의 역사적 과정을 살펴볼 필요가 있다. 공공영역의 군살을 빼는 개혁을 진행되었다는 것은 그만큼 충분히 군살이 축적되어 있었다는 것을 의미하기 때문이다.

먼저 영국에서 공교육이 확산되게 된 것은 아이러니하게도 보수당 정권이 주도한 1944년 교육법이 계기가 되었다(이병곤 2000). 1944년 교육법을 통해서 무상의무교육이 입법되어 공교육이 확대될 전기가 마련되었다. 그러나 한편으로 1944년 교육법은 계층별로 학교를 구분하는 불평등한 교육체제를 만들어 놓았다. 보수당과 노동당의 타협으로 중등학교 삼원체제가 등장한 것이다. 이 체제는 중등교육을 Grammar School, Technical School, Modern School로 삼원화하며 11세 때 시험Eleven Plus을 보고 어느 학교에 갈 것인지 정한다. 그러나 Grammar School과 Modern School 간의 격차 문제, 예산 부족으로 인한 Technical School의 학생 자원부족 문제를 겪게 되고 근본적으로는 계층 간, 지역 간 격차가 심화되는 문제가 발생하게 되었다. 그런데 노동당에서는 당초 입시Eleven Plus를 통과한 저소득층 아이들이 Grammar School에 진학할 기회를 얻음으로써 계층 이동이 활발해질 것으로 기대하여 이 법에 찬성하였으나 결과는 참담하였으며, 이 제도에 대한 사회적 저항은 심각한 수준이었다.

1960년대에 들어 노동당이 집권하게 되고 삼원체제였던 중등학교가 폐지되었다. 그리고 80%의 학교가 종합중등학교로 전환되었다. 이후 특권적인 Grammar School의 폐지 작업이 진행되어 대처 집권기에도 그래머 스쿨의 폐지는 계속되었다. 1976년 교육법에서는 아예 학생을 능력에 따라 선발하는 것을 공식적으로 금지하였다. Grammar School이 폐지되면서 공교육에 만족하지 못하는 일부 부모들은 자녀를 유료의 독립학교Independent Schools로 보내게 되고 그 수는 증가하여 오늘날 8%에 이르렀다. 1984년 삼원체제를 부활하려는 움직임이 있었으나 중산층의 반대로 무산되고 말았다. 그러나 종합학교에 대한 공격은 계속되었고 노동당 정부에서 'Beacon Schools', 'Advanced Schools'를 선정하는 등 이른바 평준화의 일부 예외를 허용하는 조치가 취해졌다.

미국에 있어서도 전후 공교육에 대한 투자 확대가 이루어져 고등학교 입학자들은 전후 1970년까지 50% 이상 증가했고, 대학교육 인구도 두 배 이상 증가하였다. 그리고 1960년대를 거치면서 여성, 소수 인종에게도 교육의 기회가 확대되었다. 대중교육의 확대에 있어서는 미국을 따라갈 나라가 없을 정도가 되었다. 또 1970년대까지 이루어진 공립대학 확대 조치로 많은 사립대학들이 문을 닫거나 공립으로 전환하는 바람에 사립대학의 비중이 20년 만에 50%에서 20% 수준으로 떨어졌다(Monyhan 1975). 대부분의 학생들은 저렴한 가격에 양질의 교육을 공급하는 공립대학을 선택하였고, 사립대학의 입지는 축소될 수밖에 없었다. 1980년대 이후 사립대학은 보수 정권의 등록금 직접 지원 정책한국의 국가장학금 방식과 명품화 전략의 성공으로 다시 유리한 고지를 점령했지만 아직도 공립대학과 사립대학의 평균등록금 차이는 4배 이상 차이가 난다.

한편 공교육의 확대는 그만큼의 예산 확대를 의미하는데, 1950년대와 1960년대는 예산 증가가 공교육 확대에 어느 정도 보조를 맞출 수 있었다.

그러나 1970년대에 들어 미국 경제가 침체되고 학생 1인당 지원 예산이 줄어들게 되었다. 또 1970년대 의료나 복지 등 다른 분야의 예산 비중이 늘어나면서 교육 예산에 대한 압박이 가중되었다. 예산 압박과 동시에 교육의 질에 대한 문제제기도 이루어졌다. 1950년대 이전까지 50%의 학생이 졸업 전에 중도 탈락했고 20%정도의 학생들만이 대학에 진학했다. 그리고 교육과정의 계층적 구분도 뚜렷해서 고등학교 학생들은 1/4정도의 대학예비반, 1/4정도의 직업반, 나머지 보통반으로 구분되었으며, 보통반 학생들 가운데 중도 탈락된 학생들이 많았다. 그러나 교육의 대상이 확대되면서 다양한 계층과 특징의 학생들에게 적합한 보통교육이 제공되었고, 주지주의나 훈육보다는 학생의 흥미가 보다 강조되었다. 그리고 고등학교 졸업율도 70%대로 높아졌다. 이러한 현상이 과거 대학에 가기 위해 딱딱한 내용을 열심히 공부했던 부모들의 눈에는 학교교육의 수준이 형편없어지고 공부를 안 해도 졸업을 시켜 주는 것으로 여기게 되었다. 물론 딱딱한 내용을 주입하는 것보다 학생의 흥미와 요구를 반영한 교육이 훨씬 효과가 있다는 것이 반복된 연구의 결과이지만, 보수적 학부모의 눈에는 학생들 요구만 들어 주다 정작 중요한 것어려운 것은 안 가르치는 게 아닌가 하고 여긴 것이다. 결국 공교육기관이 예산은 많이 쓰면서 저질의 교육을 제공하는 기관이 아닌지 하는 의구심도 갖게 되었다. 그러나 이러한 의구심이 객관적 자료에 근거한 것은 아니다. 공교육에 투자한 성과로 고교 졸업률은 꾸준히 증가해 왔으며, 여러 가지 연구들은 학교교육의 환경 개선학급당 인원수, 교사 봉급 인상 등에 투자할수록 학생의 성적이 올라간다는 것을 보여 주고 있다(Berliner 1995).

이상에서 본 바와 같이 영국과 미국에서의 교육개혁은 우리나라와는 다른 역사적 경험의 연장선상에서 등장했다. 이들 나라들은 우리와는 달리 꾸준히 공교육을 확대해 온 역사적 경험을 가지고 있다. 신자유주의적 개혁이 한창 진행된 현재에 있어서도 공교육의 규모나 무상성에 있어서 우리나라와는 비교가 되지 않을 정도이다. 교육의 지방분권화의 정도도 강하며 교육주체의 자율권도 확대되어 있다. 이들 나라의 국가교육과정은 우리나라의 국가교육과정과 비교하면 구속력이 미미한 수준이다. 우리나라처럼 의무교육의 무상성 정도가 낮고 사학의 비중이 높으며 교육의 중앙집권화가 강한 현실 조건 속에서 오히려 민영화를 확대하고 시험을 통해 교육과정의 구속력을 높이는 것은 독이 되는 약을 처방하는 것과 같다.

또 우리의 입시위주의 암기식 교육 전통은 세계의 유례를 찾아보기 힘들 정도로 강하다. 한국에서 진보주의적 교육철학은 시도되거나 실천된 적이 없다. 그런데 거꾸로 주지주의 교육을 더 강화하는 것은 시대착오적 발상이다. 참고로 1980년대 신보수주의 교육개혁을 주장했던 사람들이 극구 칭찬했던 모델이 일본의 입시위주·주지주의·암기식 교육이었다. 어떻게 보면 우리의 것을 그들이 참조한 것인데, 그것을 우리가 다시 배우겠다고 한 셈이다.

그런 이유에서인지 보수적 교육개혁이 진행된 이들 나라에서 일찍이 한국과 일본이 경험했던 교육의 문제들이 생겨나고 있다(Davis 2007). 이른바 입시위주교육test driven curriculum의 병폐이다. 수업이 차분히 생각하게 하는 교육보다 시험 준비에 치중하고, 시험을 보지 않는 교과는 소홀히 다루어지고, 학교장이 시험 성적 향상을 강하게 독려하고, 시험 당일 성적 낮은 학생들을 일부러 결석시키고, 교사들의 자율성이 침해되어 노동의 소외감을 느끼는 등의 문제는 우리에게는 너무도 익숙한 현상이다. 또 시험 준비에 치중하는 교육이 중간층 수준의 학생들에게만 일부 효과가 있고 성적 상위층 학생들이나 하위층 학생들에게는 효과가 없다는 연구 보고도 우리의 입장에서는 별로 놀라운 것이 아니다. 경쟁을 강조하는 교육이 결국 학생들을 중간 수준에서 평준화시키는 결과를 초래하고 있는 셈이다. 보수적 교육개혁을 이끌었던 사람들이 주장하는 대로 4차 산업혁명 시대에 대비하기 위해서는 입시위주의 교육을 할 것이 아니라 학생의 흥미와 개성, 창의성을 강조하는 진보주의 교육을 실천해야 한다.

4. 이념만 있고 실용은 없는 정책

잘못된 행정을 비판할 때 흔히 '탁상행정,' '주먹구구식 행정'이라는 용어들을 사용하는데, 이명박정부의 교육정책을 보면 이 두 가지 용어에 더해 '베끼기 행정'이라는 용어를 추가할 수 있다. 이명박정부가 내놓은 정책의 상당수는 영국과 미국에서 베낀 것들이다. 마이스터고등학교도 영국이나 미국의 시립기술학교나 특성화학교 등의 아이디어를 베낀 것이며, 학교정보공개니 학교선택이니 하는 것도 이들 나라의 정책을 베낀 것이다. 문제는 우리와 다른 상황에서 다른 문제를 처방하기 위해 등장했던 정책을 베낀다는 것이다. 베끼기 행정보다 훨씬 더 심각한 것은 '상상으로 베끼기 행정'이다. '선진국에서는 이렇게 할 것이다'라는 상상을 해 놓고 그 상상을 현실처럼 베끼는 행정을 말하는데 그 대표적 예가 대학입시자율화이다. 예를 들면 '미국은 대학입시가 자율화되었다'라는 상상을 하고 우리도 대학입시를 자율화해야 한다는 주장을 한다.

이명박정부는 이러한 주장을 바탕으로 대입자율화조치를 통해 수능이나 학생부, 적성검사, 논술 등 다양한 입학전형자료를 대학이 자율적으로 활용할 수 있게 하였다. 그리고 입학사정관제 도입을 통해 학생의 개인적 배경이 입시에 반영될 수 있는 장치를 만들었다. 또한 대입 업무를 대학협의체에 불과한 한국대학교육협의회에 이양하였다. 대학 정보 공시 항목을 공개하여 신입생의 출신고교 유형과 특성, 전형방법, 결과 등이 공개되었으며, 초·중·고에서도 학교정보공시를 통해 대학진학률 등의 정보를 공개하게 하였다. 출신 고등학교가 대입 전형의 판단 근거가 되게 한 것이다.

대학에게 자율을 주는 것은 바람직한 일이며, 선진국에서도 대학이 우리와는 비교도 되지 않을 정도의 자율권을 가지고 있다. 그런데 선진국에서 대학은 타자의 자율을 방해하지 않는 범위 내에서만 자율을 누릴 수 있다는 데 차이가 있다. 예컨대 대학이 학생 선발의 자율을 누리지만 이는 고등학교교육에 영향을 주지 않는 범위 내에서만 자율을 누릴 수 있다. 미국에서 SAT를 따로 준비하는 학생은 거의 없다. 학교 공부를 충실히 해서 성적이 좋으면 대학에 갈 수 있고, 성적이 좋지 않더라도 사실상 지능검사라 할 수 있는 SAT에서 일정한 성적을 얻으면 대학에서 공부할 수 있는 기본 자질이 있다고 판단된다. 그마저도 부족하면 에세이논술도 써서 제출하고 과거 경력도 제출한다. 그러나 가장 중요한 자료는 내신 성적이며, 그 밖에 대학이 어떤 입학전형자료를 사용하던 그것이 고등학교교육에 영향을 주지 않는다(김영석 2004).

일부 명성 있는 사립대학들을 제외하면 미국 대학의 입시정책은 기본적으로 학생을 떨어뜨리려는 데 목적이 있지 않고 가능한 공부할 기회를 주려는 데 있다. 내신이 부족하면 SAT, 그마저 안 되면 다른 소명 자료를 제출하게 해서 가능한 공부할 기회를 준다. 그래서 대학 들어가는 것은 쉽게 그러나 졸업하는 것은 어렵게 만든다. 사립대학의 경우도 입학경쟁률이 높다는 점을 제외하면 내신과 SAT를 제외하고 별다른 시험공부를 해야 하는 것은 아니다. 한정된 자료를 가지고 우수한 학생을 골라내기 위해 전문가를 고용해야 할 정도이다. 나아가 우수한 성적을 가진 학생들이 저렴한 주립대학을 선택하는가 하면 소규모의 사립학교를 선택하는 경우도 많다. 그러나 결국 학생이 우수한지 않은지는 입학시점에서 판가름되는 것이 아니라 졸업시점에서 판가름되기 때문에 입시에 목매지 않아도 학교의 명성을 충분히 유지할 수 있다. 일부 사립대학에서 명문 사학 고등학교 출신에게 보다 많은 입학허가를 준다는 것이 공공연한 비밀처럼 되어 있지만 이 역시 비판의 대상이며 고교등급제처럼 체계화되고 노골화되는 수준은 아니다.

상상행정은 상상으로 베끼기에 그치지 않고 긍정적 효과를 상상하는 수준에까지 이른다. 대학입시를 자율화하면 사교육비도 줄어들 것이고 고교교육도 정상화될 것이라는 상상이다. 그러나 대학이 입학성적만으로 명성을 유지하는 현재의 관행이 없어지지 않는 한 대학입시자율화가 사교육비 축소와 고교교육 정상화를 초래할 것이라는 상상은 그야말로 상상에 불과하다. 그러나 대학입시자율화 문제는 그들만의 '행복한 상상'의 수준을 넘어 그렇게 하지 않으면 안 된다는 이념이자 종교의 수준까지 발전되어가고 있다.

한편 수능등급제는 한 번의 시행에 실패한 제도로 낙인찍히고 역사의 뒤안길로 사라졌다. 수능등급제가 과연 실패한 제도인지 실증분석도 없지만 수능등급제의 취지와 목적에 대해서도 제대로 된 논의와 평가도 생략되었다. 수능점수가 등급화되자 과거처럼 명확한 학교 선택 기준이 제시되지 못해 학생들과 학부모들의 혼란이 가중된 것은 사실이다. 그러나 그 와중에서도 미세한 서열 차보다는 적성에 맞는 학과에 소신 지원하는 학생의 숫자도 증가하였다는 점은 간과되고 있다. 또 비슷한 수능 점수 수준의 학과군, 또는 대학군이 발생함으로써 이들 간에 교육을 통한 경쟁을 유발할 가능성이 생겼다는 점도 긍정적 변화의 조짐이었다. 그러나 수능등급제는 학생들의 입학성적으로 명성을 유지해 온 상위 7개 대학의 이익에 배치될 수밖에 없었으며, 결국 이들의 요구를 반영하여 폐지될 수밖에 없었다.

이명박정부 이래 추진되어 온 대학자율화정책은 결국 대학만의 자율을 위한 정책이 되고 말았다. 고교교육이 황폐화되고 사교육시장은 비대해졌으며, 계층 간 교육기회의 차별이 심화되고 자녀 교육 때문에 빚까지 져야 하는 중산층은 붕괴되었다. 결국 사회 양극화를 초래할 것이라는 세간의 예상은 현실이 되어 왔다. 그 와중에 민주시민의 양성, 자아실현이라고 하는 교육의 본질적 목적은 점차 학교라는 공간에서 밀려나 화석화된 낱말로 전락해 버렸다.

제4장

교과이기주의

교육내용을 둘러싼 그들만의 경쟁

제4장의 내용은 필자의 논문(2010) 「사회적 갈등 해결 과정으로서의 교육과정 개발체제 구축의 필요성」, 『사회과교육연구』 17(2), 1-12의 내용을 일부 수정한 것이다.

1. 교육내용을 둘러싼 갈등의 심화

박근혜정부에서 역사 교과서의 국정화를 추진한 배경에는 학교교육을 통해 국가가 원하는 특정한 관점 및 태도를 학생들에게 주입할 수 있다는 생각이 깔려 있다. 역사 교과서 국정화가 일부 독재국가 또는 과거 군사정부에서나 시행되는 조치이고, 이를 통해 주입하고자 하는 관점이 논란의 소지가 크다는 점에서 특별히 문제가 되지만, 학교교육을 통해 특정한 관점과 태도를 형성시키려 한 것은 역대 정권에서 발견되는 공통적인 현상이었다. 비교적 진보적이라 할 수 있는 노무현정부에서도 중국, 일본과의 역사 갈등에 대응하기 위해 역사를 독립교과화하고 동아시아사를 강조하는 등 국가민족주의적 목적에 따라 특정 교육내용을 강조하는 조치를 시행하였다. 이렇듯 특정한 교육내용을 가르쳐서 사회적·국가적 목적을 달성하려는 의도와 관행은 정책결정자들은 물론이고 다수의 이익집단들에게서도 발견된다.

어떤 교육내용을 교육과정에 포함시킬 것인지를 둘러싼 갈등은 민주화 시대를 거치면서 더욱 두드러지고 있다. 권위주의 정부하에서 교육내용 선정을 둘러싼 사회적 갈등은 표면화되지 않은 채 물밑에서 진행되거나 정부의 권위에 의해 어렵지 않게 조정될 수 있었다. 그러나 민주화 시대를 거치면서 교육내용 선정을 둘러싼 갈등은 교과교육의 외곽 학회들 간의 갈등 수준을 넘어 사회 세력 간의 갈등으로 증폭되었으며, 사회 문제화될 수준에 이르렀다. 더군다나 현재의 중앙집권적 국가교육체제는 교육내용 선정을 둘러싼 갈등에 효과적이지 못하며, 갈등을 국가적인 차원의 것으로 확대시키기도 한다.

국가교육과정체제는 교육내용을 표준화함으로써 모든 학생들에게 균질한 교육경험을 제공할 수 있다는 장점이 있다. 그러나 지나치게 구속력이 강한 국가교육과정체제는 학생의 다양성에 효과적으로 대응할 수 없을 뿐 아니라 창의적 교육실천의 저해 요소가 될 수도 있다. 또 국가교육과정체제에 관련 내용을 편입시키는 것이 모든 학생들에게 그 내용을 가르칠 수 있는 방법이라는 점에서 내용 선정을 둘러싼, 사회 세력 간의 갈등이 국가교육과정이라는 공간에 집중된다는 문제도 있다.

교육내용 선정을 둘러싼 갈등이 교육적 논리에 따라 조정되지 못할 경우 이는 교육내용 양의 증가로 이어질 가능성이 높으며 결국 학습자의 부담 증가로 이어지게 된다. 또 다양한 이해 세력의 요구로 추가되는 교육내용들은 기존의 교육내용체계에 조화시키기 어려운 경우가 많으며, 그런 이유로 교육과정의 조직 형태가 학습자의 발달원리나 특정한 교육철학적 견해를 반영하기보다는 파편화된 지식을 나열하는 수준으로 전락해 버린 경우도 발견된다.

다음에서는 이러한 문제의식에 따라 현행 국가교육과정체제의 취약성을 분석하고, 교육내용 선정을 둘러싼 사회적 갈등을 교과학문이기주의의 관점에서 살펴보려 한다. 교과이기주의란 특정한 교과에 종사하는 사람들이 교육과정 내에 자신들과 관련된 학문내용을 더 많이 국가교육과정에 포함시키기 위해 경쟁하는 현상을 의미한다. 이러한 교과이기주의가 어떻게 교육내용을 증가시키고 파편화시킴으로써 학습자 부담을 증가시키고 학교교육의 수준을 저하시키는지에 대해 살펴볼 것이다. 아울러 이 문제를 합리적으로 해결하기 위한 교육과정 개발체제의 대안을 제시할 것이다. 이러한 대안 모색의 목적은 교육과정 개발과정에서 교육의 논리를 회복하는 데 있다. 논지 전개 과정에서 사용되는 사례는 주로 사회과에서 제공되었음에 유의할 필요가 있다.

2. 교육내용 선정을 둘러싼 사회적 갈등의 증가

교과이기주의

순전히 교육적 관점에서만 생각한다면 교육과정에 어떤 내용을 포함시킬 것인지의 문제는 "어떤 지식이 학습자의 발달에 가치로운가"라는 철학적 논쟁의 주제로만 활용할 수 있다. 그러나 한국에 있어서 교육과정국가교육과정에 어떤 내용을 포함시킬 것인지의 문제는 그 자체가 현실적 이익 추구의 수단이 된다는 점에서 철학적 논쟁을 넘어서 이해 갈등의 배경이 되고 있다(김영석 2006). 해당 학문의 내용을 보다 많이 가르칠수록, 또는 해당 학문을 배경으로 하고 있는 교과의 시수가 늘어날수록, 해당 교과의 교사 충원 인원이 늘어나게 된다. 교사 충원 인원이 많아지면 그 교과와 관련된 교원양성대학 학과의 입학지원율이 높아지거나 학과정원이 늘어나게 된다. 이는 다시 그 분야 교수 충원 인원의 증가로 이어진다. 결국 국가교육과정체제에서 해당 학문 분야와 관련된 교과의 비중이 어떠한지가 그 분야의 학자를 양성하는 대학들이나 학회의 '융성함'을 결정하는 요인으로 작용한다.

교과의 시수와 해당 학문 분야의 이익 사이에 존재하는 이러한 연결고리가 얼마나 큰 현실적 의미를 갖는지는 오히려 덜 중요하다. 더 중요한 것은 이러한 연결고리를 해당 분야 종사자들이 자신들의 이해관계를 파악할 때 준거가 되는 인식의 틀로 받아들이고 있으며(성열관 2008), 그 틀에 따라 행동한다는 것이다. 이러한 인식의 틀은 특히 해당 학문의 실용적 경쟁력이 취약한 학문 분야에서 더 뚜렷하게 작용한다. 현실적으로도 이러한 연결고리가 무엇을 의미하는지는 국가교육과정에 독자적 영역을 확보하지 못한 학문 분야예컨대 철학가 어떤 어려움에 처해 있는지를 살펴보면 잘 알 수 있다. 이런 이유로 국가교육과정체제 내에서 관련 학문 내용이 퇴출될 경우를 가정했을 때 그 학문 영역의 독자적 존립에 대한 위협이 큰 학문일수록 교육과정체제 내에 그 존재의 흔적을 더 크고 강하게 남기기 위해 많은 노력을 기울이게 된다.

국가교육과정체제 내에 해당 학문의 흔적을 크고 강하게 남기기 위해서 각 학문 분야에서는 여러 가지 노력을 기울이게 되는데, 그 첫 번째가 교과와 해당 학문의 체계를 가급적 일치시켜서 교육과정체제 내에 학문적 정체성을 강하게 남기려는 노력이다. 사회과를 예로 들면 사회과라는 이름보다는 역사나 지리라는 이름의 교과를 갖는 것이 해당 학문 분야의 흔적을 크게 남길 수 있다. 최근에는 경제나 법 등의 분야도 학문 분야와 교과의 이름을 일치시키기 위해 관련 분야의 독립을 추진하고 있다. 이렇게 해서 일단 독립을 성취한 분야예컨대 사회과에서 독립한 윤리·도덕, 최근에 독립성을 보장받은 역사 등에 대해서는 다시 그 정체성을 약화시키기 어려운 것이 현실이다. 이와 같이 교육과정체제 내에 학문적 정체성을 강하게 하려는 노력 때문에 교과 간 연계나 통합교육과정 운영과 같은 '교육적' 시도는 번번이 실패했거나 심지어는 시도조차 이루어지지 못했다.

주지하다시피 20세기 이래 교과혹은 과목의 숫자를 축소시켜 학습자의 부담을 경감시켜 온 것이 현대 교육의 추세라 할 수 있다(이경섭 1996). 교과의 숫자를 축소하는 데 머물지 않고 상관형, 융합형, 통합형 교육과정을 통해 학습자의 발달에 의미 있는 학습 경험을 중심으로 교육과정을 재구성하려는 시도가 끊임없이 이루어졌고 다양한 형태로 실천되어 왔다. 최근 일본에서도 한자녀 가정의 아이들이 늘어나면서 사회성이 부족한 학생들에게 교육적으로 의미 있는 활동 기회를 제공하고자 '총합학습' 시간을 운영하고 있는데, 이는 교과의 경직성이 완화되고 있는 좋은 예가 되고 있다(홍미리 2003). 그러나 한국의 경우 초등학교 1, 2학년에 통합교육과정을 운영한 것을 제외하고는 이러한 교육과정 조직상의 실험이나 혁신적 시도의 사례를 역사상 찾아보기 어렵다.

국가교육과정에 해당 학문의 흔적을 크고 강하게 남기기 위해 시도되는 또 다른 노력 중의 하나가 그 분야의 내용 요소의 양을 늘리고 어렵게 만드는 것이다. 그 분야에 대해서는 학습할 것도 많고 배우기도 어렵다는 인식이 만들어져야 더 고학년에 배정받을 수 있으며, 참고서나 사교육 등 학습자원을 더 소비시킬 수 있는가 하면, 인접 전공의 교사들이 가르치기 어렵게 되어 그 분야에 대한 배타적 지위를 확보할 수도 있다. 그 분야는 아무나 가르치기 어렵기 때문에 그 분야를 전공한 교사만 가르쳐야 한다는 논리가 작동되는 것이다.

그러나 중등교육 수준에서 이러한 논리를 엄격히 적용할 수 있는 곳은 교사의 숫자가 많은 대규모 학교 또는 교과의 체계가 대학 학문체계와 유사한 고등학교 고학년 정도이다. 교사의 숫자가 적은 소규모 학교의 경우 한 교사가 여러 인접 영역을 가르치는 것이 현실이라 할 수 있다. 사회과를 예로 들면 중소도시의 소규모 중학교에서는 일반사회를 전공한 교사가 역사, 지리는 물론 도덕도 가르치며, 이들 과목들은 '사회 교과'라는 명칭으로 자신들의 정체성을 유지하기도 한다. 더구나 일반사회 교사들은 법학이나 경제학 등 개념이나 학술용어, 이론의 숫자가 매우 많을 뿐더러 학설의 대립이 복잡한 분야의 학문 영역에 대해 대학에서 3~5과목 정도만을 수강한 상태에서 해당 분야를 가르치는 것이 현실이다. 한국에서만 이러한 현상이 발견되는 것이 아니다. 미국의 경우 사회과 교사가 사회과와 영어를 함께 가르치는 경우를 발견하는 것이 어렵지 않고, 수학교사가 과학교사를 겸하는 경우도 흔히 발견된다. 대학의 전공과 현재 가르치고 있는 분야의 일치 여부를 비교의 기준으로 삼는다면 한국에 결코 비할 바가 되지 못한다. 그런데도 미국의 중등교육이 한국에 비해 수준이 떨어진다는 주장을 찾아보기는 쉽지 않다.

해당 분야의 전문성을 갖춘 사람이 해당 분야 과목을 가르쳐야 한다는 당위적 엄밀성은 대학 수준에서야 비로소 적용되는 것이 현실이라 할 때, 해당 분야 교수의 배타성을 유지하려는 노력은 원활한 교육과정 운영에 도움이 될 수 없다. 더 큰 문제는 이러한 논리의 기저에 중등학교 교과가 배경 학문에 종속되어 있으며 그 성과를 학생들에게 전수하는 역할을 한다는 인식이 작용하고 있다는 점이다. 이 논리를 좀 더 전개해 보면 학생들은 각 학문 분야에서 생산된 지식을 습득해야 발달할 수 있다는 생각과 연결된다. 학문중심교육과정 시기에 유행했던 '꼬마 과학자little scientists'의 은유에서 한걸음 더 나아가 '꼬마 교수little professors'의 은유가 작동하고 있는 셈이다. 그러나 교육의 목적이 해당 학문 분야의 전문가나 교수, 교사를 만들어 내는 것이 아니라 훌륭한 시민이나 행복한 개인을 형성하는 데 있다고 할 때 학생들에게 복잡한 학술적 개념을 다량 습득시키는 행태가 어떤 교육적 의미를 가질 수 있을지 의문이 든다. 교과를 해당 학문의 소비처로 삼는 현재의 교육과정 및 교과서 개발 구조가 학교가 유쾌하지 못한 곳이고 공부는 재미없고 어려운 것이라는 인식을 생성하는 데 있어 중요한 원인을 제공해 주고 있다.

교육과정 갈등의 사회 문제화

교육과정을 둘러싼 갈등이 사회적으로 확인되기 시작한 것은 비교적 최근의 일이다. 사회 변화나 정치적 이유로 인하여 교과에 대한 수요가 변하면서 교육과정체제에 변화가 있었고 그때마다 관련 학회나 교사집단이 민감하게 반응해 온 것은 그다지 새로운 현상은 아니다. 그러나 교과편제에 변화를 줄 정도의 사회적 영향력이 행사된 것은 주로 권위주의적 정치체제에 의해서였고 변화에 대한 반발도 국소적인 것이었기 때문에 갈등이 표면화되지 못했다.

교과교육계의 외부 사회 집단이 교육과정체제나 내용 요소 나아가 교과서 기술 방식에 대해 관심을 갖고 의견을 표명해 온 것은 비교적 최근의 일이다. 애초에 사회적 관심이 집중된 것은 교과서 기술 방향의 이념적 성향에 관한 것이었지만, 사회적 압력의 방향은 교과서 표현의 뉘앙스 차원을 넘어 이해 집단과 관련된 내용의 분량을 늘이는 쪽으로 진행될 수밖에 없었다. 예컨대 경제 단체 쪽에서 제기한 교과서 관련 문제는 교과서 기술을 보다 '친시장적'으로 수정하라는 것에 머무르지 않고 경제 관련 내용의 양을 확대할 것을 요구하는 쪽으로 귀결되었다. 그러나 교과서를 관련 이해단체가 원하는 대로 수정하거나 내용의 양을 확대하기에는 여러 가지 한계가 있을 수밖에 없었다. 무엇보다도 교과서가 국가교육과정의 구체적 지침에 따라 집필되고 있기 때문에 교육과정이 바뀌지 않는 한 교과서를 대폭 수정하는 것은 사실상 불가능하다는 점이 한계로 작용하였다. 이런 이유로 국가교육과정의 제약을 피해 이른바 '대안교과서'를 개발해 이를 부교재의 형태로 일선 학교에 보급하는 방식이 채택되기도 했다.

그런데 문제는 교과서 기술을 해당 이해 집단에게 우호적으로 수정하고 관련 내용의 확대를 요구하는 사회 세력이 복수라는 점이다. 예컨대 2005년 4월 교과서 기술과 관련하여 해당 분야의 입장과 요구를 반영하기 위해 교육부와 협의차 모인 정부 단체 수가 30여 개가 넘었다고 한다. 이들 중 상당수는 이후 자체 교과서 분석을 통해 교육부에 수정 요구를 하였고, 부교재를 제작하여 일선 학교에 배부하였다. 학교에서 가르칠 교육내용의 선정을 둘러싼 경쟁이 본격화될 가능성을 보여 주는 단적인 사례라 할 수 있다.

교육내용 선정 경쟁에서 우위를 차지하기 위한 사회 세력의 압력이 제도화된 경우도 있다. 예컨대 2008년 법교육지원법이 제정되어 이에 따라 초·중등학교에서 다양한 형태의 법질서교육을 실시하고 이를 예산으로 지원할 수 있는 제도적 근거가 마련되었다. 이 분야가 교육과정 내에서 공간을 확대시킬 수 있는 정당화의 기제가 제공된 셈이다. 경제계는 이미 정부 관계부처와 경제 5단체는 물론 소비자보호원과 한국언론재단 등 16개 기관이 참여하는 '경제교육협의회'를 구성하였고 이를 통해 경제교육과 관련된 사회 세력을 제도화·체계화해 왔다. 한편 제도화를 통해 우회하지 않고 여러 가지 사회적 상황을 활용해 직접 교육과정 개발과정에 압력을 행사하는 경우도 있다. 중국의 동북공정, 독도 관련 분쟁 등을 계기로 조성된 민족주의적 정서를 활용해 준교과 수준으로 독립성을 확보하고 시수 확대에 성공한 역사가 대표적 사례라 할 수 있다. 2009년에는 경제계의 요구가 받아들여져 고등학교 사회교육과정이 재개정되었다. 한편 사회 교과도덕·윤리를 포함 내의 내용 팽창 압력은 과학을 포함한 여타 교과들을 자극하게 되고 갈등이 범교과 차원으로 확대되었다.

이러한 내용 요소 선정 경쟁의 본격화는 중앙집권적 교육내용 요소 결정 구조에 대한 개선 요구로 이어지고 있으며, 이러한 요구가 기존에 학계 내부에서 제기되었던 것과 달리 언론을 비롯한 사회 세력의 차원에서 제기되고 있다는 점에 주목할 필요가 있다. 이들의 요구는 교과서 발행의 자유화 정책으로 구체화되고 있는데 그 배경에는 새로운 학설이나 관점을 반영하는 교과서가 자유롭게 집필되어 채택 시장에서 경쟁할 수 있도록 허용해 달라는 다양한 사회 세력의 요구가 반영되어 있다(구가인 2008; 최혜원 2008 참조).

학교에서 어떤 내용을 얼마나 가르칠 것인지에 대한 경쟁은 이제부터가 시작이라고 보아도 무방하다. 그 경쟁의 형태가 어떤 것일지에 대해서 확실한 미래상을 그려보기는 어렵지만 그 역동성이 지금보다 훨씬 강력할 것이라는 것에 대해서는 충분히 예상해 볼 수 있다. 현 시점에서는 그러한 역동성을 잘 조정하여 사회적 합의를 끌어낼 수 있는 체제를 준비하는 것이 필요하다. 이를 위해서는 우선 현재의 제도가 어떤 문제점을 가지고 있는지 파악해 볼 필요가 있다.

3. 한국 국가교육과정체제의 문제점

교육과정 개발과 관련된 의사결정 권한 배분의 문제점

교육과정을 개발하고 고시하는 권한은 교육부가 가지고 있지만 실제 개발과정에서 영향력을 미치는 기관이나 당사자들은 다양하다. 한국교육과정평가원과 같이 연구개발을 주도하는 기관, 연구개발을 담당하는 교수나 현장교사, 관련 학회, 교육과정 심의위원회, 최종적으로는 지역 교육청 및 일선학교 등 다양한 차원에서 교육과정 개발과정에 참여하고 의견을 개진한다. 최근에는 학부모나 사회단체들도 의견을 개진한다.

이렇듯 다양한 차원의 기관이나 사람들이 참여하고 의견을 개진하여 교육과정이 만들어지는데도 불구하고 교육과정 의사결정과정이 중앙집권적이고 불투명하다는 요지의 문제제기가 끊이지 않고 있다. 그 원인에 대해서는 여러 가지를 생각해 볼 수 있다. 첫 번째로 교육과정 의사결정의 핵심 영역에 참여할 수 있는 인사가 제한되어 있다는 점이다. 교육과정 의사결정의 핵심 영역은 교과별 시수 결정, 교육과정의 내용 구조, 내용 요소의 배분 등이라 할 수 있는데, 이러한 영역의 의사결정에 참여할 수 있는 인사는 핵심 연구개발위원, 정부 관리, 교육부 편수관, 개발기관의 연구원, 주요 학회 소속 교수 등으로 한정되어 왔다(성열관 2008). 따라서 이 과정에서 배제된 개인이나 집단들은 소외감을 가질 수밖에 없고, 의사결정 결과가 자신의 이익에 배치되었을 경우 다양한 형태로 불만이 표시된다.

두 번째로 의사결정 핵심과정에 참여하는 사람들에게 권위적 정당성을 부여하기 쉽지 않다는 점이다. 우선 연구개발위원의 선정이 공모나 추천 등 이들에게 대표성을 부여할 수 있는 방식이 아닌 비공식적 네트워크를 통해 이루어져 왔다는 점을 지적할 수 있다. 이런 이유로 예컨대 연구개발위원으로 참여하는 교수들이 전문가 집단의 일반적 의견을 대표하는지 또 참여 교사들이 교사들의 일반적인 의사를 표현할 수 있는 위치에 있는지에 대해서는 꾸준히 의문이 제기되어 왔다. 최근에는 관련 학회의 추천 등의 방식이 사용되기도 하는데, 이 역시 연구개발위원의 대표성을 확보하는 데는 충분치 않으며 학회 자체가 특정한 이익을 반영할 가능성도 상존한다. 더구나 연구개발과정의 전반에 걸쳐 보이지 않게 의사결정과정에 개입하는 '주요 인사'들의 대표성은 검증할 방법조차 없다.

셋째, 연구개발위원들의 표면적 역할과 실질적 역할의 괴리, 이로 인한 권한과 책임의 괴리 문제를 지적할 수 있다. 형식적으로 연구개발위원회는 바람직하다고 여기는 교육과정의 안案을 연구하여 제시하는 것으로 끝나지만, 이 안이 만들어지기까지는 이미 다양한 종류의 정치적 타협과 결단이 개입될 수밖에 없다. 그래서 연구개발자들은 교육과정안을 만들기 위해 순수한 연구개발활동뿐 아니라 본의 아니게 조정과 타협의 정치적 역할까지 떠맡게 된다. 물론 이러한 조정과 타협의 과정에는 연구개발자들뿐 아니라 정부 인사나 개발기관의 담당자, 학회 주요 인물 등이 참여하며 중요한 권한을 행사하지만, 발표되는 교육과정안은 표면적으로는 연구개발의 결과일 뿐이다. 교육과정안이 공식적으로 수정되는 것은 공청회와 토론회 등의 '객관적' 절차를 통해서인데, 이러한 객관적 절차를 통해 수정할 수 있는 것은 '조정'이나 '타협'과 같은 비공식적 절차를 통해 수정될 수 있는 것에 비해 미미한 수준이다. 결국 교육과정안이 만들어지고 수정되는 것은 공식적으로는 연구개발의 결과이자 공청회 및 토론회의 결과이기 때문에 이에 대한 책임도 연구개발을 맡은 측과 공청회와 토론회에서 의견을 충분히 개진하지 못한 측에 돌아갈 수밖에 없다. 연구개발위원들은 연구개발 이상의 역할을 담당하면서도 이 역할에 부합되는 온전한 권한을 사용하지도 못하고 결국은 권한보다 큰 사회적 책임을 지는 구조가 되고 있다.

넷째, 교육과정 의사결정의 결과가 미치는 영향이 지나치게 총체적이며 구체적이다. 한국의 국가교육과정은 미국, 영국, 일본 등 이른바 선진국의 교육과정에 비해 교과의 시수, 학습주제단원명, 단원별 내용 요소까지 총체적이고 구체적으로 결정하는 교육과정이라는 점은 이미 지적되어 온 바이다. 그래서 그간에 교육과정을 대폭 강화하고, 교과서 개발자 및 일선 교사에게 자율권을 확대하는 방향으로의 변화가 추진되어 왔다(박순경 2008). 그럼에도 불구하고 교육과정에 단원별로 핵심적 내용 요소가 지정되어 있는 데다 사실상 교육과정의 역할을 하는 교육과정 해설서에 이미 상세한 교과서 집필의 가이드라인이 설정되어 있어서 교과서 집필자들의 자율성은 단원명 선정이나 편집, 사례, 사진 등의 선택에 한정될 수밖에 없다. 즉 한 번의 교육과정 개정을 통해 지나치게 많이 결정하기 때문에 교육과정 개정 결과를 둘러싼 논란이 증폭될 수밖에 없다. 또 구속력이 강한 만큼 내용 선정을 둘러싼 경쟁 및 갈등이 국가교육과정으로 집중될 수밖에 없다. 앞에서 살펴본 바와 같이 내용 선정을 둘러싼 갈등이 사회적으로 표면화되고 있는 시점에서 현재의 교육과정 의사결정 구조에 대한 문제제기는 더욱 격화될 수밖에 없다.

교육과정 형식의 문제점

국가교육과정이 지나치게 많은 결정을 한다는 주장은 바꾸어 말하면 국가교육과정에서 결정하지 않아도 되거나, 다른 차원에서 결정하는 것이 더 바람직한 것을 결정하고 있다는 의미가 된다. 예컨대 총론 차원에서 전국의 학교에서 어떤 과목을 몇 학년에서 몇 시간 가르쳐야 한다는 결정이 이루어지는데, 이는 국가교육과정에서 결정하는 것보다 일선 학교에서 결정하는 것이 더 바람직할 수 있다. 또 교육과정에서 구체적 단원명과 단원별 내용 요소를 결정하는데, 이는 교육과정에서 결정할 것이 아니라 교과서 개발자나 교사의 결정에 맡기는 것이 더 바람직하다고도 볼 수 있다. 이러한 주장은 교육과정의 분권화, 교과서 자유발행제, 교사의 자율성 확대 등의 주장과 맞닿아 있으며 그 현실적 타당성에 대한 논란이 진행 중이다.

앞에서도 언급하였듯이 지나치게 구체적으로 내용 요소를 지정하는 방식의 교육과정은 창의적 교과서 개발이나 수업실천을 저해한다. 그러나 국가교육과정에서 내용 요소를 표준화하는 것은 모든 학생들에게 일정 수준 이상의 학력을 보장한다는 긍정적 의미를 갖기도 한다. 또 한국의 총론에서처럼 교과별 시수를 통제하는 방식은 그 통제 강도의 지나침을 따지기에 앞서 학교교육과정의 다양성을 보호하는 역할을 한다. 실제로 시수 결정이 학교 차원에서 이루어지는 영국이나 미국의 경우 최근 영어, 수학 과목을 중심으로 표준화된 시험을 실시하여 그 결과를 학교 간 비교의 자료로 활용하는 정책이 실시되면서 일선 학교에서 영어, 수학 이외의 과목을 소홀히 하는 문제가 사회적으로 쟁점화되고 있다.[1]

이런 논란으로 인해 국가교육과정이 어떤 수준으로 중앙집권화 혹은 자율화되는 것이 바람직한지에 대해서는 심도 있는 논의가 필요하며 시간을

1 예컨대 영국의 경우 시험을 통한 학교비교정책 실시 이후 사회 교과에 비해 영어, 수학 중심의 교육과정 운영은 심각한 수준이다(Baker, 2002). Key Stage 1에서 영어가 전체 시수에서 24~36%를 차지하고 수학이 18%를 차지한 반면 역사와 지리는 각각 4%를 차지한 데 불과하였다. Key Stage 2에서는 영어가 21~32%, 수학이 18~21%, 역사, 지리가 각각 4%를 차지하였다. Key Stage 3에서는 영어가 12%, 수학이 12%, 역사, 5%, 지리 5%, 시민과 3%의 시수 배분이 이루어지고 있다.

두고 사회 변화의 추세를 주목할 필요도 있다. 따라서 당장에는 좀 더 현실적으로 문제 해결이 용이한 문제에 집중할 필요가 있다. 이러한 측면에서 볼 때, 개별 교과서가 아닌 교육과정에서 교과별로 내용 구조를 구체적으로 결정하는 방식에 주목할 필요가 있다. 이러한 방식이 문제가 되는 것은 다양한 교과서 제작을 통한 창의적 교육실천을 저해할 뿐 아니라 교육과정 의사결정에 사회적 참여를 가로막는 저해 요인이 되기 때문이다.[2]

교육과정 개발과정에서 가장 주된 쟁점을 형성하고 의사결정에 가장 많은 에너지를 소비하는 것은 교과별·과목별 시수 배분이라 할 수 있다. 가장 주된 쟁점이 된다는 것은 다양한 이해 세력의 의견이 충돌하며 문제 해결에 정치적·사회적 합의의 과정을 필요로 한다는 것이다. 그런데 문제는 이렇듯 중요한 의사결정에 주요 전문가 집단만 참여하게 되며, 이들이 철저히 교과이기주의적 준거 틀에 따라 판단한다는 것이다(이혁규 2003). 시수 배분 문제는 그다지 전문성을 필요로 하지 않으며 사회적 이해당사자의 참여를 허용할 수 있는 영역인데도 불구하고 이러한 의사결정과정에 전문가(교수, 연구원, 일부 교사) 집단만 참여하는 이유는 교육과정의 그 밖의 문제를 결정하는데 전문성이 요구되기 때문이다. 특히 교과의 내용 구조를 디자인하고 단원별로 내용 요소를 배분하는 작업은 전문성이 없으면 이루어지기 어렵다. 만약 교육과정이 내용 구조에 대한 결정은 생략한 채 단계별로 영국이나 미국에서와 같이 필수내용 요소를 선정하는 방식으로 이루어진다면, 교사, 학부모, 사회단체의 대표가 개발과정에 참여할 수 있다(김영석 2006). 실제로 이들 나라에서 초기 단계의 내용 요소 개발과정은 주로 전문가들의 작업에 의해 이루어졌지만, 내용 요소를 선정하는 작업에 있어서는 다양한 사회적 참여가 수반되었다.

---

2 이혁규(2003)는 이러한 방식에 문제를 제기하면서 복수의 교육과정안을 공모하는 방안을 대안으로 제시하고 있다.

교육과정 개발과정에서 내용 구조를 결정하는 방식의 또 다른 문제점은 이 방식이 교육과정의 수시·부분 개정 제도를 정착시키는 데도 저해 요인이 된다는 것이다. 2007 교육과정 개정에서부터 교육과정의 수시·부분 개정 방식이 도입되었으나 실제의 개정과정은 일시에 모든 것을 바꾸는 방식이었다. 사회과의 경우 역사가 독립하는 것을 포함하여 학년별 내용 편성이 지난 몇 차에 걸쳐 이루어진 변화를 훨씬 초과하는 수준으로 개정되었다. 또 최초의 교육과정안이 발표된 지 얼마 지나지 않아 고등학교 사회가 통합적 주제 중심의 단원 구성에서 학문의 계통을 반영하는 방식으로 '크게' 바뀌었다. 이렇듯 수시·부분 개정이 사실상 어려워진 이유는 단원 및 내용 구조가 결정되면 이에 따라 교과서의 단원 및 내용 구조가 결정될 수밖에 없는 점과 관련이 있다. 교과서 개발 비용 및 주기를 고려하면 그때그때 교육과정을 바꿀 수 있는 수시·부분 개정은 애초에 어려워질 수밖에 없다는 것이다. 사회 세력 간 내용 선정을 둘러싼 이해관계 대립이 특히 단원 및 내용 구조에 민감하다는 점에서 볼 때, 하나의 내용 구조가 오랜 기간 지속되기 어렵다는 점은 쉽게 예상할 수 있다. 교육과정이 개발되면, 이에 따라 교과서 개발이 이루어지고, 교과서 심의를 거쳐 일시에 학교에 새로운 교과서가 보급되는 조급함과 번거로움이 벌어지는 이유도 내용 구조를 결정하는 교육과정 개발체제와 관련이 있다. 한편 영국에서 1991년, 1995년, 1999년 세 차례의 전면 개정을 통해 국가교육과정을 확정한 뒤 이후 QCA를 통해 교육과정을 상시 관리하고 수정할 수 있는 이유도 교육과정에서 내용 구조를 제시하지 않고 단계별로 필수학습요소만을 제시하는 교육과정 형식과 관련지어 볼 수 있다(소경희 2005; 김영석 2006 참조). 일단 필수학습요소의 풀이 정해지면 이후 사회적·학문적 요구의 변화에 따라 새로운 요소의 첨가나 불필요한 요소의 삭제 여부만 결정하면 되기 때문에 명실상부한 수시·부분 개정이 가능하다고 할 수 있다.

4. 대안적 교육과정 개발체제

이상에서 한국 교육과정 개발체제가 일부 전문가 중심의 의사결정, 내용 구조를 포함한 지나치게 구체적인 의사결정 등의 문제가 있으며, 이러한 의사결정 구조가 교과이기주의를 비롯한 사회 세력 간 내용 요소 선정 경쟁 및 갈등에 취약하다는 점을 지적하였다. 특히 내용 구조를 결정하는 교육과정 형식의 문제점에 주목하였다. 다음에서는 이러한 문제점을 극복할 수 있는 대안으로서 최소필수학습요소 중심의 교육과정체제의 도입 및 교육과정 의사결정과정에 사회적 합의를 포함시킬 수 있는 방안에 대해 논의하였다.

최소필수학습요소 중심의 교육과정

최소필수학습요소 중심의 교육과정이 우리의 주목을 끌게 된 계기는 영국과 미국에서 일어난 국가교육과정 형성 운동을 통해서이다. 우리에게는 이른바 스탠더드라는 명칭으로 소개된 국가교육과정은 학년별 또는 단계별로 반드시 성취해야 할 표준내용 요소를 선정하고 이를 학교교육을 통해 모든 학생들이 성취해야 할 표준지표로 활용한다는 계획이다. 영국의 경우 10여 년간의 개발과정 동안 세 차례 수정을 거쳐 2000년 국가교육과정이 확정되었는데, 교사 단체와 협의를 거치면서 최소필수학습요소를 중심으로 국가표준교육과정이 제시되었다(소경희 2005). 미국도 부시 정부에서 America 2000이라는 명칭으로 추진되던 국가교육과정 개발 계획이 클린턴 정부에 들어서면서 Goals 2000이라는 이름으로 법제화되었다(김영석 2006). 물론 교육과정 의사 결정이 분권화된 이들 나라에서 국가 표준 교육과정의 도입은 많은 논란을 빚었고, 특히 국가 표준을 바탕으로 표준화된 시험을 개발하고 이 시험의 성적을 토대로 학교의 성공 여부를 재단하겠다는 정부 정책은 많은 논란을 불러 일으켰다(성열관 2005). 그럼에도 불구하고 모든 학생이 학습하고 성취해야 할 표준내용 요소를 제공하는 추세는 이제 확고히 자리 잡아 가고 있다.

교육과정이 필수내용 요소 및 성취 수준의 형태로 제시되면서 교과의 전체적 내용 구조에 대한 관심은 전반적으로 약화되었다(김영석 2008). 즉 내용 요소나 성취 수준 중심의 교육과정이 제시되면서 교육과정에 대한 관심은 어떤 내용 요소가 포함되어 있는지, 교과서가 그 내용 요소를 반영하고 있는지, 수업에서 그러한 내용 요소를 가르치고 있는지, 나아가 평가를 통해 학생들이 어느 정도의 성취 수준에 도달했는지를 확인하는 것이 주된 관심이 될 수밖에 없다. 이와 같이 내용 요소를 중심으로 성취 수준을 표준화하는 방식은 영국이나 미국과 같이 교육실천이 분권화된 사회에서 발생하는 지역 간, 학교 간, 인종 간 학력격차의 문제를 해소하는 데 도움이 될 수 있다. 반면 한국과 같이 국가교육과정체제하에서 비교적 균질한 학교교육이 제공되고 있는 상황에서 표준내용 요소 중심의 교육과정은 이들 나라들에서 기대하기 어려운 추가적 기능을 수행할 것이 예상된다.

먼저 교육과정이 교과별·단계별예컨대 1~3, 4~6, 7~9학년 등로 요구되는 표준내용 요소와, 각 내용 요소와 관련된 최소성취 수준만을 제시하는 형식으로 전환될 경우 교과서 집필의 다양성 및 창의성이 크게 신장할 수 있다. 개별 교과서는 객관성과 중립성 등 일반적 검정기준 외에 표준내용 요소 포함 여부만 충족하면 검정 통과 요건을 갖추게 되며, 내용구성에 있어서는 자율성을 보장받을 수 있다. 어떠한 단원명을 선정하고 그 단원에서는 어떤 내용을 가르쳐야 한다는 결정은 교과서 개발자에게 맡겨지기 때문에 창의적 교과서 구성의 여건이 마련될 수 있으며 교과서 간 차별화를 통한 경쟁이 가능해질 수 있다.

둘째, 내용 요소의 증감에 대한 통제가 용이해진다. 교과별 교육과정 의사결정과정에서 발달단계별로 어떠한 내용 요소를 포함시킬 것인지의 여부를 중점적으로 다루기 때문에 새로운 내용 요소를 추가하거나 제외하는 상황이 보다 용이하게 점검될 수 있다. 또 이러한 작업에는 교사들이나 학부모도 참여할 수 있기 때문에 이들이 학습량 경감을 위한 통제 세력으로 기능할 수 있다.

셋째, 평가와의 체계적인 연계가 가능하다. 전국적 혹은 학교 단위의 평가가 필수내용 요소를 포함하고 있는지 또는 학년 발달 단계에 적절한 내용 요소를 평가하고 있는지에 대한 점검이 용이해진다. 이를 통해 학교교육이 국가교육과정의 표준성취 수준에 도달하고 있는지, 과도한 선행학습요소가 포함되고 있지는 않은지의 여부도 점검할 수 있어 사교육 경감 효과도 기대할 수 있다.

넷째, 수시·부분 개정을 통한 교육과정의 상시 관리가 가능해진다. 일단 초기단계에서 전면적·일시적 교육과정 개발을 통해 발달단계별 표준내용 요소가 확정되면 이후 과정은 내용 요소의 첨삭 여부만 결정하기 때문에 교육과정의 수시 개정이 가능하다. 한국교육과정평가원이 중심이 되어, 예컨대 영국의 QCA와 같이 교육과정에 대한 현장의 피드백을 상시 점검하고 교육과정 개정, 즉 내용 요소의 변경 및 성취 수준의 조정을 그때그때 탄력적으로 시행하는 기능을 담당할 수 있다.

다섯째, 교육과정 개발이 상시 관리 및 개정의 체제로 전환될 경우 교과서 개발 및 검정이 독자적인 주기를 통해 이루어질 수 있다. 미국이나 영국, 호주 등과 같이 6~8년 주기로 교과서 검정을 실시하되 내용 구조가 아닌 일반적 검정기준과 표준내용 요소 포함 여부만 점검하기 때문에 교과서체제의 일관성을 유지할 수 있게 된다.

국가교육과정위원회의 구성

내용 요소 중심의 교육과정체제는 무엇보다도 교육과정 의사결정과정에 사회적 합의과정을 포함시킬 수 있다는 점에서 주목할 만하다. 그동안 교육과정 개발은 교과교육 관련 전문가들만이 참여할 수 있는 영역이었으나 내용 요소 중심 교육과정체제하에서는, 영국과 미국의 사례에서 보듯이, 교육과정 개발과정에 교사를 비롯한 사회 각계의 대표가 참여할 여지가 마련될 수 있다. 영국의 경우 국가교육과정 개발과정 전반에 걸쳐 교사 단체와 충분히 협상·협의하였으며, 미국의 경우에서도 전문가와 교사의 참여를 동수로 하는 등 '민주적' 의사결정과정을 도입하였다. 예컨대 조지아 주의 경우 2000년대 들어서 'Georgia's Quality Core Curriculum'이라는 이름으로 스탠더드를 발표하였는데http://www.glc.k12.ga.us/, 이 스탠더드 작성에 교사를 포함한 각계의 인사가 참여하였다. 스탠더드의 작성에 참여한 인원은 전문가, 교사 대표, 학부모 대표, 업계 대표를 포함해 모두 150명으로 구성되었고, 이들은 각계에서 추천된 800명을 대상으로 성별, 인종별, 지역별 안배를 거쳐 선정되었다. 물론 교육과정 개발 이전부터 교사들을 대상으로 한 설문조사와 교사단체를 통한 협의를 거쳤으며, 시안에 대해서도 교사들의 충분한 검토가 이루어지도록 하였다.

이와 같은 '대중적' 방식을 벗어나 교육과정위원회와 같은 별도의 법정기구를 통해 교육과정 관련 의사결정을 하는 경우도 있다. 한국교육과정평가원의 연구(허경철 외 2002)에 따르면, 미국의 캘리포니아 주를 비롯하여 유럽, 호주 등의 국가에서는 '교육과정 개발 및 학습교재 위원회Curriculum development and Supplemental Materials Commission' 등과 같은 독립적 정부 기구를 운영하고 있다고 한다. 캘리포니아 주의 경우 이러한 위원 임명권을 주 교육위원회가 갖되, 주지사, 주상원, 주하원 등에서도 배분된 몫의 위원 임명을 할 수 있도록 하고 있으며, 주교육위원회가 임명하는 위원의 절반을 현장교사로 하게 되어 있어 교육과정 의사결정과정에 있어 사회적 합의가 이루어지도록 장치하고 있다. 한걸음 나아가 교과서 심의권고·추천 과정에 있어서도 미국의 많은 주가 교사와 학부모가 주도하는 교과서심의위원회textbook review panel 또는 textbook reading panel를 구성하여 교과서를 평가하게 한다.

한국에서도 사회적 합의를 바탕으로 한 교육과정 의사결정기구의 구성을 주장하는 목소리가 커지고 있다(김영석 2006). 과거 정치체제의 이념에 따라 교육과정이나 교과서의 내용이 달라졌던 경험이 있었고, 또 교육내용 선정을 둘러싼 사회 세력 간의 갈등이 격화되고 있는 상황에서 중립적이고 독립적 의사결정을 할 수 있는 기구의 필요성이 인식되기 시작한 것이다. 사회적 대표성을 가진 기구가 구성되어 내용 선정을 둘러싼 이기적 요구를 상쇄하고 교육적 관점에 따라 교육과정과 교과서를 점검한다면 좀 더 양질의 교육이 제공될 수 있는 가능성이 생겨나리라는 기대를 해 볼 수 있다. 교육과정 관련 사회적 의사결정기구가 구체적으로 어떤 역할을 담당하게 될 것인지, 한국교육과정평가원과 같은 전문 기관과의 역할 분담을 어떻게 수행할 것인지에 대해서는 추가적인 논의가 필요하다.

제5장

한국의 대입제도, 문제의 본질

1. 내신과 수능대입시험의 특징과 문제점

표준성취시험에 의한 평가

한국 대학의 입시 방식의 가장 중요한 특징은 표준성취시험Standardized Achievement Test을 통해 학생의 대학수학능력을 측정하고, 그 결과로 학생을 서열화한다는 점이다. 수능은 물론이고 중간시험 및 기말시험의 형태로 치러지는 내신평가도 표준성취시험에 의한 평가이다. 그런데 이러한 방식의 시험을 통해 입시제도를 운용하는 나라는 동아시아 일부국가들뿐이다(고형일 1998).

이와 같이 과거에 학습한 결과를 측정하여 이를 입시의 기준으로 삼는 방식의 문제점 중 하나로 부모의 사회적·경제적 지위에 따라 학생의 학업 능력이 과장될 위험이 있다는 점이 지적되고 있다. 1920년대 미국에서도 순수하게 고교교육과정에서 출제되었던 성취시험을 통한 대학입시를 실시했으나 이 시험이 양질의 환경에서 양질의 교사에게 교육을 받은 부유한 계층의 아이들에게 유리하다는 점이 지적되었다(Atkins 2001). 예컨대 입시에서 높은 성적을 받고 하버드에 입학했는데도 대학 과정에서는 오히려 부진한 성적을 보인 학생들 중 부유한 계층의 아이들이 많았다는 것이다. 이에 당시 하버드 대학의 총장이었던 제임스 코넌트는 학생의 순수한 지적 능력을 측정한 결과를 통해 학생을 선발하도록 제도를 변경하였다. 이를 계기로 미국에서는 지능검사형 수능Scholastic Aptitude Test이 내신과 함께 대입전형 자료로 활용되고 있다.

유럽의 경우 미국과 달리 표준화된 시험을 활용하지 않고 입학자격시험 바칼로레아 또는 아비투어 또는 대입준비과정예: 영국의 A-level의 성적을 통해 선발하고 있다. 유럽의 자격시험도 성취시험이기는 하지만 등급 평점으로 표시되며 합격, 불합격의 기준으로 사용된다는 점에서 한국의 방식과는 다르다. 또 주어진 자료예: 책 1~2권를 읽고 자신의 주장을 전개하는 방식의 시험이기 때문에 지식을 암기하는 입시교육을 유발하지 않는다. 결국 성취시험을 통해 학생을 서열화하는 입시제도를 운영하는 나라는 일본, 중국, 한국 등 동아시아 국가에 한정된다.

입시위주의 교육

표준성취시험의 또 다른 문제점은 시험위주교육을 통해 교육과정의 정상적 운영을 방해한다는 점이다. 특히 한국의 수학능력시험은 중등학교교육과정에서 문항이 출제되면서 동시에 중등학교교육과정을 벗어난 사례를 활용한다는 점에서 시험위주교육뿐만 아니라 사교육 수요를 증폭시키고 있다.[1]

표준성취시험이 학생에게 심각한 정서적 피해를 줄 뿐만 아니라 학력의 하향평준화를 가져온다는 연구 결과도 보고되고 있다. 최근 미국에서 표준성취시험의 영향을 조사한 결과 시험이 중간층 학생의 학력 향상에는 유리하게 작용하지만 성적이 우수하거나 성적이 낮은 학생들의 학력 향상에는 부정적 영향을 미친다는 연구결과가 있다(Meier et al. 2004). 이런 이유로 중산층 거주 공립학교나 사립학교에서는 시험을 회피한다는 것이다. 미국의 전국 영

1 성기선(2007: 21)은 한국의 수능이 성취시험과 능력시험의 성격을 함께 가지고 있어서 성격이 모호할 뿐 아니라 학생과 교사에 대한 부담을 증가시키고 사교육 유발 효과가 크다는 점을 지적하고 있다.

재교육 연구소에서는 표준성취시험이 학교교육 및 영재아들에게 미치는 효과를 연구하여 그 결과를 다음과 같이 정리하고 있다(Moon et al. 2007).

① 교사와 학생이 시험성적을 올리는 과정에서 과도한 스트레스를 받는다.

② 교사들이 받는 스트레스는 문제풀이식 반복교육과 관련이 있다.

③ 시험 준비 활동이 증가하며 특히 시험 직전에 집중적으로 증가한다.

④ 교사들은 교육청에서 학급교실로 이어지는 상부하달식 압력을 받는다.

⑤ 시험에서 요구하는 지식과 기능 위주의 교육으로 인해 교육과정 및 수업의 다양성과 깊이, 그리고 교사의 전문적 자율성이 위축된다.

⑥ 열악한 환경의 학교에서 시험에 대한 압력을 많이 받으며 이는 문제풀이식 단순교육으로 이어지고 있다.

⑦ 시험 성적을 올리기 위한 학생에 대한 압박이 증가하고 있다.

⑧ 영재아들의 경우 모든 과목에서 높은 성적을 올려야 한다는 압박을 느끼고 있으며 이는 학습의 과정보다는 결과에 대한 집착으로 이어지고 있다.

⑨ 많은 영재아들은 문제풀이식 반복으로 인해 학습 진도가 늦어지는 것에 대해 좌절과 불만을 느끼고 있다.

⑩ 현재의 표준시험 운동은 문제의 수준에 학습의 상한선이 주어짐으로 해서 이 수준보다 훨씬 높은 수준의 잠재력을 가진 영재아들의 발전을 제한하는 효과를 끼친다.

한편 높은 시험 성적을 높은 학력으로 볼 수 있는지도 문제이다. 영국의 교육부 부속 정책실행검증정보센터EPPI는 표준성취시험의 효과에 관한 전 세계 187개의 연구를 리뷰하였는데(Harlen & Deakin Crick 2002), 고 부담 표준성취시험이 교사에게 주입식 교육 방식을 선호하게 하며, 자기주도 학습능력이 있는 학생보다 주입식 방식에 익숙한 수동적 학생을 선호하게 한다는 결과를 확인했다. 또 학생은 내적 동기보다는 외적 동기에 치중하게 되며, 얼마나 배웠는지가 중요한 것이 아니라 시험 방식에 맞게 배웠는지가 중요시된다는 점을 확인했다.

소양(역량)교육의 실패

최근 미국대학협의회AACU가 미국 기업을 대상으로 조사한 결과에 따르면(Hart Research Associates 2015), 91%의 고용주가 다양한 분야에서의 지식과 교양을 갖춘 사람을 선호한다고 밝혔다. 또 88%의 고용주는 창의력, 비판적 사고능력, 문제 해결능력, 도덕적 감성, 시민적 소양, 의사소통능력 등의 소양을 갖춘 사람을 선호한다고 밝혔다. 21세기의 급변하는 산업적 환경에 잘 적응할 수 있는 사람은 다양한 분야에서 지식과 평생학습능력을 갖춘 교양인이라 할 수 있다. 최근의 교육 경향도 종래의 지식 및 기능 중심의 교육에서 벗어나 다양한 상황에서 활용이 가능한 소양 및 역량을 중시하는 방향으로 나아가고 있다.

그러나 한국의 경우 문제풀이식 입시교육에 길들여져 읽기, 글쓰기, 수리적 사고 등의 기초학습기능이나, 의사소통능력, 사고력, 도덕적 품성, 시민적 책무성 등의 소양이 결여된 채로 대학에 입학하는 학생이 많다는 것이 문제화되고 있다.

2. 입시와 대학경쟁력

입학성적에 의한 대학서열화

표준성취시험은 학생뿐만 아니라 대학까지 줄을 세운다. 각각의 대학에 입학하는 학생의 수준이 시험성적으로 세밀하게 비교되기 때문이다. 물론 어느 나라에나 대학의 서열은 존재한다. 어느 대학이 더 좋은지 평가하여 순위를 매기는 것은 대학을 선택하는 학생들에게 판단의 기준을 제공할 뿐 아니라 대학의 구성원들에게 대학 경쟁력 제고를 위해 노력하도록 동기 부여를 할 수 있다. 그러나 문제는 서열의 기준이다. 바람직한 대학 서열의 기준이라면 첫째, 그 기준이 대학의 본질적 기능과 관련이 있어야 하며, 둘째, 대학 구성원의 노력에 의해 서열 변동이 가능한 기준이어야 한다. 그러나 한국의 대학서열체제는 다음과 같은 문제가 있다. 첫째, 대학의 실질적인 서열이 연구나 교육, 사회봉사와는 거리가 먼 신입생의 성적특히 수능에 의해 매겨지고, 둘째, 이러한 서열이 대학구성원의 연구 및 교육을 위한 노력에도 불구하고 잘 바뀌지 않는다는 점이다. '높은 입시 성적 → 좋은 학생 → 좋은 대학'이라는 사회적 평가가 원천적으로 주어지는 체제하에서는 대학의 노력으로 서열을 바꾸는 데는 한계가 있을 수밖에 없다.

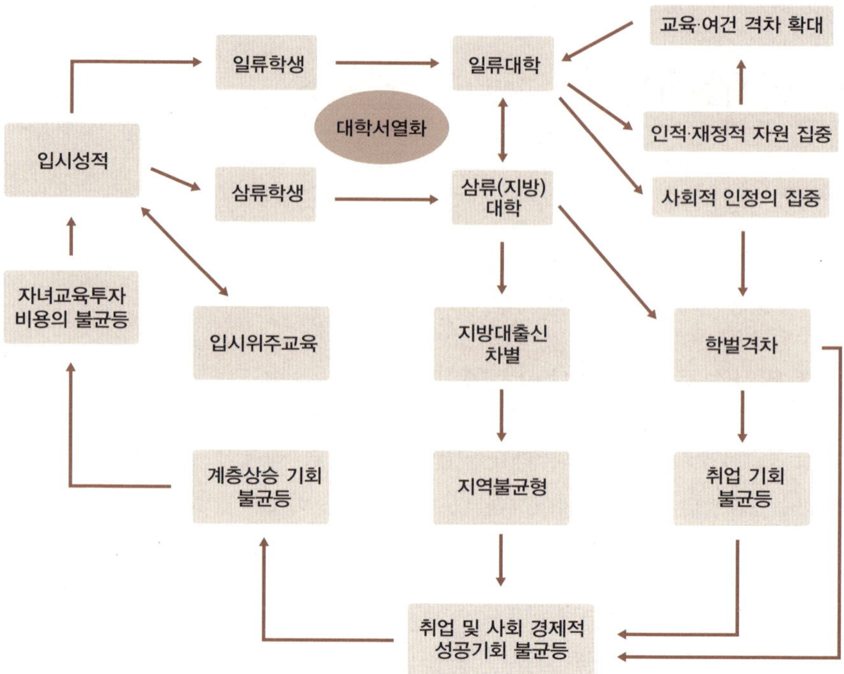

〈그림 5-1〉 입시와 교육불평등

대학 간 경쟁의 약화

시험성적이 높은 '좋은 학생'이 가는 대학은 '좋은 대학'으로 대우받고 더 많은 사회적·경제적 지원을 받는다. 우선 여건 면에서 SKY 대학의 1년 예산은 1조 2천억 원에서 1조 5천억 원 사이지만, 지방의 대표 거점 국립대 1년 예산은 2천억 원에서 5천억 원 사이에 머무르고 있다. 서울대의 학생 1인당 국비 지원은 지방 거점 국립대생의 2배에서 3배 정도가 된다. 교수들의 연구실적 역시 서울대나 연고대 교수들이 상대적으로 지방 국립대에 비해 높지만 이 역시 엄청난 격차를 보이는 연구비 지원의 결과이기도 하다. 전국의 대학에 제공되는 연구비 지원의 30% 이상을 SKY 대학이 가져간다.

연구비 집중이 세계 수준의 경쟁력을 나타내는 것은 아니다. 2000~2010 사이 SCI급 게재 논문 중 피인용 상위 1% 논문수를 분석한 결과 서울대학교는 세계 118위를 기록했다. 지방의 대표라 할 수 있는 거점 국립대의 경우 각각 3~4개의 특성화 분야를 중심으로 국내 최고 수준의 경쟁력을 갖추고 있지만, 연구비는 물론 대학원생 자원, 설비 등 기본조건에서 수도권 상위 대학과는 비교할 수 없다. 결국 좋은 학생 자원과 예산의 상위권 집중이 서열화를 더욱 공고히 하고 있으며 대학 간의 경쟁은 원천적으로 불가능한 상태이다. 참고로 2010년 기준 연구비 회수율연구비 투자 대비 연구실적은 지방에 소재한 국립대학이 1위를 차지했다. 투자가 경쟁력에 의한 것이 아님을 보여주는 사례라 할 수 있다.

이 같은 획일적 서열체제 방식으로 대학경쟁력을 높인 사례는 세계적으로 찾기 어려우며 오히려 집단 동반 성장체제를 통해 성공한 경우가 더 많다. 미국의 아이비리그 대학들도 학생 자원이나 교육여건의 수준에서 서로 비슷한 상태에서 경쟁하며, 캘리포니아 주의 대학예: UC들도 학생 수준이나 대학의 여건이 비슷하지만 서로 경쟁하는 가운데 UC 캠퍼스 중 7개 대학이 타임 대학순위에서 100위 내에 들었다〈표 5-1〉 참조. 한편 UC가 학생을 일정 수준고교성적 상위 12.5%에 따라 공동 선발하는 차별적 평준화 정책을 쓴다는 점김영석 2004은 입시평준화가 오히려 대학경쟁력 제고에 도움이 된다는 점을 간접적으로 증명하는 사례라 할 수 있다.

반면 대학이 서열화된 우리나라와 일본의 경우 경제 규모에 비해 대학경쟁력은 낮은 수준을 벗어나지 못하고 있다. 일정한 수의 대학끼리 리그 내 경쟁이 활성화될수록 대학의 경쟁력이 높아진다고 할 수 있으며 이는 어느 정도 비슷한 수준의 자원 배분을 전제로 한다는 점에 유의할 필요가 있다.

〈표 5-1〉 세계 주요 지역의 타임 대학 순위

지역	미국 캘리포니아 주	미국 텍사스 주	한국	일본
역내총생산 /인구	1.9조 달러 /3천7백만 명	1.2조 달러 /2천5백만 명	1.5조 달러 /4천8백만 명	4.4조 달러 /1억2천만 명
100위권내의 대학	California Institute of Technology (2)	Rice University (47)	포항공대(28)	東京大學 (26)
	Stanford University (4)		KAIST (79)	京都大學 (57)
	University of California Berkeley (8)			
	University of California Los Angeles (11)			
	University of California Santa Barbara (29)			
	University of California San Diego (32)			
	University of California Irvine (49)			
	University of California Davis (54)			
	University of California Santa Cruz (68)			
	University of Southern California (73)			

출처 http://www.timeshighereducation.co.uk/world-university-rankings/index.html

비고 역내 총생산은 PPP 지수, 백종국(2010)에서 인용.

수도권 집중화

한국의 대학서열체제는 수도권 집중화를 가속화하는 효과를 지닌다. 수도권은 대학의 38.4%, 입학정원의 34.8%를 차지하고 있으나 수능상위 4%의 68.8%, 각종 문화단체의 59.6%, 문화매출액의 84.5%를 차지고 있다. 지방인재의 수도권 유출로 인한 지역경제력 유출도 심각한 수준이라 할 수 있다(김영철·이민환, 2003).

한편 대학서열체제에서 순위 역시 수도권과의 거리와 반비례하는 추세로 진행되고 있다(이두휴, 2003). 2012년 현재 수도권 4년제 일반대학80개 대학들은 대부분 100%에 가까운 충원율을 보인 반면 지방 소재 4년제 일반대 134개 대학 중 미충원율 10%를 초과하는 대학은 12개 대학이며, 충원율 평균은 94.9%에 머무르고 있다. 신입생 경쟁율은 수도권 대학이 평균 13.1%의 경쟁률을 보인 반면 지방대학의 경쟁률은 5.9%로 절반 수준에도 미치지 못하고 있다. 역대 정부에서 지방대학 육성책을 통해 지방의 산업과 대학을 연계하는 교육과정 운영 및 취업 전략을 추진하고 있지만 이 역시 지역의 낙후된 산업 구조를 고려하면 지방대학 출신은 중소기업 취업이나 1차 산업에 종사하고 수도권 출신은 대기업이나 3차 산업에 취업하는 구조를 만들어 낼 가능성이 높다. 지방대학의 '대학서열체제 순위 하락 → 입학자원의 감소 및 질적 하락 → 취업률 저하 → 지역 인재 유출 → 지역 경제 악화'의 악순환이 반복되어 가고 있다.

과도한 사교육비와 가계부채

상위권 대학에 진학하려는 전 국민적 경쟁은 사교육 시장의 비정상적 확대를 가져왔다. 2011년 기준 20조 원 규모의 사교육비 지출이 이루어진 것으로 보고되고 있다. 한편 사교육비 지출이 가계소득수준에 따라 양극화되고 있으며, 사교육과 수능성적이 정의 상관관계를 갖는다는 점을 고려할 때 현재의 대입체제는 계층 재생산의 도구로 활용되고 있다. 아래 〈표 5-2〉에서 보듯이 최상위계층의 사교육비는 최하위계층의 9배에 이르며, 하위계층의 사교육비는 줄어드는 반면 상위 계층의 사교육비는 늘어나는 추세라는 점에서 사교육의 양극화 현상이 벌어지고 있다.

〈표 5-2〉 소득수준별 1인당 월평균 사교육비 및 사교육 참여율

(단위: 만 원, %)

구분	사교육비(만원)			사교육 참여율(%)		
	2015	2016	증감률 (%)	2015	2016	증감 (%p)
전체	24.4	25.6	4.8	68.8	67.8	-1.0
100만원 미만	6.6	5.0	-23.6	32.1	30.0	-2.1
100~200만원 미만	10.2	9.8	-4.0	43.1	42.8	-0.3
200~300만원 미만	15.9	15.4	-3.2	59.4	56.2	-3.2
300~400만원 미만	21.2	21.1	-0.9	70.2	67.1	-3.2
400~500만원 미만	26.6	26.5	-0.7	76.2	73.1	-3.1
500~600만원 미만	31.1	31.0	-0.4	78.9	76.1	-2.8
600~700만원 미만	36.1	36.5	1.2	82.7	80.1	-2.6
700만원 이상	42.0	44.3	5.6	82.8	81.9	-0.9

자료 2016 초·중·고 사교육비 조사(교육부·통계청)

또 〈표 5-3〉에서 보듯이 사교육비 지출은 수도권과 지방 사이에도 격차가 발생하여 1인당 50만 원 이상 사교육비를 지출하는 비중은 서울이 지방도시에 비해 두 배가 많으며, 읍면지역에 비하면 4.5배나 많은 것으로 나타나고 있다.

〈표 5-3〉 지역별 1인당 월평균 사교육비 지출금액별 분포

(단위 %, %p)

구분		계	받지 않음	10만 원 미만	10~20 만 원	20~30 만 원	30~40 만 원	40~50 만 원	50만 원 이상
지역	서 울	100.0	26.3	6.7	10.4	9.8	9.7	8.2	28.8
	광 역 시	100.0	32.6	7.2	12.7	12.2	11.0	8.4	15.9
	중소도시	100.0	31.4	6.9	13.2	12.4	11.1	8.6	16.3
	읍면지역	100.0	42.1	8.2	14.2	14.1	9.2	5.4	6.7

자료 2016 초·중·고 사교육비 조사(교육부·통계청)

그리고 가계 부채의 가장 큰 요인 중의 하나가 사교육비라는 점을 감안하면 입시에 의한 대학서열체제는 중산층 붕괴의 원인으로도 작용하고 있다. 사교육비로 인한 부채가 주로 40대에 발생한다는 점에서 이는 향후 노후대비 부실로 이어지고 노년층 빈곤으로 이어지는 결과를 초래한다.

〈표 5-4〉 1년 후 가계부채가 증가할 가구의 주된 원인

부채원인 / 부채규모	전체	거주 주택	거주 주택 외 부동산	전월세 보증금	부채 상환	결혼 자금	의료비	교육비	생활비	기타
부채없는 가구	100.0 (17.9)	25.2	3.2	17.6	0.0	7.3	6.8	15.0	18.2	6.6
부채있는 가구	100.0 (82.1)	12.6	3.2	5.8	18.3	3.0	4.9	26.3	20.4	5.8
전체	100.0(100.0)	14.9	3.2	7.9	15.0	3.8	5.2	24.3	20.0	5.9

주 2010. 2월말 기준

출처 2010. 가계금융조사. 한국은행.

3. 잦은 대입제도 변경에도 입시문제가 해결되지 않는 이유

대학입시체제의 역사적 변천

해방 이후 대학입시는 매년 조금씩이나마 변화되어 왔다. 개괄적으로 크게 구분하면 약 15회 정도의 주요한 변화가 있었다. 즉 약 4년에 한 번 정도 대학입시체제가 변모한 셈이다.

대학입시체제의 변천을 이념적으로 구분하면 대학별 단독시험 → 대학입학 예비고사 → 대학입학 학력고사 → 대학 수학능력시험으로 크게 4단계로 거쳐 왔다. 구체적인 변천의 내용은 〈표 5-5〉와 같다.

〈표 5-5〉 대학입시의 변천

구분	시험 유형과 적용 시기
대학별 단독시험	· 대학별 단독고사제도(1945년 ~ 1953년) · 대학입학 국가연합고사와 대학별 고사 병행제(1954) · 대학별 단독 시험과 무시험 병행제 (1955년 ~ 1961년) · 대학별 단독 시험제 (1964년 ~ 1968년)
대학입학 예비고사	· 대학입학 예비고사와 대학별 고사 병행제(1969년 ~ 1980년) · 대학입학 예비고사와 고교내신 병행제(1981년)
대학입학 학력고사	· 대학입학 학력고사와 고교내신 병행제(1981년) · 대학입학 학력고사와 고교내신 및 논술고사 병행제(1986년 ~1987년) · 대학입학 학력고사, 내신 성적 및 면접 병행제(1988년 ~ 1993년)

구분	시험 유형과 적용 시기
대학수학 능력시험	· 대학수학능력시험, 고교내신, 대학별 고사 병행제(1994년 ~ 1996년) · 대학수학능력시험, 학교생활기록부, 대학별 고사 병행제(1997년 ~ 2001년) · 대학수학능력시험, 선택중심교육과정, 학생생활기록부(2002년 ~2007년) · 대학수학능력시험, 선택중심교육과정, 학생생활기록부, 논술, 면접, 비교과주요자료, 대학자체 전형자료, 등급제(2008년) · **대입 3단계 자율화 방안** 수능등급제 폐지 및 비중확대, 입학사정관 전형 확대 · 학생부(교과, 종합) 비중 확대

대학입시체제 변천과정을 자세히 살펴보면 정권의 변화에 따른 정치적 결정의 산물이었음을 알 수 있다. 정권은 입시체제의 변화를 통해 정치적 지지를 확산시키려는 의도를 가졌으며, 단기간의 효과에 집착한 나머지 장기적 계획에 입각한 입시체제의 전반적 개혁은 시도되지 못했다. 즉 교육의 본질 회복의 차원에서 근원적 해결책을 모색한 것이 아니라 외형만 변화시켜 온 셈이다. 무엇보다도 입학성적에 의해 학생을 줄 세우는 방식은 한 번도 포기된 적이 없었다. 이러한 점에서 본다면 입시제도는 한 번도 바뀐 적이 없었다.

대학입시제도의 변천 방향 역시 잘못된 쪽으로 전개되어 왔다. 1980년대 초반 입학전형 방식을 획기적으로 단순화하는 조치가 이루어졌지만 1990년대 이후 점차 입학전형방식이 점차 다양하고 복잡해졌다. 우선 1994년 대학수학능력시험제도가 도입된 동시에 대학별 고사가 조금씩 다양화되기 시작했다. 1994년부터 1996년까지는 수능, 내신, 본고사에 따라 학생을 선발하였고, 1997년부터 2001년까지는 수능, 학생부, 논술이 입학전형자료로 활용되었으며, 2002년부터는 수능, 학생부, 논술, 추천서, 심층면접 등에 따라 학생을 선발하는 방식이 되어 선발 방식은 점점 다양화되었다. 최근에는 입학사정관제가 도입되면서 다양화의 정도는 정점에 이르렀다고 할 수 있다. 그러나 대학입시가 해체되지 않는 상태에서 선발 방식의 다양화는 학생의 대입 준비 부담을 가중시켜 결국 사교육의 부담도 가중시키는 결과를 초래할 수밖에 없다. 선발 방식의 다양화가 결국 부잣집 아이들에게 유리하다는 주장도 이러한 점에 근거하고 있다.

한편 2008년 대입에서는 잠시 수능점수를 원점수 대신 등급점수로 표기하는 수능등급제가 실시되기도 하였다. 급격한 대학서열체제를 완화하고 등급 내 대학들 간의 공정한 경쟁을 유도하자는 취지에서 도입된 제도라 할 수 있다. 학생들도 등급의 범위 내에서 전공 적성에 따른 소신 지원을 할 수 있도록 하자는 취지도 담겨 있었다. 그러나 수능등급제는 시행 1년 만에 수능의 원점수표준점수와 백분위 점수가 공개됨으로써 사실상 폐지되었으며 수능의 비중은 오히려 강조되었다. 이명박정부 이후 대학입시를 대학의 자율에 맡긴다는 취지로 대입자율화 방안이 모색되었으나 수능의 영향력은 여전히 막강하게 유지되고 있다.

박근혜정부에 들어서는 고교교육 정상화라는 취지로 내신학생부의 비중이 크게 확대되었다. 내신의 비중이 증가하여 학교교육의 정상화가 이루어지는 것처럼 보일 수 있지만 교과 성적 역시 교내 일제고사표준성취시험를 통해 산출된다는 점에서 학생과 학부모의 부담은 오히려 크게 증가하였다. 이는 내신 준비를 위한 사교육비 부담이 이명박정부에 비해 크게 증가한 것을 통해 확인할 수 있다.

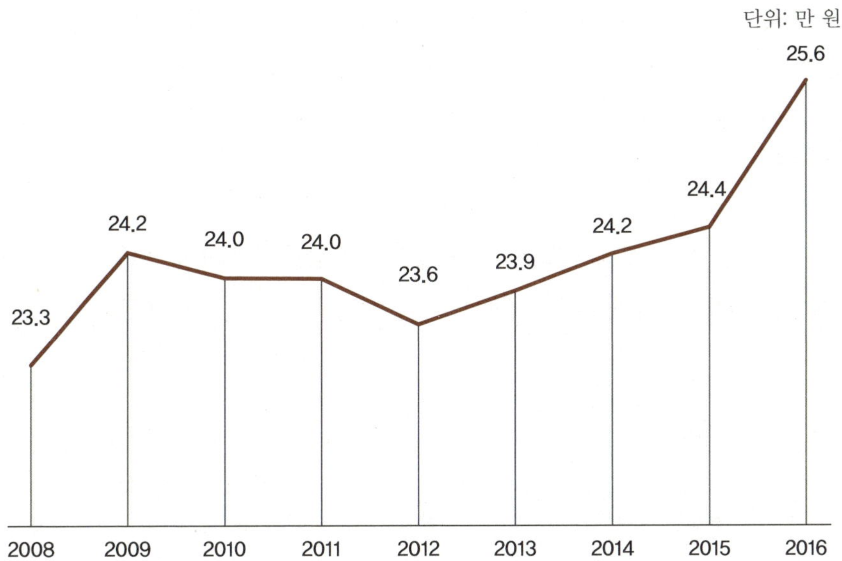

〈그림 5–2〉 1인당 월평균 사교육비 변화 추이

대입자율화조치의 문제점

• 대입자율화의 의미와 내용

대입제도의 변천과정을 살펴보면 대입의 주도권이 대학에서 국가, 다시 국가에서 대학으로 이동하고 있음을 알 수 있다. 앞에서 살펴보았듯이 다양한 대입전형자료가 활용되는 '다양화'와 동시에 대학이 입시를 주도하는 '자율화'가 진행되고 있다. 대입자율화·다양화 정책의 촉발은 1995년의 5·31교육개혁에 의해 이루어졌다. 그 핵심 내용은 학생의 다양한 측면을 기록한 종합생활기록부를 도입하는 것이었다. 대입자율화·다양화의 두 번째 계기는 1998년에 발표된 '2002학년도 대학입학제도 개선안'에 의해 제시되었다. 수시 모집,

학교장 추천제, 각종 무시험전형이 도입되는 등 대학이 다양한 전형자료를 활용할 수 있도록 하였다. 대입자율화의 최종 결정판은 이명박정부에서 발표한 3단계 대입자율화 방안이라 할 수 있다. 그 구체적 내용은 〈표 5–6〉과 같다.

〈표 5–6〉 이명박정부 대입 3단계 자율화조치의 내용

단계	내용
1단계 2008~2010학생부, 수능 반영 자율화	· 학생부와 수능 반영 비율의 자율화 (등급, 표준 점수, 백분위 점수 제공) · 입학사정관제의 도입으로 모집단위별 특성화 · 고급심화과목(AP, UP) 등에 대해 지원 확대·대학입시 업무의 대학교육협의회 이관·대학별 신입생 정보 공개 · 대학교육협의회를 통해 논술 시험 기준 등의 자율적 규제 장치 마련
2단계 2011~2012수능과목 축소	· 여덟 과목에서 다섯 과목으로 축소(2012년도) · 영어는 수능에서 분리하여 영어인증시험으로 대체함에 따라 수능과목은 네 과목으로 축소
3단계 2012년 이후	· 대입업무 각 대학으로 완전 이전·대학 신입생 선발 자율을 명문화

대입자율화조치의 1단계에서는 수능등급제를 무산시키는 조치와 함께 수능 및 학생부 반영비율 자율화, 입학사정관제의 확대 도입, 대교협으로 대입업무 이관 등의 조치가 이루어졌다. 중장기적으로는 수능 응시과목을 축소하고 2012년 이후에는 대학이 본고사를 없애고 학생의 잠재력·창의력을 고려하여 학생을 선발할 수 있는 여건을 마련하고 최종적으로는 대입의 모든 권한을 대학에 이양한다는 것이다(김미란 2010: 2).

그러나 상위권 대학을 중심으로 각 대학이 여전히 수능성적을 중시한 선발을 하고 있으며 전형요소의 다양화로 인한 교사 업무부담 증가 등의 문제

점이 지적되고 있다. 또 입학사정관제학생부 종합 전형을 위한 컨설팅 등의 신종 사교육이 유발되어 왔다. 또한 수능 최저등급이 요구되기 때문에 수능준비와 내신준비를 동시에 해야 하는 부담은 여전히 줄어들지 않고 있다.

전형자료의 성격이 왜곡되어 별도의 입시 부담을 유발시키는 경우도 문제점으로 지적되고 있다. 그 대표적인 예가 논술 또는 구술의 형태로 이루어지는 대학별 고사이다. 수학 문제풀이를 요구하거나 선행지식을 바탕으로 한 논술 방식이라는 점에서 사실상 본고사의 대행으로 이루어지는 시험이다. 각종 상식까지 알아야 하니 학생의 부담은 가중된다. 그리고 이러한 부담은 사교육비 증대로 이어진다. 〈표 5-7〉에서 보듯이 수시비중이 확대되면서 대입에 있어서 내신의 중요성이 크게 증가하였다. 그러나 문제는 내신 역시 교내 일제고사표준성취시험의 형태로 치러진다. 석차에 의해 내신 등급이 결정되기 때문에 수능 준비에 더해 내신 관리의 부담이 가중되면서 3년 내내 입시 준비에 매달려야 하는 현상이 발생되었다.

〈표 5-7〉 대입전형을 결정함에 있어 가장 크게 영향을 받는 요인

대상	수능 성적	내신 성적	능력	연관성	없음	응답자
학생 (명)	2,716	8,898	1,242	2,182	1,138	16,176
	16.8%	55.0%	7.7%	13.5%	7.0%	100%
학부모 (명)	1436	3933	554	1078	301	7,302
	19.7%	53.9%	7.6%	14.8%	4.1%	100%
교사 (명)	168	1109	78	53	26	1,434
	11.7%	77.3%	5.4%	3.7%	1.8%	100%

출처 사교육 걱정 없는 세상·유은혜 국회의원실, 2016년 대입전형인식 실태조사

한편 박근혜정부 들어서 수시모집 선발을 70%까지 확대하면서 내신 준비의 부담은 교과별 사교육비 증가로 이어지고 있다. 〈표 5-8〉에서 보듯이 전

교과에 걸쳐서 사교육비 증가가 이루어지고 있으며, 이러한 현상은 박근혜정부 후반으로 갈수록 뚜렷해지고 있다.

〈표 5-8〉 고등학교 과목별 월평균 사교육비 변화

(단위: 만 원)

과목		2012	2013	2014	2015	2016	전년 대비
일반 교과	국 어	1.8	1.8	1.8	1.8	2.3	5천 원 증가
	영 어	6.6	6.9	7.0	7.2	7.7	5천 원 증가
	수 학	9.3	8.8	9.3	9.7	10.4	7천 원 증가
	사회, 과학	0.9	0.6	0.7	0.8	1.1	3천 원 증가
	제2외국어, 한문, 컴퓨터	0.2	0.1	0.1	0.1	0.2	1천 원 증가
	논 술	0.6	0.7	0.5	0.5	0.5	–
	전 체	19.3	18.9	19.4	20.2	22.1	1.9만 원 증가
예체능	음 악	0.9	1.1	1.2	0.9	1.1	2천 원 증가
	미 술	1.0	1.2	1.1	1.2	1.4	2천 원 증가
	체 육	0.4	0.4	0.4	0.6	0.6	–
	취미·교양	0.5	0.5	0.6	0.5	0.6	1천 원 증가
	전 체	2.8	3.2	3.3	3.1	3.7	6천 원 증가

출처 교육부•통계청, 2016 초·중·고 사교육비 조사

• 입학사정관제

입학사정관제는 사실 노무현정부 시절부터 추진되어 온 전형 방식이다. 미국의 AOAdmission Officer를 모델로 하여 기존에 학생이 이수한 교육과정과 교

과 외 활동 내역을 종합적으로 고려하여 학생의 잠재력을 판단하겠다는 취지에서 도입되었다(김미란 2010). 그러나 입학사정관제가 본격적으로 확대된 것은 이명박정부 들어서부터이며, 각 대학에서 입학사정관제를 대폭 수용하게 된 배경에는 정부의 예산 지원이 자리 잡고 있다. 2007년 입학사정관제 도입 대학에 대해 총 20억 원이 지원된 반면 2010년에는 350억 원의 예산이 지원되었다. 입학사정관제로 선발한 학생 수도 전체 모집정원의 12.35%에 해당하는 38,228명이 되었다(한국대학교육협의회 2009).

이렇듯 정부가 예산을 통해 입학사정관 제도를 무리하게 확산시키는 데 따른 부작용도 만만치 않다. 정부는 입학사정관제를 실시하는 대학에 대해 일정 규모의 예산을 지원하고 또 각 대학은 이에 상응하는 대응자금을 투입하여 두 예산을 합쳐 입학사정관제를 운용하고 있다. 그리고 운용 예산의 상당부분은 입학사정관의 고용 비용으로 투입되고 있다. 각 대학의 입장에서는 입학사정관제가 꼭 필요해서라기보다는 정부의 재정 지원 사업이기 때문에 불가피하게 선택하여 운용하고 있지만 대응자금이 지출되는 데 대해서는 상당한 부담을 느끼고 있다. 결국 정부의 재정 지원이 줄어들거나 없어진다면 당장이라도 규모를 줄이거나 제도 자체를 폐지할 대학이 속출할 것이다. 또 이런 상황에서 입학사정관을 정규직으로 채용할 대학은 거의 없다고 볼 수 있다. 입학사정관을 정규직으로 일부 채용한다 하더라도 이 역시 대학의 자발적 선택이 아니라 정규직 채용이 정부 재정 지원의 의무조건에 포함되어 있기 때문이다. 입학사정관의 신분 불안 문제는 입학사정관의 위상을 약화시키고 대학 구성원들과의 불화, 입학사정관 지원자의 자질 하락으로 이어질 수밖에 없다.

입학사정관제에 대한 불신은 제도의 지속가능성에 대한 의문보다도 더 근본적인 차원에서 제기되고 있다. 첫째, 입학사정관제를 통해 선발한 학생의 자질 문제이다. 극히 예외적인 경우를 제외하고는 입학사정관제를 통해 선발한 학생의 평균 학점이 여타 전형 학생의 평균 학점보다 낮은 것으로 보고되고 있다. 둘째, 입학사정관제 전형을 통한 선발의 불공정성 또는 불투명성 문제이다. 언론보도에 따르면 일부 학생들이 자신들의 비교과활동 내역을 부풀리는 경향이 있다는 것이다. 그런데 이와 같은 공정성 시비는 학생을 객관적 기준에 따라 서열화해 온 한국적 상황에서는 필연적으로 제기될 수밖에 없다. 다시 말해 학생을 서열화할 수 있는 객관적 자료가 존재하는 한 입학사정관제의 공정성 시비는 지속될 수밖에 없다는 것이다. 또 입학사정관 전형 역시 앞의 수시 전형의 경우와 마찬가지로 우수학생을 선점하는 도구로 활용되기도 한다. 실제로 상위권 대학의 경우 입학사정관제 전형에서도 수능최저학력 기준을 요구한다(김미연 2012).

입학사정관제가 한국에서 제대로 활용되기 어려운 근본적 이유는 미국에서 입학사정관제가 탄생되고 운용되어 온 배경과도 관련하여 설명될 수 있다. Karabel(2005)은 입학사정관제도가 20세기 초 미국 대학에서 '사회적으로 원하지 않는 학생유태인'의 입학증가를 억제하기 위한 방편으로 도입된 점을 밝혀냈다. 입학전형에서 학업성적뿐 아니라 인성, 운동실력, 지역배분 등의 기준이 추가되면서, 예컨대 하버드 대학의 경우 유태인 입학비율이 20% 이상이었던 것이 1920년대 후반부터 30년대 사이에는 10~16%로 줄었다는 것이다. 최근 UC의 일부 대학에서 포뮬라 방식보다 총체적 전형의 비중을 높인 이유도 아시아계 입학생의 비율이 흑인이나 히스패닉 학생에 비해 지나치게 높은 점과 무관하지 않다(Golden 2005).

미국에서 이렇듯 불공정·불투명이 용인되는 배경에는 비슷한 수준의 대학이 많아 다른 대학을 선택하더라도 '피해'가 크지 않다는 점도 있겠지만 학생 한 명 한 명을 서열화할 만한 객관적 자료가 존재하지 않기 때문에 '불공정·불투명성'을 학생 선발과정의 자연스러운 특징으로 인정할 수밖에 없는 점도 있다. 즉 하버드, 예일, 프린스턴에 지원하는 학생의 상당수는 이미

SAT 점수나 GPA에 의해 구별될 수 없을 정도의 학력 수준을 가진 학생들이다. 이들의 학력 수준을 더 엄격하게 구분해 내려면 한국의 수능이나 본고사와 같은 시험이 필요하겠지만, 이러한 시험을 상상할 수 없는 상황에서는 각자의 대학에 맞는 학생을 골라내어 잘 길러내는 데 치중하는 편이 현명할 수 있다. 뒤집어 보면 학생의 학력수준을 엄밀히 구분해 낼 수 있는 강력한 도구를 가지고 있는 한국의 대학들은 굳이 입학사정관제를 활용할 필요가 없는 것이다.

입학사정관제의 수입이 문화적 오해와도 관련이 있음을 보여 주는 사례도 있다. 한국의 대학 관계자들이 입학사정관제를 준비하기 위해 미국의 유명대학을 방문하여 미국의 입학사정관들이 활용하는 '종합적 판단의 기준'에 대해 문의하였다고 한다. 이에 대한 미국 측 인사들의 한결같은 답변은 "우리 대학은 그런 공식formula을 가지고 있지 않다"였다고 한다. 그리고 그러한 답변에 대한 한국 측 인사들의 전형적인 반응은 "분명히 어떤 공식이 있는데 그것을 공개하지 않을 뿐이다"라고 생각한다는 것이다(양성관 2009). 전혀 다른 맥락과 동기, 사회적 조건하에서 탄생한 입학사정관제가 낯선 환경에서 맞이하게 될 미래를 암시하는 사례라 할 수 있다.

• 대입자율화 개념의 모순

입시를 대학의 자율에 맡기겠다는 생각은 단순하면서도 강력한 힘을 가지고 있다. 그 힘은 두 가지 점에서 나온다. 첫째는 국가가 개별 대학에 대해 간섭하지 않는다는 원칙에 대한 적극적 동의이며, 둘째, 대학이 자신들이 원하는 학생을 뽑는다는 점에 대한 암묵적 동의이다. 결국 자유를 확대한다는데 무슨 문제인가라는 생각의 단순함과 명쾌함이 특히 보수층을 중심으로 호소력을 행사하고 있다. 여기에서 머물지 않고 대학에 자율을 허용하면 입시문제도 사라질 것이라는 기대까지 하고 있다.

그러나 대학입시에서 대학의 자율을 확대하겠다는 생각은 근본적으로 자유주의체제하에서의 자율 또는 자유의 개념, 기본조건과 모순된다. 대학입시에서 국가의 간섭을 배제하고 학생 선발을 대학의 자율에 맡길 것을 주장한 고형일 교수팀(1998)은 다음과 같이 자율의 조건을 제시하고 있다.

> 자유화가 대학으로 하여금 무슨 짓을 해도 좋다는 것을 뜻하지는 않는다. (……) 어떠한 경우가 그러한가? 그것은 자유 사회에서 보장받는 자유/자율의 한계를 생각해 보면 알 수 있다. 자유가 보장된 사회에서는 개인이 무슨 행동을 할지 자유롭고 자율적으로 결정할 수 있지만 남에게 해를 끼치면서까지 그럴 수는 없다. '남에게 해' 는 자유/자율의 한계를 정하는 기준이 된다는 것이다. 이것은 자유주의 사상가 J.S. 밀의 견해인데 오늘날 자유 사회를 표방하는 나라들에서는 널리 수용되고 있다. (……) 대학의 신입생 전형에 관련해서도 동일한 기준을 적용할 수 있다. 대학이라는 집단 내지 기관도 개인과 마찬가지로 독립적인 행동의 주체고 (……) 자유롭고 자율적으로 결정할 수 있다. 그러나 그런 자유/자율에도 한계가 있어야 하는데, 그 기준은 역시 '남에게 가는 해' 말고 무엇이 있겠는가. 그런데 입시는 남에게 해를 끼치는 행동이다. (……) 고등교육에 종사하는 기관이 중등교육이라는 별도의 전문교육부문을 침범하고 유린하는 행위이다. (……) '남' 을 개인의 차원에서 볼 때도 마찬가지로 입시는 제3자에게 고통을 준다. (……) 전국의 모든 초·중·고등학생은 물론 유치원 아이나 뱃속의 태아와 그 부모, 친척에 이르기까지 폭넓게 심각한 고통을 주고 있기 때문이다. '남에게 가는 해' 로서 이보다 더 큰 것이 있겠는가(고형일 외 1988, pp 69~70).

요컨대 현재의 대학 자율은 SKY로 대변되는 사회적 강자들만의 자유/자율이며, 이들이 누리는 자유로 인해 온 국민이 폭넓은 피해를 입고 있는 것이다. 타국의 사례에서 보더라도 대학입시를 대학의 자율에 맡기는 경우는 흔하지 않다. 대입 전형에서 대학의 자율이 보장된다고 하는 미국의 사례에서도 공립대학의 대입제도는 각 주정부에서 법률을 통해 통제하고 있으며 자율을 허용하는 경우는 사립에 국한된다. 그러나 사립대학의 경우에서도 학생을 서열화하고 입시교육을 유발하는 한국의 수능이나 본고사와 같은 시험을 운용하지 않는다. 학생의 대학수학능력이 부족하다고 하더라도 고등학교교육에 영향을 주는 시험을 만들어 내지 않고 커뮤니티 칼리지나 대학 내 보습과정remedial program을 활용하여 학생의 기초학력을 증진시키는 선택을 한다. 일부 대학이 타자의 자유와 자율을 짓밟으면서 자율을 누리도록 허용하는 나라는 세계적으로 희귀한 경우라 할 수 있다.

대학자율화가 입시문제를 해소할 것이라는 기대가 잘못된 것임은 대입자율화정책의 여러 부작용들이 잘 설명해 주고 있다. 그리고 대입자율화를 통해 대학의 특성화와 다양화를 촉진하려는 정책의 효과에 대한 기대 역시 대학을 서열화하고 타자의 자율을 침해하는 현행 입시제도의 해체 이후에 그나마 가능한 시나리오라 할 수 있다. 결국 어떤 대입제도 개선안도 '표준성취시험을 통한 입시제도'의 철폐를 기본 조건으로 한다는 점에는 이견의 여지가 없다 할 것이다. 다음 장에서 논의될 다양한 대입제도 모형들 역시 학생을 서열화하고 초·중·고 교육에 영향을 미치는 입시 철폐를 전제로 한다는 점을 분명히 하고자 한다.

제6장

대안적 대입제도의 모색

1. 주요 선진국의 대학 입시

다음에서는 다양한 입시제도의 대안으로 참조되고 있는 프랑스, 독일, 핀란드, 영국, 미국 등의 대입제도에 대해 살펴보고자 한다. 이들 나라의 사례에 한정한 이유는 기타 사례에 대한 자료가 제한된 점도 있지만 이들 나라의 사례가 국내에서 제기되고 있는 다양한 대안적 대입제도의 모델이 되고 있기 때문이다. 대안으로 제시되고 있는 대입제도가 한국에서 성공적으로 운용되려면 그 제도가 고안된 문화적 맥락과 각각의 전형자료가 가진 의미와 효과 등을 구체적·객관적으로 파악할 필요가 있다. 입학사정관제의 경우처럼 맥락적·문화적 이해 없이 수용하였을 경우 현행 입시제도의 문제점들을 시정하기는커녕 추가 부담 요인으로 작용할 가능성이 더 크다. 한편 일본의 사례는 한국과 같은 입시가 존재하기 때문에 부정적 선례로 구분하여 본 연구에 포함하지 않았다. 또 현행 입시제도의 기본 골격을 구상한 5·31교육개혁안이 일본의 제도를 참조하였다는 분석이 제기되고 있고(고형일 1998) 또 실제로 많은 부분 우리의 제도와 유사성이 존재하기 때문에 참조 사례에서 제외하였다.

프랑스 바칼로레아

바칼로레아baccalauréat는 흔히 le bac이라고 불리우며 중등과정인 리세lycée 후반부에 획득하는 대입자격으로 이 제도가 도입된 것은 1808년 나폴레옹 시대부터이다. 보통 고교과정 마지막 부분에 학생들은 1주일에 걸쳐 최종 자격시험을 치르는데 철학은 모든 학생이 통과해야 하는 과목이다.

학생들은 경제와 사회과학ES, 문학L, 과학S 세가지 바칼로레아 영역 중 하나를 선택해야 한다. 보통 고등학교 1학년의 끝 무렵에 일반계와 기술계 중 하나를 선택하며, 일반계를 선택할 경우 세 영역 중 하나를 선택해야 한다. 어떤 영역을 선택하더라도 대학에서 자신이 원하는 전공으로 바꿔 선택할 수 있지만, 어떤 영역을 공부했느냐가 자신이 원하는 전공을 선택하는데 영향을 미치기 때문에 신중히 선택해야 한다. 과학 영역을 선택한 사람 중에 54%가 대학에 진학하며, 20%가 그랑제꼴 준비과정에 입학한다. 이들 중에는 이후 자연과학, 회계사, 의사, 엔지니어 분야에 진출한 사람이 많다. 사회과학ES 분야를 선택한 사람 중 67%가 대학에 진학하며 6% 정도가 그랑제꼴 준비과정에 입학한다. 향후 직업시장에서 언론인, 법조인, 무역업 등에 종사하는 사람들이 많다. 문학을 선택한 학생들은 이후 시청각 분야, 관광, 교직, 출판계 등에 종사하는 사람이 많다. 문학을 선택하고서 의학계 분야 전공에 받아들여지기는 어려우므로 신중하게 선택해야 한다. 일반적으로 과학S 바칼로레아가 대입에 상대적으로 유리한 것으로 알려져 있다.

S를 선택한다고 해서 과학과목만 수강하고 시험을 보는 것은 아니다. 과학이나 수학 이외에도 역사나 철학, 문학 등의 과목이 포함되어 있다. 시험은 구술, 지필, 실험 등의 방법으로 치르며 선다형의 표준화된 문항은 없다. 그리고 선택하는 영역별로 과목에 대한 비중이 달라진다.

보통 바칼로레아의 합격점은 20점 만점에 10점으로, 2007~2008년 사이

합격률이 83.3%이다. 8점을 받은 학생들은 추가 구두시험을 신청할 수 있다. 12점에서 13.99사이의 점수를 얻으면 영예assez bien: honours, 14에서 15.99를 얻으면 상급 영예bien: high honours, 16 이상을 얻으면 최고 영예très bien로 분류된다. 18점 이상을 얻으면 별도의 상은 없지만 심사위원들의 축하를 받는다. 고득점이 영예로운 것이기는 하지만 대학입학에 결정적인 것이라 보기는 어렵다. 그랑제꼴 준비과정 입학 결정이 보통 시험 전에 이루어지기 때문이다. 최근에는 바칼로레아 시험이 쉽다는 지적이 있으며, 바칼로레아의 합격이 원하는 대학으로의 입학을 보장해주지 못하고 있다. 그랑제꼴을 비롯한 많은 대학이 바칼로레아 시험 성적이 발표되기 전에 고교 학점을 기반하여 입학자격을 부여하고 있다. 시험 성적보다는 고교 학점이 대학수학능력을 더 잘 설명해 준다는 이유 때문이다. 시험 출제와 평가 등에 580억 유로가 소요되는 등 비싼 비용도 문제이다.

독일의 아비투어Abitur

독일의 아비투어의 공식 이름은 Allgemeine Hochschulreife이다. 아비투어 역시 최종 졸업시험과 함께 등급평점으로 주어진다. 18세기까지 독일에서는 각 대학별 고사를 치렀다. 1788년 프러시아에서 도입된 아비투어는 1834년에 유일한 대학자격시험으로 남았다. 이후 2005년에 40만 명의 학생이 아비투어에 합격했다. 그후 2004년까지 독일에서도 유일한 대학입학자격시험이었다. 최근에는 Hesse주에서 별도의 시험을 허용하고 있다. 별도의 능력시험Aptitude Test 결과를 요구하는 대학도 있으며, IQ가 높은 학생은 아비투어 없이도 10학년을 마치고 대학에 입학하는 경우가 있다.

아비투어 점수는 등급점수로 환원되어 1점을 받으면 최고이며 6점을 받으면 탈락한다. 평점 14점을 얻으면 1.0을 얻는다. 한 학기 동안 수강하는 과목의 최고 점수는 15점인데 중요과목은 더 가중 점수가 붙으며 아비투어 시험은 네배가 가중된다. 아비투어에 합격하려면 총 280점을 받아야 한다. 768점에서 최대 840점을 받는다면 1.0을 받을 수 있으며 이 점수를 받는 학생은 0.3%~2%에 불과하다. 12%~30%의 학생이 1.0에서 1.9 사이의 점수를 받는다. 고교 졸업자의 40%가 아비투어를 가지고 있다.

핀란드 아비투어

핀란드 역시 핀란드어로 ylioppilastutkinto, 스웨덴어로 studentexamen 라는 입학자격시험을 치른다. 학생은 네 과목을 선택해서 시험을 치러야 하는데 국어는 필수이다. 그 밖에 제2국어, 외국어, 그리고 수학, 과학·인문 중 한 과목을 선택한다. 시험은 봄과 가을에 한번씩 2주 동안 치러진다. 시험의 출제와 채점은 국가에서 관리하며 논술이나 구술 등의 형태로 출제되고 교사들이 채점한다. 점수는 7등급으로 매겨지는데 각각 Latin어로 최저 Improbatur I에서 Approbatur A, Lubenter Approbatur B, Cum Laude Approbatur C, Magna Cum Laude Approbatur M, Eximia Cum Laude Approbatur E, Laudatur L로 매겨진다. 대략적인 의미는 거부, 허가, 기꺼이 허가, 칭찬과 함께 허가, 큰 칭찬과 함께 허가, 최고의 칭찬과 함께 허가, 격찬이다. 분포는 다음과 같다.

- 5%: Laudatur (L)
- 15%: Eximia Cum Laude Approbatur (E)
- 20%: Magna Cum Laude Approbatur (M)
- 24%: Cum Laude Approbatur (C)
- 20%: Lubenter Approbatur (B)

- 11%: Approbatur (A)
- 5%: Improbatur (I)

한편 핀란드에는 대학별 입학시험이 따로 있으며 시험 과목도 전공별로 다르다.

영국의 A-level The Advanced Level General Certificate of Education

A-level은 2년간의 학습 이후에 시험을 통해 주어지는 잉글랜드, 웨일즈, 북아일랜드 대입자격을 말한다. A-level이 시작된 것은 1953년부터인데, 그 이전에는 고교졸업자격을 통해 입학했으며, 주어진 과목들 가운데 하나만 성적이 나빠도 인정을 받지 못했다. 그래서 본인이 선택한 과목을 바탕으로 자격인정을 받을 수 있도록 한 현재의 A-level이 탄생했다. 당초 A-level은 Pass or Fail로만 등급이 매겨졌는데 시험을 보는 학생도 많아지고 변별력을 높이고자 하는 요구가 발생하여 1963년부터 7등급으로 구분되었다. 등급 구분은 상대평가 방식으로 다음과 같다.

- A- 상위 10%
- B - 다음 15%
- C - 다음 10%
- D - 다음 15%
- E - 마지막 20%
- O - 보통수준 20%
- F - Fail 10%

이때 근소한 차이로 떨어진 학생들은 O-level의 C등급으로 인정하여 패스시켰다. 그런데 이와 같이 단순히 비율로만 매기는 상대평가방식에 문제제기가 이루어져 1987년에는 B등급과 E등급에 고정 기준을 설정하고 나머지는 비율로 매기는 방식이 도입되었다. 그리고 O등급 대신 N등급Nearly Passed이 신설되었다. 그리고 국가교육과정이 도입되던 2000년에는 모든 등급에 절대기준이 도입되고 N등급도 폐지되었다. 그 기준은 절대평가의 기준과 상대평가 기준을 결합한 것이라 할 수 있다.

2년간의 학습과 시험의 결합이라는 방식은 1980년대와 2000년 사이에 정착한 제도인데, 30%의 학생이 중도에 포기하거나 최종통과에 실패한다. 2000년 국가교육과정의 도입 이후 확정된 지금의 A-level은 4개의 모듈로 구성되어 있는데, 첫 번째 해 말에 두 개의 모듈이 AS-levelAdvanced Subsidiary level이며 다른 두 모듈은 'A2'에 해당하며 두 번째 해 말에 주어진다. 각 모듈의 평가는 국가 기관에서 시행하는 지필시험과 내부 과정평가가 결합된 형태로 이루어진다.

학생이 선택하는 A-level 시험의 숫자는 다양하다. 일반적으로는 첫해에 네 과목, 둘째 해에 세 과목을 선택하며 일부는 둘째 해에도 네 과목을 선택한다. 대입에 최소 요구되는 과목은 세 과목이다. 그리고 대학은 과목의 결합된 성적을 자격조건으로 제시한다. 예컨대 대학에서 물리를 전공하려는 학생은 수학이나, 물리, 컴퓨터에서 B-B-C를 최소 얻어야 한다. General Studies나 Critical Thinking 과목을 병행하여 수강한 학생들은 입시에서 가산점을 얻을 수 있다.

A-level에서 통과하려면 A*, A, B, C, D, E 중 하나를 받아야 하는데 A*는 2010년 입시부터 도입되었다. A*학생이란 A-level 전반에서 A를 받고 A2에서 90% 이상에 드는 학생에게 주어진다.

A-level에 진입한 학생들은 보통 16에서 18세 사이의 12학년과 13학년 학생이다. A-level 과정에 진입하려면 중등자격시험GCES: General Certificate of Secondary Education에서 영어와 수학을 포함한 최소 5개 과목에서의 C학점

이상을 받아야 한다. A-level 교육은 중등교육의 연장선상에서 제6대학a Sixth Form College, 프랑스의 Lycee이라 불리는 기관에서 이루어진다.

학생들은 A-level의 최종시험이 종료되기 전에 대학에 원서를 제출하기 때문에 각 대학들은 예측평점을 활용하여 입학허가를 내준다. 예측평점은 교사들에 의해 매겨지는데 시험결과에 의해 차이가 있을 수 있기 때문에 입학 허가는 조건부로 이루어진다. 즉 최종입학허가는 최종점수 결과에 의해 확정된다. 대학들은 보통 세 과목의 성적을 요구하는데, 보다 낮은 학점의 기타 과목 평점이나 예체능 분야의 평점을 참고하기도 한다.

A-level에 대한 비판은 주로 학점 인플레이션에 대한 불만에서 비롯된다. 교육당국은 학점인플레이션이라기보다는 전반적 학력 향상의 결과라고 반박하지만 학점 인플레이션의 의혹을 해소하기 위해 일부러 학생의 성적을 전반적으로 하향조정하는 경우도 발생하고 있다. 의생명 분야나 법학 분야에서는 BMAT나 LMAT와 같은 능력시험Aptitude Test 결과를 추가요구하기도 하며 2010년 입시부터 A*를 신설하였다. 그러나 A-level에 진입한 학생들은 시험공부에 많은 시간을 보내며 높은 부담을 느끼고 있음을 호소하고 있다.

인터내셔널 바칼로레아

A-level의 신뢰도 회복을 위한 대안으로 인터내셔날 바칼로레아The International Baccalaureate Diploma Programme: IBDP가 제안되고 있다. 이 프로그램에 참여하려면 학생들은 2년 동안 IBDP학교에 다녀야 한다. IBDP 학교를 다니는 동안 학생들은 3개의 필수요건을 수행하고 여섯 개 분야의 여섯 개 과목에서 평가를 받아야 한다. 평가는 외부지필평가와 내부구술, 수행, 지필평가로 이루어지며 A-level에 비해 어려운 것으로 평가되며 다양한 영역에 걸

친 교육이 이루어지고 있다. 영역은 언어, 외국어, 사회, 과학, 수학, 예술이다. 세 개의 필수요건은 첫째 심화논술Extended Essay 작성, 둘째 지식론Theory of Knowledge 수강, 셋째, 창의활동Creativity, 육체운동action, 사회봉사service를 수행해야 한다. IBDP는 유럽의 주요국가를 비롯한 75개국 2,000개 대학에서 인정되고 있다.

〈표 6-1〉는 유럽의 대입시험과 영국의 A-level 성적을 비교한 표이다.

〈표 6-1〉 영국의 A-level 성적과 주요 시험 성적의 비교

	영국 A-level 성적		
	AAA	AAB	ABB
바칼로레아	14/20	13.5/20	13/20
아비투어	1.2 이상	1.5 이상	1.8 이상
핀란드 아비투어	평균 7.0	평균 6.5	평균 6.0
인터네셔널 바칼로레아	36점	36점	34점

미국의 AP 시험Advanced Placement Exams

미국의 고등학교에서는 고교-대학연계과정이라 할 수 있는 AP 코스를 제공하고 있는데 AP 시험은 이 과정을 밟지 않는 학생도 누구나 치를 수 있다. AP 시험은 등급으로 매겨지는데 1등급최우수자질보유, 2등급우수자질보유, 3등급자질보유, 4등급자질보유가능, 5등급추천하지 않음으로 구분된다. 문항은 선다형과 단답형, 논술형으로 이루어져 있으며 훈련받은 복수의 채점자가 채점한다. AP시험 결과는 대학에서 기초과목수강을 면제해주는 기준으로 사용

된다. 대학마다 요구조건이 다른데, 일반적으로 3등급에서 4등급을 받아야 한다. AP시험 결과는 유럽 대학에 진학시 활용되기도 한다. AP과정에서의 학점은 대학진학 시에 적극 활용된다.

미국의 SAT

SAT 성적은 내신과 함께 대학입학시 가장 비중있게 고려되는 요소이다. 광범위하고 다양한 고등학교 환경을 고려할 때 내신 성적이 실제 학생의 능력을 정확히 반영할 수 없다는 문제 때문에 SAT는 내신의 보조자료로서 의미를 갖는다. 많은 연구에서 내신과 함께 SAT를 고려했을 때 대학수학능력에 대한 예측타당도가 높아짐을 말해주고 있다. 아래의 캘리포니아 입학조건에서 보듯이 SAT는 개인적인 이유로 내신에서는 낮은 점수를 받았지만 대학수학을 받을 수 있는 지적 능력이 있다는 점을 증명해주는 자료로 활용될 수도 있다.

SAT는 비판적 읽기, 수학, 작문으로 구성되어 있으며 각각 200점에서 800점의 분포로 구성되어 있다. 총점은 세 영역의 합산 결과이다. 문항 가운데는 점수 합산에는 포함되지 않은 실험 문항이 포함되어 있으며, 실험 문항을 통해 해당 문항의 타당도, 신뢰도, 난이도가 사전에 검증된다. 사전 검증을 바탕으로 문항이 출제되어 이미 난이도 등 문항의 특성이 드러나기 때문에 난이도 조정을 쉽게 할 수 있다. 일반적으로 해당 영역의 시험 문제들은 쉬운 문항, 중급문항, 어려운 문항으로 구성된다.

먼저 비판적 읽기 영역은 어휘력, 문장 이해력, 사고력 등을 측정하는 문항으로 구성되어 있으며 그 소재는 사회과학, 인문학, 자연과학, 개인 서신 등 다양하다. 수학 영역은 선다형과 단답형, 풀이형 등으로 구성되어 있으며 일부 영역에서 계산기 사용이 허용된다. 쓰기 영역은 2005년부터 포함된 시험인데, 선다형 문제들과 간단한 에세이로 구성된다. 선다형 문제는 오류찾기와 문장개선 문항들로 구성되어 있으며, 에세이 문제는 배경지식의 많고 적음에 관계없이 자신의 생각을 말할 수 있는 일반적 질문에 25분 내에 답하는 문제이다. 에세이의 채점은 2명의 전문 채점자가 1에서 6점 사이를 주며 두 채점자가 준 점수의 합산으로 최종 점수를 낸다. 두 채점자 간의 점수차가 2점 이상일 때는 제3자가 다시 확인한다. 그러나 별도의 연구에 의하면 단어의 숫자가 많거나 어려운 단어를 사용하면 글의 질에 관계없이 높은 점수를 받는 경향이 발견되고 있다.

SAT는 IQ와 높은 상관관계를 갖는다. 한 연구에 의하면, SAT 점수는 지능지수g score와 높은 상관관계r=.82 비선형 가정시 .86를 갖는 것으로 나타났다Frey & Detterman 2003. 그 밖의 연구를 통해서도 SAT는 사실상 지능g 검사의 하나라는 점이 확인되고 있다.

한편 SAT가 백인과 부유계층에 유리하도록 문항들이 문화적으로 편향되어 있다는 비판과 소득에 따라 성적이 달라진다는 비판이 제기되고 있다. 이와 관련하여 2001년 캘리포니아 대학의 Atkinson 총장은 불공정한 SAT를 사용하지 않아야 한다는 주장을 하였고 이러한 위협성 주장에 대응하여 2005년에 현재의 SAT로 개선하게 되었다. 한편 SAT가 다양한 이유로 학습의 기회가 주어진 학생들에게 대학에서 수학할 수 있는 기회를 줄 수 있는 도구가 된다는 반대 의견도 제기되고 있다.

SAT, ACT 등 대입시험의 준비와 관련된 교재 및 개인 튜터, 상담 관련 사교육시장은 상당한 규모인 것으로 알려져 있다. 그러나 SAT를 주관하는 미대학국College Board은 SAT는 원천적으로 지도할 수 없는Uncoachable 것이라고 주장하고 있으며, 일부 연구National Association for College Admission Counseling 2009에 의하면 tutoring 등 별도 지도를 통해 수학 분야는 최대 20점, 언어 분야는 10점 정도를 상승시키는데 그칠 정도로 한다. 즉 비용 대비 효과는 미미하다고 할 수 있다.

미국의 ACT

SAT가 동부와 서부 해안 지역에서 많이 사용된다면 ACT는 중서부 지역에서 많이 사용된다. ACT는 영어, 수학, 읽기, 과학적 사고 네 영역의 선다형 문항들로 구성된다. 영역별로 1에서 36점 사이의 점수로 분포된다〈표 6-2〉 참조.

〈표 6-2〉 ACT의 기본 구조와 2009년 ACT 평균점수

영역	문항수	시간	평균 점수	대학수학 능력지표	문제 종류
영어	75	45	20.6	18	usage/mechanics and rhetorical skills
수학	60	60	21.0	22	pre-algebra, elementary algebra, intermediate algebra, coordinate geometry, geometry, and elementary trigonometry
읽기	40	35	21.4	21	reading comprehension
과학적 사고	40	35	20.9	24	Science interpretation, analysis, evaluation, reasoning, and problem-solving
작문 (선택)	1	30	7.7		

ACT 역시 지능검사형 시험으로 분류되며 MENSA와 같은 고지능 집단의 가입 요건으로 사용되기도 한다.

2. 각국의 대학체제 및 학생 선발 방식

프랑스

프랑스에서 학사학위를 수여하는 고등교육기관은 두가지 유형이 있다. 대학과 그랑제꼴Grandes Ecoles이다. 90여 개의 대학은 대부분이 공립이며 대학명은 주로 소재 도시의 이름에 따르고 있다. 그리고 해당 도시에 대학이 복수인 경우는 파리 대학의 경우처럼 1대학에서 13대학까지 숫자로 이름이 정해진다. 파리 내에 모든 대학이 있는 것이 아니라 일부는 교외에 소재하기도 한다. 숫자에 의한 공식적 이름 외에도 대학별로 유명한 사람이나 지명에 따라 비공식적인 이름으로 불리우기도 한다. 예컨대 스트라스부르 제1대학의 비공식 이름은 루이 파스퇴르 대학이다.

그랑제꼴은 한두 개의 직업 분야예컨대 엔지니어링이나 비즈니스 인재양성으로 각각의 교육기관이 특화되었지만 입학경쟁은 치열하다. 각각 프랑스의 대표적인 과학자나 행정가들을 배출한 기관들이다. 2년간 준비반The classes préparatoires aux grandes écoles :CPGE에서 공부한 뒤 최종 입학시험을 통해 그랑제꼴에 입학한다. 준비반의 진학은 고등학교 최종 2년간의 성적을 반영하기 때문에 바칼로레아 준비를 충실히 하면 입학할 수 있다. 준비반을 마치고도 그랑제꼴 입학에 실패할 경우는 대학으로 편입되어 나머지 2년을 수학한다. 그랑제꼴 준비반 학생은 4%에 불과하지만 전체 고등교육예산의 30%를 독식하고 있다. 프랑스의 대학이 국제 경쟁에서 뒤처지는 이유가 학생 1인당 교육비가 고교생 1인당 교육비에도 못 미치는 빈약한 재정, 그리고 그랑제꼴에 예산이 집중된 결과라는 점이 지적되고 있다.

프랑스의 대입이 바칼로레아를 거친 학생들에게 거의 자동으로 입학을 보장하는 체제를 갖추게 된 것은 1968년 5월 혁명의 후속조치 이후이다. 1968년 11월 '고등교육기본법'이 만들어지기 전 대체로 세 가지의 대안이 경쟁했다 김경근 2004 참조. 하나는 선발제도를 전면 폐지하고 개방입학의 체제를 구축하는 안, 둘째는 사회가 필요로 하는 경제인력의 한도 내에서 엄격한 선발제도를 거치는 안, 셋째는 대학의 자율에 전적으로 맡기는 안이다. 최종적으로는 졸업자격을 갖춘 모든 학생에게 문호를 개방하는 안이 채택되었다. 그러나 선별의 과정이 완전히 없어진 것은 아니다. 진급, 졸업을 위한 선별과정은 상대적으로 강화될 수밖에 없었다. 즉 선별의 시기가 대학입학 전에서 입학 후로 연기된 것이다. 빈약한 재정에도 불구하고 세계적인 학자를 배출하는 학문적 성과가 만들어진 프랑스 대학의 기초 체력은 엄격한 학사관리와 관련이 있다. 대학에 진학한 학생들은 교양과정에서 전공과정으로 진입할 시기에 30~40%가 중도탈락하며 결국 최종 졸업율은 30%대로 축소된다. 그랑제꼴의 졸업율이 90%에 달하는 것과 비교되는 수치이다. 탈락한 학생들은 전문대학에 진학하거나 직업 현장에 뛰어든다.

독일

독일의 고등교육기관은 370여 개에 달하는데, 그 핵심은 140여 개의 일반대학Universitat과 200개의 전문대학Fachhochschulen: Universities of Applied Science의 체제이며 그 밖에 예술대학으로 특화된 대학들이 있다. 학비는 수업료의 경우는 무료이지만 일부 주의 경우 대략 학기당 500유로 정도의 실비부담을 한다.

대학입학의 가장 전형적인 방법은 내신과 시험이 결합된 아비투어를 통한 입학이다. 그러나 아비투어를 거치지 않고 입학하는 경우도 있다. 각 대학에서 학생 선발의 공정성을 보장하기 위해 다음과 같은 입학할당제를 운영하고 있다. 최소 2%의 신입생 정원이 과거 심각한 병을 앓았거나 장애를 가지고 있거나 장애 부모를 가졌거나 재외 동포의 자녀 등에게 배정된다. 그리고 20%의 신입생 정원이 졸업한 학교에서 성적내신 기준이 상위 20% 이상인 학생, 그리고 20%의 학생은 대기자 명단에서 가장 오래된 순서로 주어진다. 그 밖의 기준은 내신 평점 평균, 면접을 통한 개인적 특성, 에세이나 편지에 나타난 개인적 특성, 대입시험 성적의 순서이다. 독일법은 인종이나, 종족, 성, 사회계급소수자 전형을 제외하고에 따른 입학 불공정을 금지하고 있다.

대학에 입학한 학생들은 개인별로 자신만의 교육과정 프로그램에 따라 공부하며 교수들도 자신만의 연구 및 강의 주제를 선정한다. 이렇듯 자유로운 체제 때문에 일부 학생들은 졸업이 수년간 늦어지기도 한다. 학생들은 때에 따라 대학을 바꾸기도 하며 2~3개의 대학에 다니는 학생들도 있다. 과학 분야의 경우 처음 2~3년간은 정해진 교육과정이 있으나 인문사회계열은 학생별로 과목을 선택한다. 매학기 과목별로 시험을 봐야 한다. 졸업시험을 치를 시기도 개인별로 선택한다. 4년 만에 졸업하는 학생도 있지만 대부분 5~6년이 걸리며 10년 동안 대학에 다니는 학생도 있다. 군대 1년을 합치면 30세가 되어 대학을 졸업하는 학생도 생겨난다.

핀란드

핀란드에는 10개의 종합대학과 6개의 전문대학, 27개의 폴리테크닉 등이 있다. 폴리테크닉은 지방정부가 세운 기관이며 대학은 중앙정부가 수립한 기관이다. 대학은 순수하게 학문연구에 치중하며 폴리테크닉은 직업과정이라 볼 수 있다. 그러나 경계가 애매한 부분이 있다. 의사는 대학을 졸업해야 하지만 간호사는 폴리테크닉을 졸업해야 한다. 물론 대학원 간호학과는 대학에 있다. 폴리테크닉을 졸업하고도 대학원 석사 과정에 진학할 수 있다.

학생 선발과정은 객관적 자료에 의존한다. 내신과 졸업시험, 그리고 입학시험 결과에만 의존하며 비교과활동이나 자기소개서, 특별 선발 등을 하지 않는다. 대학별로 세 가지 자료를 자신들의 방식으로 혼합하여 학생을 선발한다. 입학시험은 학과별로 출제되며 원하는 학과에 진학하지 못하는 학생 중 몇 년 동안 재수를 한다. 입학시험은 책 한두 권을 읽고 주어진 문제에 답하는 방식이다. 대학 간에 공동선발을 하는 경우도 있다. 엔지니어링이나 건축 분야는 모든 대학이 동일한 선정기준과 입학원서를 사용하여 공동선발 한다. 즉 한 학생이 모든 대학에 지원하는 셈이 된다. 생물, 언어, 사범대와 의학 분야는 느슨한 형태의 공동선발을 한다. 합격률은 30% 정도이며, 대학 간의 경쟁률 차이는 많지 않지만, 전공별 경쟁률 차이는 크다. 연극과 심리학 분야는 지원자의 10% 이하가 합격하며, 엔지니어링, 신학, 자연과학의 지원자의 40%대가 합격한다.

대부분의 학생들이 석사학위까지 연계된 프로그램에 합격하며 주전공에 부전공 한두 가지를 병행하는 과정이 보통이다. 졸업학점은 160학점 또는 180 학점인데, 학 학점은 한주 동안 풀타임 학습을 요하는 단위이다. 5년 이내 졸업을 목표로 하지만 대부분 6년 만에 졸업한다.

핀란드는 모든 대학이 국립이며, 교육부를 통해 지원되는 재원을 통해 운영된다. 대학 재원의 65% 정도가 정부지원이며 나머지는 연구나 봉사의 결과로 얻어지는 재원이다. 1994년 이래 재정 지원이 이원화되었는데 74%는 석사학위 또는 박사학위를 받을 학생 수에 따라 정해진다. 2.4%는 성과에 기반해서 지원되는데, 연구의 질, 학생의 학업 진전도, 노동시장에서 졸업생의 위치 등에 의해 차등 지원된다.

핀란드의 대학 학비는 무료이다. 1990년대부터 EU 바깥 나라의 유학생들에게 학비를 받자는 계획이 있지만 학생 노조의 반대로 실현되지 못하고 있다. 대학생들의 학생노조 가입은 의무이다.

영국

영국의 대학은 대개 다음 여섯 가지의 범주에 속한다.

① **고대 대학** 1800년 이전에 세워진 7개 대학으로 옥스퍼드와 캠브리지가 여기에 속함

② **19세기 대학** 런던대학, 더럼대학 등

③ **붉은 벽돌 대학** 20세기 초에서 1차 대전 사이에 산업도시에 세워진 시민civic 대학. 이전에 세워진 대학들이 신학이나 인문학Liberal Arts을 강조했다면 과학이나 공학 등 실용학문을 강조함

④ **유리벽 대학**plate glass universities 1966년 이후에 세워진 대학들로 과거에는 '새로운 대학new universities'이라 불림. 붉은 벽돌이 아닌 철골과 유리벽 등 현대식 건물로 지어진 대학들. 대학교육의 확산 과정에서 만들어짐

⑤ **개방 대학**The Open University 누구에게나 개방되는 원격교육대학

⑥ **신 대학**New Universities 1992년 존 메이져 정부시절 과거 폴리테크닉이었거나 2년제 칼리지였던 기관들 중 대학의 지위를 받은 대학들

이들 대학들 간의 조정을 담당하는 기관은 영국대학협의회Universities UK이다. 그리고 2개의 사립대학을 제외한 대부분의 영국 대학은 정부가 재정을 지원하는 대학이다.

영국 대학의 입학업무는 대부분 대학입학처UCAS: the Universities and Colleges Admissions Service에서 담당한다. 학생들은 대학입학처 홈페이지http://www.ucas.com/students에 접속하여 원하는 대학의 원하는 학과가 요구하는 최소요건, 학비, 학과조건 등의 정보를 참조한 뒤 정해진 절차에 따라 지원한다. 일부 대학은 별도의 시험을 요구하는데 그 시험 역시 대학입학처 홈페이지를 통해 신청할 수 있다. 이들 시험은 대부분이 능력소양시험이며 출제 및 관리는 각각 별도의 기관에서 담당한다. 최근 A-level에서 A나 A*를 받는 학생이 많음에 따라 많은 대학의 학과에서 별도의 시험을 요구한다.

학생이 대학입학처에 입학지원서를 제출하면 원서는 해당대학에 Online으로 송부된다. 해당대학은 자체 기준에 따라 합격 여부를 심사하며 그 결과 역시 대학입학처를 통해 통보된다. 옥스퍼드와 캠브리지, 그리고 치대, 의대, 수의대 등은 10월 초가 원서 마감이며 다른 대학들은 1월 15일이 마감이다.

영국의 대학진학율은 40%대인데, 최근에는 연간학비가 9,000파운드 까지 치솟으면서 학생들이 진학을 포기하거나 유학을 가면서 상위권 대학들에서도 미충원사태가 벌어지고 있다Paton & Bryant 2012. 그렇다 하더라도 입학자격을 충족하지 못하는 학생들을 입학시키지 않는다는 점이 특이하다.

미국

미국에는 4,200개의 칼리지, 대학, 2년제 칼리지가 있다. 졸업률은 4년내 졸업자가 36%, 6년내 졸업자가 57% 정도 된다. 성인 중 대학 학위자 비중이 세계 10위에 해당한다.

대학별 선발 기준은 다양하지만 입학 경쟁이 전반적으로 치열하지는 않다. 한 조사에 의하면 5개 대학 중 4개 대학이 지원자의 절반 이상을 합격시키며경쟁률 2대 1 이하, 학생 4명 중 3명이 자신이 지원한 첫 번째 대학에 합격한다고 한다. 입학시 고려 사항은 다음과 같다.

미국 대학 입학허가시 고려사항(순서대로)

- 1) 대학준비과정 성적(grades in college prep courses)
- 2) 교육과정의 우수성
- 3) 수능성적
- 4) 고교내신 평점
- 5) 에세이
- 6) 추천서
- 7) 과외활동
- 8) 학급석차
- 9) 학생의 관심사

출처: Kim Clark (November 15, 2010). 『8 Big Changes to College Admissions in 2010 and 2011』 US News.

그 밖에도 기회균등 선발, 유증자동문이나 가족관계 선발, 스포츠 우수자 선발 등의 방식이 있다. 아이비리그의 대학들은 이러한 학생들로 이루어진 특수학급special class 학생의 비중이 40%에 이른다. 기여입학은 알려진 바와는 달리 공식적으로 존재하지 않지만 잠재적 기부자가 될 수 있는 부유한 가정의 학생에게 가산점을 주는 경우가 일부 대학에서 발견된다.

대부분의 공립대학은 공식화된 기준을 사용한다. 경쟁적 사립대학을 비롯한 일부 대학에서는 총체적 전형을 사용하는 대학들도 있다. 예컨대 올해 캘리포니아 대학의 경우 수능과 내신지정한 과목의 성적을 결합해 지표를 만들어 입학자격조건을 정하였다. 그 대표적인 예가 〈표 6-3〉에 나타난 UC의 적격성 지표이다.

〈표 6-3〉 UC 적격성지표

내신	수능변환점수	내신	수능변환점수
3.00 – 3.04	263	3.70 – 3.74	225
3.05 – 3.09	261	3.75 – 3.79	221
3.10 – 3.14	259	3.80 – 3.84	217
3.15 – 3.19	256	3.85 – 3.89	214
3.20 – 3.24	254	3.90 – 3.94	210
3.25 – 3.29	252	3.95 – 3.99	206
3.30 – 3.34	249	4.00 – 4.04	202
3.35 – 3.39	246	4.05 – 4.09	198
3.40 – 3.44	244	4.10 – 4.14	193
3.45 – 3.49	241	4.15 – 4.19	189
3.50 – 3.54	238	4.20 – 4.24	184
3.55 – 3.59	234	4.25 – 4.29	180
3.60 – 3.64	231	4.30 – 4.34	175
3.65 – 3.69	228	4.35 이상	171

이상에서 보듯이 UC 입학자격조건을 얻는데 있어 내신이 높으면 수능이 낮아도 되고 수능이 높으면 내신이 낮아도 된다. 자격조건을 갖춘 학생은 UC 본부에 일괄 지원하며, UC 본부에서는 학생이 지원한 대학에 입학허가를 받지 못하면 자리가 비는 다른 대학에 학생을 배정한다. 경쟁자가 넘칠 경우 14가지의 요인을 고려하여 총체적 전형을 실시한다.

한편 총체적 전형의 경우 특히 일부 경쟁적 사립대학에서 선발 기준의 객관성에 많은 의문이 제기되고 있다. 2009년 입학담당관 한명이 처리해야 하는 평균 지원자 수가 514명이었으며 증가세에 있다. 입학지원서류를 꼼꼼히 검증하지 못해 예컨대 하버드의 경우 워렌 버핏 같은 우수 인재들도 탈락한 경우가 많다. 그러나 이들 대학이 중요시하는 가장 큰 고려사항은 대학을 다양한 개성을 가진 학생들로 구성하여 해당 대학의 독특한 특색을 만들어 내는 것이라고 한다. 다음 인용구를 참조할 필요가 있다.

"대학은 조화로운 학생이 아니라 조화로운 학급well-rounded class을 지향한다. 대학은 신입생의 학급을 하나의 모자이크로 꾸미고자 한다. 각각의 전공에 맞는 최고의 실력자, 운동선수, 음악가, 무용가, 연극 스타, 소수인종자 및 가계곤란자, 학생활동의 지도자가 될 친구들. 대학은 뭔가에 헌신할 수 있는 아이를 찾는다. 그들이 가장 자주 사용할 단어는 열정이다. Steve Cohen in the Washington Post, 2011."

일부 대학에서는 다양한 고려 사항을 결합한 수학적 공식을 만들어 사용하는 경우도 있다. 어떤 요인에 비중을 두는지는 대학마다 다르다. 합격 통보는 다양한 방식으로 하는데 다트머스 대학은 'A' accept, 'R' reject, 'P' possible,P+, P- 의 방식을 사용한다. 그리고 미국의 대학들은 한국이나 유럽의 대학들과는 달리 학과별 선발을 하지 않고 대학 전체 선발을 한다는 점에 유의할 필요가 있다. 편입학자의 비중은 20~60%에 이른다.

3. 주요 선진국의 사례를 통해 본 대입제도의 세 가지 대안

각국의 대입제도 비교요약

이상에서 살펴본 주요 선진국의 대입제도를 한국의 대입제도와 비교하면 〈표 6-4〉와 같이 정리할 수 있다.

〈표 6-4〉 주요국 대입제도의 특징

<table>
<tr><th colspan="2">특징</th><th>한국</th><th>프랑스</th><th>독일</th><th>영국</th><th>핀란드</th><th>미국</th></tr>
<tr><td rowspan="5">입학
시험</td><td>명칭</td><td>수능
+대학별 시험</td><td>바칼로레아</td><td>아비투어</td><td>A-level
성적
(시험포함)</td><td>아비투어
+본고사</td><td>SAT, ACT</td></tr>
<tr><td>특징</td><td>표준
성취시험
+논술
+구술</td><td>논술형
(구술 포함)</td><td>논술형</td><td>논술형
(능력시험)</td><td>논술형</td><td>표준화된
능력시험</td></tr>
<tr><td>점수
산출
방식</td><td>원점수,
표준점수,
백분위,
등급</td><td>등급점수</td><td>등급점수</td><td>등급평점</td><td>등급점수</td><td>원점수,
변환점수</td></tr>
<tr><td>당락
결정
방법</td><td>학생개인별
변별</td><td>입학자격</td><td>입학자격</td><td>입학자격</td><td>학생개인별
변별</td><td>입학자격
또는
참고자료</td></tr>
<tr><td>합격율</td><td>해당없음</td><td>높음</td><td>낮음</td><td>보통</td><td>낮음</td><td>해당없음</td></tr>
</table>

특징		한국	프랑스	독일	영국	핀란드	미국
내신	등급수	9등급	20점 기준 6등급	6등급 (15점으로 환산됨)	6등급	7등급	5등급
	산출 방식	상대평가	절대평가	절대평가	절대평가	절대평가	절대평가
	비중	낮음	비교적 높음	비교적 높음	비교적 높음 A-level 입학은 내신만으로	보통	아주 높음
대학준비과정		없음	그랑제꼴 준비반	없음	있음	없음	고교내 AP
입시경쟁		아주 높음	그랑제꼴의 경우 높음	비교적 높음	비교적 높음	높음	상위 10%는 아주 높음
고교교육 영향		아주 높음	미미함	미미함	미미함	미미함	미미함
기회균등선발		있음	거의 없음	있음	거의 없음	의대, 법대입학시 스웨덴어 사용자 할당제	있음
대학교육 대중화 정도		아주 높음	보통	낮음	보통	낮음	높음
대학서열화 정도		아주 높음	낮음	낮음 (학과서열 존재)	보통	낮음 (학과서열 존재)	높은 편

이상의 표를 통한 비교를 볼 때, 내신과 시험이 어느 나라에 있어서나 가장 중요한 입학 전형 자료라 할 수 있다.

내신과 입시의 관계에 있어서 볼 때 한국은 미국형과 가장 가깝다. 표준화된 시험과 내신이 별도로 존재하는 체제라는 점에서이다. 그러나 미국의 경우 시험과 내신이 상호보완적인 역할을 하지만 한국의 경우 입학시험의 비중이 강하며 그렇기 때문에 내신은 오히려 수험생에게 부담으로 작용하고 있다. 그러나 미국의 경우 내신의 비중이 가장 높으며, 수능은 내신이 낮은 학생들 중에 학습 능력이 있는 학생을 골라내는 장치로서 작용한다.

반면 유럽 국가들의 경우 내신과 입학시험이 연계되어 있다. 극단적인 형태가 영국의 A-level이라 할 수 있다. 대입준비과정 자체가 입시이므로 입시가 내신에 종속되어 있는 형태라 할 수 있다. 물론 비중은 교사의 수업과정 속에서 산출되는 성적내신의 비중이 높다. 프랑스의 바칼로레아 역시 내신과 입시의 연계가 강하다. 교과의 내신 성적과 시험 성적이 함께 고려되기 때문이다. 독일이나 핀란드의 아비투어도 과목별로 선택하여 치러지며 내신 성적과 연계된다는 점에서 입시와 내신의 연계가 강하지만, 평점평균이 함께 고려된다는 점에서 시험과 내신의 종속성이 상대적으로 약하다.

내신에 대한 불신은 내신의 비중이 높은 나라에서 발생한다. 즉 영국과 미국이 그 경우인데, 이때 시험이 그 보완작용을 한다. 미국의 경우 SAT나 ACT가 내신 격차의 보완작용을 하며, 영국의 경우 많은 학과에서 능력시험Aptitude Test을 추가로 요구하고 있다. 다른 나라들의 경우도 시험과 내신은 서로 상보작용을 한다. 핀란드의 경우는 본고사도 치르지만 내신이나 자격시험과 함께 고려된다. 그 가장 중요한 이유는 내신, 자격시험, 본고사 중 어떤 요인이 학생의 대학수학능력을 잘 설명해주는지는 학과 또는 전공에 따라 달라질 수 있기 때문이다(Häkkinen, 2004). 결국 내신과 시험이 함께 고려될 때 대학수학능력에 대한 설명력도 그만큼 높아진다. 다만 내신과 시험은 상호 보완적인 것일 때 소기의 효과를 거둘 수 있다는 점에 유의할 필요가 있다.

총체적 전형에 의한 선발은 유럽특히 대륙국가의 경우는 발견되지 않으며 미국이나 한국 등에서 발견되는 제도이다. 제5장에서도 살펴보았듯이 총체적 선발은 다양한 목적을 가지고 있다. 객관적 자료를 통한 변별이 불가능한 지원자들 가운데 적격자를 골라내는 목적, 대학 고유의 특색에 맞추어 신입생을 구성하려는 목적, 객관적 자료에서 불리한 신입생에게 기회를 주려는 목적 등이 그것이다. 한편 유럽의 경우 총체적 전형을 사용하지 않는다. 총체적 전형을 활용하지 않아도 기회균등이 보장되기 때문이다. 우선 대학교육을 받지 않아도 직업별 소득에 있어서 격차가 심하지 않기 때문에 대학교육을 통한 계층 상승의 요구가 크지 않다. 또 대학간 균형 발전을 통해 어느 지역의 대학을 다녀도 양질의 교육을 받을 수 있기 때문에 어느 대학을 나왔는지가 계층 상승에 유리하게 작용하는 사회적 프로세스가 크게 작용하지 않는다.

대안적 대입체제의 기본 방향

대안적 입시제도의 도입 방안을 제시하기 전해 분명히 할 점은 표준성취시험을 중심으로 하는 현행 입시체제가 해체되지 않고서는 어떠한 입시 대안도 성공할 수 없다는 점이다. 즉 다음에서 제시되는 입시 대안은 현행 수능 및 각종 형태의 본고사를 폐지한다는 전제하에서 이루어지는 입시제도 개혁 방안이다.

대안적 입시의 구체적인 내용을 밝히기 전해 대안적 입시제도가 갖추어야 할 기본 조건에 대한 합의가 중요하다. 선진국의 사례를 참조할 때 대안적 입시제도는 다음과 같은 특징을 갖추어야 한다고 본다.

첫째, 학생이 준비하는 입학전형자료의 숫자가 최소화되어야 한다.

둘째, 고교교육을 통해 자연스럽게 산출되는 입학전형자료를 활용해야 한다.

셋째, 내신과 입학시험이 상호 보완적이어야 한다.

넷째, 대학교육의 신뢰가 수반되어야 한다교육의 질 상향 평준화 및 엄정한 학사 관리.

다섯째, 대학입시의 결과가 계층간·인종간·지역간 불평등을 완화시키는 것이어야 한다.

대안적 입시제도의 유형화 및 유형별 입시 시행방안

선진국의 사례를 통해 볼 때 대안적 입시제도는 다음과 같이 유형화될 수 있다. 각각의 유형은 일종의 이념형ideal types으로 각각의 유형이 가진 특징을 현실 상황에 맞게 적용하여 구체적인 안을 만들고 사회적 지지가 높은 안을 선택할 필요가 있다. 각각의 안이 실제 입시안으로 채택되었을 때 어떠한 모습을 띨 수 있을지 다음과 같이 제시하여 보았다. 유의할 점은 어떤 유형이 선택되더라도 입학전형 자료의 숫자가 2개를 넘어서는 안된다.

• 능력시험 + 내신형미국형

(1) 입학시험능력시험형 수능

입학시험은 능력시험형 수능으로 고등학교교육과정에 대한 학습이 없어도 추론능력이나, 어휘력, 수학적 추론 능력 등을 가지면 풀 수 있는 문항들로 구성된다. 한국의 현재 수능이 선행지식을 요구하는 반면 능력시험은 최소한의 선행지식으로 치를 수 있는 지능검사형 시험이다. 영역은 크게 언어 영역, 외국어영어 영역, 수리 영역, 작문 네 영역으로 구성된다. 각 영역별 시험의 내용은 다음과 같다.

· 언어 영역

언어 영역의 경우 어휘력, 문장이해력, 문장활용력, 자료로부터 결론을 이끌어 내는 추론 능력 등을 측정한다. 문항의 예시문은 문학, 사회과학, 자연과학 등에서 다양하게 추출되는 것으로 고교 교과서의 내용과 관련된 것들을 사용할 수도 있다. 그러나 선행지식의 유무와 무관하게 기초학습기능, 즉 읽기 능력, 쓰기 능력, 비판적 사고력, 추론 능력 등을 갖추면 충분히 풀 수 있는 문항들로 구성된다. 어휘력에서 높은 점수를 얻으려면 평소에 책을 많이 읽어야 한다.

· 외국어영어

외국어는 사실상 영어 영역으로 매년 한정된 시간 및 공간적 제약하에서 출제되는 수능보다 이미 개발된 외국어 활용능력 시험예컨대 TEPS 등이 객관적인 측정 도구임이 밝혀지고 있다. 이에 이미 개발된 영어활용능력 시험으로 대체한다.

· 수리영역

수리 영역은 미국 SAT의 경우와 마찬가지로 우리나라 중학교 3학년 수준의 수학적 지식 및 기능을 활용하되 문제 풀이 능력보다는 수리적 추론 능력을 측정하는 시험 문항이 출제된다.

· 작문선택

작문은 표준화된 문항과 주어진 주제에 대해 서술하는 논술형 시험으로 구성된다. 채점은 2명의 채점자의 평균을 활용한다. 채점자간 점수차가 일정 범위를 초과하면 제3의 채점자가 다시 채점하고 가장 일치하는 두 사람을 골라 채점결과의 평균을 활용한다. 작문을 대입에 반영할 것인지의 여부는 각 대학의 자율로 정한다.

· 점수 부여 방식

문항별 난이도에 따라 차별화된 점수가 부여된다. 과목별 총점예: 500점은 원점수를 활용한다.

· 문항개발 및 관리

도입 초기에는 현재와 같이 집중작업을 통한 방식으로 출제하며, 장기적으로는 문제은행 방식으로 관리한다.

· 시험 시기

시험은 적어도 일년에 4회 이상 시행되며 한 학생이 여러 번 치를 수 있다. 1~2학년 학생들도 시험을 볼 수 있다. 학생은 최근 2년 이내에 자신이 받은 최고 점수를 제출할 수 있다.

(2) 내신

· 절대평가

내신을 상대평가화하는 것은 교육의 본질에 부합하지도 않으며 지나친 경쟁 유발로 인해 내신 자체를 수험생이 부담스러워하는 결과를 빚을 수도 있다. 따라서 A,B,C,D,F또는 수, 우, 미, 양, 가 5등급으로 절대평가한다.

· 학점인플레이션 문제

내신에 대한 불신의 가장 중요한 근거가 학점 인플레이션이다. 학점 인플레이션을 방지하는 방법은 학교내 계열별 과목 석차평점평균 석차를 활용하는 방안이 2008년 대입에서부터 제시된 바 있다. 그러나 보다 근본적인 차원에서 교육의 상향평준화를 위해서는 과목별로 표준성취 수준을 제시할 필요가 있다. 이 부분은 교육과정 개혁과 맞물려 있어서 다음 장에서 보다 자세히 다루겠지만 예컨대 경제 과목에 대해서 고교 졸업생이 알아야 할 주요 경제 개념과 원리, 경제학적 사고기능을 열거하고 이러한 개념, 원리와 기능의 90% 이상을 이해·습득한 학생에게는 A, 80% 이상을 습득한 학생에게는 B, 70% C, 60%, D, 60% 미만은 F를 부여하는 방식을 택한다.

아울러 학교별로 일정수의 학생을 표집하여 학력검증을 하고 그 결과 학력 인플레가 발생한 고교를 고시하여 대학에서 참고할 수 있도록 한다.

· 내신점수 산출 방법

내신 총점은 5개 영역국어, 영어, 수학, 사회, 과학에서 수강한 과목의 평점평균으로 제시되며 대학별·학과별로 2개 영역, 2개 과목의 성적을 별도로 요구할 수 있다.

· 내신에 포함되지 않는 과목

내신에 포함되지 않는 과목은 주로 기능과 관련이 있는 과목이다. 다만 내신에 포함되지 않을 경우 해당 교과나 과목을 소홀이 할 여지가 있으므로 5등급으로 매겨지는 등급평점 이외에 Pass/Unpass제 방식의 졸업 자격을 부과할 필요가 있다. 즉 각 과목별로 요구하는 기본적 기능을 열거하고 일정한 수준에 이르지 못할 경우 졸업 자격을 부여하지 않는다. 예컨대 예체능교과의 경우 기본적 기능 몇가지와 1인 1스포츠 및 1예능악기나 미술을 선택하여 여기에서 일정한 수준에 이르지 못할 경우 졸업자격을 얻지 못하게 한다. 한편 예체능 분야의 지원자는 대학별로 별도의 실기시험을 치른다.

(3) 내신과 수능 점수 반영 방법자격화

이상의 방식으로 제시되는 수능 점수와 내신 평점은 서열적 당락의 자료로 활용되기 어렵다. 수능의 경우 보통의 능력시험Aptitude Test의 경우가 그러하듯이 수십점 이상의 오차 범위가 존재할 수밖에 없기 때문이다. 또 평점 평균도 전반적인 경향을 파악하는 데는 도움이 되지만 0.1~0.2점의 차이가 능력의 차이라고 말할 수는 없다. 따라서 각 대학별로 사전에 지원 자격을 제시하는 방법을 활용할 수 있다. 예컨대 A 대학의 경우 능력시험 1,500/2,000, 내신 평점 3.5를 제시하며, 학과에 따라 원하는 영역이나 과목의 성적을 4.0

으로 제시할 수 있다. 석차를 고려할 경우, 수능 상위 몇 %, 또는 고교내신 순위 상위 몇%와 같은 방식으로 지원자격을 제시할 수 있다.

(4) 학생 모집 및 선발 방법

· 선발방법

대학별 선발을 원칙으로 하지만 국립대학의 경우 특성별예: 거점대, 교대, 과기대 또는 학과별예: 경영대, 수의대, 사범대로 연합체제를 구성하여 공동선발하는 것을 고려할 수 있다. 이와 같은 대학 네트워크에 일정한 조건을 갖춘 사립대학이 참여한다. 네트워크별로 공통의 입학자격기준을 제시할 수 있으며 조건을 충족하는 학생을 모두 합격시킨다. 입학기준은 정원의 90% 수준을 고려하여 정하며 부족한 정원은 편입학으로 충원한다. 원하는 대학에 한해 입시 없이 입학하는 개방입학제를 허용한다.

· 지원방법

네트워크에 지원하는 학생은 원하는 대학의 순위를 적어 최대 3개의 대학에 지원할 수 있다. 원하는 대학에 입학하지 못할 때 차선을 배정받을 수 있으며 차선에 입학을 원하지 않을 경우는 재수를 하거나 다른 대학에 지원해야 한다.

· 특별전형

해당 고교 내신 순위 상위 10%에 들거나 능력시험 상위 10%에 드는 학생들은 원하는 대학에 자동입학자격을 부여한다. 또 대학이나 네트워크에서 정한 기준을 충족하는 사회적 소수자들 역시 특별 전형으로 선발한다. 이들 역시 원하는 대학을 3순위까지 지정할 수 있으며, 차선을 선택하여야 한다.

• 입학 자격고사 + 내신결합형프랑스 및 북유럽형

(1) 입학자격고사

· 시험 과목

입학자격고사는 4개 분야국어, 수학, 사회, 과학에 속하는 모든 과목에서 출제된다. 예를 들어 사회 분야에는 경제, 정치, 사회·문화, 근현대사, 국사, 한국지리, 세계지리 등 다양한 과목이 있으며 과목별로 출제된다. 그러나 학생은 분야별로 1~2과목, 총 네 과목만을 선택하여 치른다. 영어는 별도의 시험 없이 이미 개발된 영어활용능력시험예: TEPS의 결과를 제출한다. 어느 분야에서 추가로 한 과목을 선택할지는 학생이 지원하는 전공 분야와 관련하여 선택한다.

· 시험 시기

시험은 매년 10월에 연중 1회 시행된다. 시험은 하루에 마치며 모든 지원학생이 한꺼번에 치른다.

· 시험 문항

입학자격고사는 논술형 시험으로 각 과목별로 20~30분 정도에 걸쳐서 읽을 수 있는 자료문학작품이나 사회과학 서적의 일부, 실험자료나 통계자료 등를 주고 그 자료에 근거하여 출제된 문항에 대해 자신의 주장을 논술하거나 수학적 풀이, 과학적 설명 등을 제시하는 방식이다. 읽기 자료가 주어지기 때문에 암기나 반복학습 등의 준비가 필요 없으며 평소에 책을 많이 읽고 자신의 주장을 펼 수 있거나 수학적·과학적 사고를 기르는 훈련이 필요하다는 점에서 고교 교육의 정상화를 가져 올 수 있다. 문항 수는 과목당 1~3문항 정도로 한정한다.

· 시험 시행 방법

시험은 오전과 오후에 두 과목씩 과목당 2시간에 걸쳐 치러진다. 오전과 오후에 치르는 과목을 구분하고 오전과 오후에 해당하는 모든 과목의 시험지를 배치한다. 학생은 자신이 선택한 과목의 시험지와 읽기자료를 배부 받고 문제에 답한다.

· 채점

채점은 2명의 채점자가 채점한 결과의 평균을 원점수로 하여 이를 5등급90점 이상 A, 89~80점 B, 79~70 C, 69~60, D, 60점 미만 F으로 구분하여 제시한다. 2명의 채점자 간에 원점수의 차이가 일정 범위를 넘을 경우 제3의 채점자가 채점하여 세 사람 가운데 가장 점수가 근접한 두사람의 평균점수를 원점수로 하여 이를 다시 등급화한다. 출제 및 채점의 관리는 고등학교 교사들이 담당하며 모든 수험생들의 출제, 시험, 채점을 전국의 시도교육청이 연합하여 중앙 관리한다.

(2) 내신 점수

· 전과목 평점 평균

내신 점수는 학생이 5개 분야에서 수강한 모든 과목의 평점 평균에 가중치를 부여해 점수화한다. 전 과목평점평균은 총점의 70%를 만점으로 하여 점수화한다.

· 입학시험 평점 평균

학생이 입학자격시험과목의 평점평균은 총점의 30%를 만점으로 하여 점수화한다.

· 학점 인플레이션 방지

내신의 학점 인플레이션을 방지하기 위해 앞의 방법과 동일하게 계열별 과목석차와 함께 과목별 표준성취 수준을 제시한다. 아울러 학교별로 일정수의 학생을 표집하여 학력검증을 하고 그 결과 학력 인플레가 발생한 고교를 고시하여 대학에서 참고할 수 있도록 한다. 한편 내신이 입학자격시험과 결합되기 때문에 내신과 수능이 별도로 제시되는 미국형에 비해 학점인플레이션의 부분적 조정 효과가 기대된다.

· 내신에 포함되지 않는 과목

앞의 방법과 동일하게 역시 Pass/Unpass 방식으로 과목별 졸업요건을 충족하게 한다. 예체능 분야의 지원자는 대학별로 별도의 실기시험을 치른다.

(3) 학생 모집 및 선발방법

· 선발방법

학생 선발 방식 역시 대학별, 네트워크별대학 특성별, 전공별로 입학자격조건을 입학자격점수 총점의 형태로 제시하며 학과별로는 과목별 최저점을 제시할 수 있다. 입학자격점수 총점은 전과목 평점평균 및 입학자격시험 평점평균을 각각의 비율대로 합산한 결과로 제시한다. 입학자격조건 역시 네트워크 또는 대학별로 입학 정원의 90% 수준을 고려하여 설정된다.

· 지원 방법

네트워크에 지원하는 학생은 원하는 대학의 순위를 적어 최대 3개의 대학에 지원할 수 있다. 원하는 대학에 입학하지 못할 때 차선을 배정받을 수 있으며 차선에 입학을 원하지 않을 경우는 재수를 하거나 다른 대학에 지원해야 한다.

· 특별전형

해당 고교 내신 순위 상위 10%에 드는 학생들은 시험 없이 원하는 대학에 자동입학자격을 부여한다. 또 대학이나 네트워크에서 정한 기준을 충족하는 사회적 소수자들 역시 조기 전형으로 선발한다. 이들 역시 앞의 방법과 마찬가지로 원하는 대학을 3순위까지 지정할 수 있다.

• 대입준비과정기초교양대학 성적을 통한 선발영국형

(1) 대입준비과정기초교양대학의 설치 및 운영

· 기초교양대학의 설치

기초교양대학은 현재 고등학교 3학년과 대학교 1학년 과정의 학생이 입학하여 고교과정과 대학 기초과정이 연계되는 기초 교양 과목을 중심으로 한 수업을 듣는 기관이다. 대학교육의 기초과정을 수강하여 그 성적으로 대입 여부가 결정되기 때문에 대학교육의 예측 타당도가 높은 대입제도라 할 수 있다.

· 학제의 변경

기초교양대학제가 도입되면 대학교육은 3년제로 줄어든다. 고교교육 역시 3년제에서 2~3년제로 바뀐다. 기초교양대학에 입학하는 학생들은 2년과정을 마치고 기초교양대학에 입학하며, 입학하지 않은 학생들은 3년을 마칠 수 있다.

· 대학의 이원화

대학은 일반대, 특수목적대과기대, 교대 등, 기술대학전문대, 폴리텍 포함 등으로 구분될 수 있는데 기초교양대학을 마치고 바로 입학할 수 있는 대학은 일반대와 특수목적대이다. 기초교양대학에 입학하지 않는 학생은 기술대학에 입학하거나 남아서 3학년 과정을 마치고 고등학교 졸업자격증을 받아 직업 활동에 참여할 수 있다.

· 기초교양대학의 운영

기초교양대학에 학생들이 입학함에 따라 여유 공간이 고등학교나 대학 쪽에 발생하므로 고등학교 건물을 활용하거나 대학의 건물을 활용하여 기초교양대학으로 활용한다. 기초교양대학의 교수는 학위를 소지한 교사들이나 대학교수자원 풀을 활용한다.

(2) 기초교양대학의 입학 및 졸업

· 입학

기초교양대학의 입학은 고교 2년간의 성적을 고려하여 일정한 성적 기준예: 평점 평균 3.0이 되는 학생들에게 입학 자격조건을 부여한다. 이 경우에 있어서도 고교성적은 국어, 영어, 수학, 사회, 과학 분야의 평점으로 계산되며 나머지 과목은 Pass/Unpass제를 통해 졸업자격으로 제시한다. 한편 일정한 기준을 충족하는 사회적 소수자에게는 더 낮은 성적으로도 입학할 수 있는 자격을 부여한다.

· 교육과정

기초교양대학의 과목은 분야별 대학의 기초원론과목들로 구성되며 이들은 몇 개의 계열로 나뉜다예: 인문, 사회, 자연, 실용, 예술. 기초교양 대학 처음 1년 동안 각각의 분야별로 최소 1~2과목, 전체 열두 과목을 수강한다. 2학년은 향후 선택할 전공에 따라 각 대학에서 요구하는 과목의 조합을 고려하여 10~12과목을 수강한다. 졸업 이수학점은 72학점을 넘지 않는다. 과목별로 교육과정에서 요구되는 필수 학습요소를 제시하고 평가에 이러한 필수학습요소가 반드시 반영되도록 표준화한다.

· 과목별 성적

성적은 담당 교사에 의해 평점화되어 제시되며 절대평가한다. 학점 인플레가 발생하는 대학은 표집 학생에 대한 학력검증을 통해 인플레 정도를 고시한다.

· 대입자격시험

각 대학 및 전공별로 네 개의 과목을 지정하며, 그 과목에 대해 대학입학자격시험을 치르게 한다. 대학입학자격시험은 앞의 방식과 마찬가지로 9월 초순에 과목별 읽기자료에 근거한 논술형 시험 방식으로 치러진다. 채점 역시 2명의 채점자간 평균점수를 등급화한다. 영어 시험은 기존에 개발된 영어능력활용시험으로 대체한다.

(3) 총점 계산 및 학생 선발

· 입학자격점수의 산출

개인별 점수는 전과목 평점평균 40%, 요구과목 평점평균 30%, 입학자격시험 성적 30%와 같은 구성의 합계 점수를 사용한다. 대학별·네트워크별로 최소 점수를 제시한다. 경우에 따라 학과별로 최소 기준을 제공할 수 있다.

· 대입지원

대입지원은 중앙관리대교협 등를 통해 이루어진다. 학생들은 기초교양대학의 1학년을 마치는 시기에 입학관리국의 홈페이지에 접속하여 원하는 대학의 요구 조건이수 과목 및 성적 등을 확인한 뒤 2학년에 이 과목을 중심으로 수강하며 10월 초에 요구과목별 입학자격시험을 치른다. 입학자격시험의 예상점수와 요구 과목 점수, 평점평균 등을 고려하여 입학관리국의 홈페이지를 통하여 원하는 대학에 지원한다. 네트워크에 지원하는 학생들은 3순위 지원을 할 수 있다.

· 전형 종류

일반전형을 중심으로 하며 사회적 소수자를 배려하는 전형은 대학이나 네트워크가 정한 바에 따라 실시된다.

• 세 가지 대입 유형의 비교

〈표 6-5〉는 이상에서 소개한 세 가지 대입 유형을 현행 대입제도와 비교한 것이다.

〈표 6-5〉 대안적 대입제도와 현행 제도의 비교

기준		제1유형 (미국형)	제2유형 (유럽형)	제3유형 (영국형)	한국
시험	종류	표준능력시험	사고력 측정형 논술시험 (읽기자료제시)	사고력 측정형 논술시험 (읽기자료제시)	표준성취시험본고사형논술 및 구술적성시험
	선행지식요구	최소	적정	적정	많음
	시험 과목	언어, 수리, 작문(선택)영어는 공인시험	국어,수학,사회,과학에서 각 1 과목	대학에서 요구하는 과목별 시험	수능(기초,탐구,제2외국어)대학별, 전형방법별로 반영과목 다양함
	시험점수	원점수(절대평가)	과목별 평점 및 환산점수 (절대평가)	과목별 평점 및 환산점수 (절대평가)	표준점수 (상대평가)
	출제채점관리	평가원	고교 교사	교양대학	평가원, 대교협, 대학
내신	형태	평점등급(학점)	평점등급(학점)	평점등급(학점)	등급
	산출방법	다양한 형태의 수시시험	다양한 형태의 수시시험	다양한 형태의 수시시험	일제고사
	반영과목	전과목 평균(국영수사과)대학별 요구과목성적	전과목 평균(국영수사과)대학별 요구과목 성적	대학별 요구과목 성적(교양대학 입학시는 전과목 평균)	대학별로 다름
	기타과목	Pass/Unpass	Pass/Unpass	Pass/Unpass	별도 관리 없음
	반영방법	대학별 또는 네트워크별로 최저 기준 제시	대학별 또는 네트워크별로 최저 기준 제시	대학별 또는 네트워크별로 최저 기준 제시	점수에 따른 당락
	시험과의 관계	별도로 입학자격 제시 (예: 내신 3.0, 능력 시험 1500점)	시험성적과 합산 (내신 70%)	시험성적과 합산 (내신 70%)	보조적
전형 종류		내신·수능우수자전형+일반전형+기회균등전형	내신우수자전형+일반전형+기회균등전형	일반전형+기회균등전형	수시(복수)+입학사정관(복수)+정시

표에서 보듯이 한국의 대입체제는 대안적 대입체제에 비해 입학전형의 수도 많을 뿐더러 선행지식의 암기를 요구하는 표준성취시험에 기반하고 있다는 점에서 여타의 모형들과 구별된다

제7장

초·중등교육 정상화의 조건과 방향

요즘 우리 사회에서 많이 사용되는 용어 중 하나가 '정상화'이다. 교육을 정상화한다는 것은 원래 정상적인 상태에 있었던 교육이 일부 장애요인에 의해 비정상화되어 있었다는 것을 전제로 한다. 초·중등교육 정상화 역시 비정상화를 초래한 장애요인을 제거하는 데서부터 시작될 수 있다. 다음에서는 대한민국 초·중등교육의 비정상화를 초래한 장애요인을 크게 입시 문제와 이로부터 파생된 비효율적 교육과정 운영의 문제로 보고 이러한 문제를 해소하기 위해서는 입시와 초·중등교육에서 표준성취시험의 제거가 중요함을 설명하고자 한다. 이때 표준성취시험이란 모든 학생들을 대상으로 과거에 학습한 지식수준을 폐쇄형 문항을 통해 측정하는 시험을 말한다. 표준성취시험은 학력고사, 수학능력시험, 중간고사, 기말고사, 일제고사 등 다양한 이름으로 한국의 교육을 지배해 왔으며 황폐화시킨 주범이라 할 수 있다.

물론 이러한 장애요인을 제거한다고 해서 초·중등교육이 정상적으로 회복될 수 있을지는 불분명하다. 이는 한국의 교육이 입시나 표준성취시험으로부터 독립적으로 운용되어 본 경험이 거의 없다는 점에서 특히 문제가 된다. 따라서 초·중등교육 정상화는 백지에 새롭게 그림을 그려가는 작업이 될 수밖에 없다. 결국 정상적이라 여기는 초·중등교육의 모습을 만들어 가는 것은 초·중등교육을 담당하는 사람들의 몫이다. 이러한 측면에서 볼 때, 초·중등교육의 정상화 시나리오는 두 가지 측면에서 계획될 수 있다.

첫째, 단위학교의 교사와 행정가들이 다양한 실험적 실천을 통해 혁신사례를 만들고 이를 확산해 가는 과정을 통해 한국적인 초·중등교육의 특징을 만들어가는 것이다. 진보교육감들을 중심으로 추진되고 있는 혁신학교의 사례가 이러한 방식의 초·중등교육 정상화 방안과 무관하지 않다. 아래로부터 혁신은 자발적 참여를 유도할 수 있으며 진정한 의미의 개혁을 이끌어낼 수 있다는 점에서 이러한 방식의 정상화가 의의가 있다고 할 수 있다.

그러나 입시가 해체된 상황에서 혁신을 통해 새로운 교육관행을 만들어 가기까지 상당한 시일이 소요될 수밖에 없으며 따라서 현장에서 겪게 될 혼란이 클 수밖에 없다. 무엇이 과거의 관행이고 무엇이 새롭게 나아가야 할 방향인지에 대한 나름대로 나침반이 필요하다. 또 새로운 제도에 맞는 교육과정도 필요하고 교과서도 필요하다. 결국 이러한 기준은 기존의 교육학적 연구 성과를 활용하고 세계적 교육의 추세를 참조하는 가운데 마련될 수밖에 없다. 위로부터 개혁 역시 필요한 셈이다. 다음에서는 입시와 표준성취시험이 해체된 상황에서 한국 교육이 나아가야 할 '정상적인 모습'은 무엇인지를 최소한으로 제시하였다.

1. 왜 표준성취시험이 문제인가?

앞 장에서도 언급했듯이 표준성취시험은 다양한 형태로 대한민국의 교육을 지배해 왔다. 학력고사, 예비고사, 수능과 같은 대학입학시험뿐 아니라 중간고사, 기말고사의 형태로 치러지는 일제고사 역시 표준성취시험의 하나이다.

표준성취시험은 정답 수시험점수를 통해 학생을 비교·변별하는 것을 목적으로 하므로 비교·변별의 기준이 명확할 필요가 있다. 즉 알아야 할 지식이나 기능의 범위와 수준이 미리 정해져야 하며, 오답과 정답의 구분이 명확해야 한다. 이러한 표준성취시험의 본질적 특성상 몇 가지 심각한 부작용이 생길 수밖에 없다. 첫째, 알아야 할 지식·기능의 범위와 수준이 미리 정해지기 때문에 학습의 범위, 나아가 학교교육의 범위가 이른바 시험 범위에 한정된다. 폭넓게 학습할 기회가 없어질뿐더러 학교교육과정 운영이 시험범위 내의 지식 전달 활동으로 한정된다. 둘째, 정답이 있는 문제만 출제되기 때문에 수렴적 사고만 익히고 창의력과 문제 해결력을 요구하는 확산적 사고를 경험할 수 없게 된다. 셋째, 주어진 범위와 수준 내에서 보다 많은 정답을 맞히는 경쟁을 하게 됨으로써 반복과 연습 등 단순한 학습기능에 의존하게 되며, 들이는 노력에 비해 학습의 폭과 깊이가 좁고 얕다. 넷째, 시험 범위가 정해진다는 점에서 시험 성적이 시험 준비에 투자되는 시간과 노력에 의해 좌우될 가능성이 높아지며 이로 인해 시험 준비에 보다 많은 시간과 노력을 투입하기 위한 경쟁이 과도하게 유발된다. 다섯째, 시험이 지식의 이해 여부만을 측정하므로 시험 준비에 조력을 얻는 것이 용이해지며, 사교육의 효과가 비교적 크다.

결국 우수한 학생들은 정해진 수준의 문제 풀이에 자신의 지적 역량을 허비하여 창의적 영재로 발전하는 기회를 잃어버리고, 기초학습부진 학생 역시 자신의 수준에 맞는 학습 기회를 얻지 못한 채 경쟁의 낙오자로 낙인찍히는 결과를 초래하는 것이 표준성취시험의 폐해라 할 수 있다. 또 다른 연구에 의하면 표준성취시험이 중간층 학생의 학력 향상에는 유리하게 작용하지만 성적이 우수하거나 성적이 낮은 학생들의 학력 향상에는 부정적 영향을 미친다고 한다(Meier et al. 2004). 이런 이유로 미국에서는 오히려 중산층 거주 공립학교나 사립학교에서 이 시험을 회피한다고 한다.

2. 현행 초·중등교육의 문제점

조기 과열 입시경쟁 및 선행학습

수능도 내신도 모두 표준성취시험의 결과로 성적이 매겨지므로 한국의 학교에서 성공하려면 '시험만 잘 보면 된다'. 이렇듯 성공의 기준이 명확하기 때문에 너도나도 아주 어린 나이에서부터 미리미리 준비를 한다. 입시경쟁에서 한 걸음이라도 앞서기 위해 초등학교에 입학하기도 전에 이미 한글과 구구단을 학습하는 경우를 당연시 여기며 초등학교 교사들도 이를 전제로 하고 학습 진도를 유지한다. 심지어 한글도 떼기 전에 영어를 동시에 학습한다. 이중 언어에 관한 많은 연구에서 조기 이중 언어 교육이 자칫 언어 장애를 유발할 수 있다는 점을 경고하고 있지만, 원어민을 고용하여 영어를 전용으로 사용하게 하는 사설 유치원은 그 비용이 상상을 초월할 정도로 비싸다. 이렇듯 사교육 경쟁은 아주 어린 나이에서 시작된다. 이 모든 것이 수능과 내신에서 시험을 잘 보기 위해서이다.

사교육을 통한 조기 과열경쟁은 선행학습을 유발한다. 미리 공부해 두면 나중에 경쟁에서 유리할 것이라는 잘못된 믿음 때문이다. 그러나 정작 선행학습은 깊이 있는 학습을 방해한다. 인지심리학적 연구에 따르면 최초의 학습이 피상적으로 이루어지면shallow processed learning, 장차 이 내용에 대한 깊이 있는 학습deep processed learning을 방해한다고 한다(Bruning et al 1995, 95~96). 발달단계에 맞지 않는 선행학습은 피상적 학습을 초래하고 이때 만들어진 선행지식은 반복 학습 시 이 부분에 대한 깊이 있는 이해를 방해한다는 것이다.

그럼에도 불구하고 선행학습을 '꼭 해야만 하는 이유'는 선행학습이 학교 시험을 통해 공식적으로 조장되기 때문이다. 학교에서 중간고사, 기말고사의 형태로 치러지는 일제고사를 통해 학생을 서열화하기 위해서는 변별력을 강조할 수밖에 없다. 그러나 이미 상당수의 학생들이 학원을 통해 과열 경쟁을 하고 있는 상태에서 정해진 학습 진도 범위에서 출제하면 변별력을 키우기 어렵다. 이에 교사들은 어쩔 수 없이 고학년에서 다루는 수준의 문제를 출제하고 싶은 유혹에 노출될 수밖에 없다. 선행학습을 필요로 하는 시험 문제의 출제는 결국 사교육 수요를 증대시키고 이는 다시 보다 더 깊숙한 선행학습의 필요를 만들어 낸다.

선행학습의 극단적 형태가 특목고에서 발견된다. 고등학생들이 대학의 교육과정에서 필요로 하는 수학이나 과학 문제를 풀이하는 형태이다. 그러나 이러한 형태의 교육은 선행학습 자체가 가진 모순 때문에 진정한 영재의 탄생을 가로막는 주범으로 작용하고 있다.

교육과정의 질적 저하

표준화된 시험은 교육과정의 다양성을 저해한다. 시험으로 전국, 또는 전 학교의 학생을 비교해야 하기 때문에 학습할 내용이 정해져 있다. 정해진 내용을 경쟁적으로 학습하기 때문에 선행학습의 경쟁이 유발되기도 하지만 다른 한편으로 상급 학습 내용의 저학년화를 초래하기도 한다. 즉 과거에 고등학교에서 배우던 내용을 이제는 중학교, 심지어 초등학교에서 배운다.

우리나라의 교육과정은 대개 대학의 개론서를 기준으로 편성된다. 대학의 개론서보다 조금 더 양이 적고 쉬우면 고등학교 교과서가 되며 좀 더 쉬우면 중학교 교과서가 된다. 과거 초등학교 교과서는 지식의 체계보다는 학습자의 생활 경험을 중시하던 적이 있었지만은 지금은 초등학교 교과서도 지식의 체계에 따른다. 그리고 똑같은 내용을 초등학교, 중학교, 고등학교에 걸쳐 3~4회 반복하여 배운다.

교육내용의 반복성은 학습 부담을 증대시킨다. 한국교육과정평가원에서 수행한 연구에 따르면 우리나라 학생들이 학습하는 내용 요소의 전체 양은 미국, 일본, 영국의 교육과정에 비해 절대량에서는 많지 않지만 내용이 일관성 없이 여러 번 반복되어 제시되다 보니 한번 제시될 때마다 한꺼번에 많은 양을 학습해야 하고 결국 피상적 학습에 그치고 만다는 점을 지적하고 있다(강대현 2004). 한때 집중 이수제가 실시된 이후에는 단기간에 학습해야 하는 양이 교과에 따라 폭증하였다.

학습할 지식과 개념이 지정되면서 교과서 역시 개념풀이집으로 전락하고 말았다. 겉모양은 화려하게 변하였지만 깊이 있게 읽고 그 가운데에서 개념이나 원리를 발견하는 선진국형 교과서가 개발될 여지는 원천적으로 차단되어 있다.

영재교육의 부재

정해진 내용을 스토리 없이 반복하고, 여기에 더해 문제풀이를 반복시키는 교육은 학습에 대한 흥미를 원천적으로 저하시킨다. 공부를 잘하는 아이는 학습의 흥미가 아니라 성적 및 석차의 보상이 주는 동기 부여로 공부한다. 즉 외적 동기에 의한 학습이 진행된다. 정해진 내용을 반복하고 정답 찾기를 반복하는 교육은 학습의 의미를 왜곡시킨다. 학습이란 원래가 구조화되지 않는 문제unstructured problem에 대한 자신만의 해답을 찾아가는 과정이다(Bruning et al. 2004). 사회과학적 문제뿐만 아니라 자연과학적 문제 역시도 비구조화되었다는 점이 본질적 특성이다. 비구조화된 문제에 대해 정답이 있다고 믿는 것은 깊이 있고 창의적인 학습을 원천적으로 불가능하게 한다. 한국에서 노벨상이나 필드상을 수상할 정도의 천재가 배출되지 않는 이유는 아주 어린 나이부터 학습의 의미를 왜곡시켜버렸기 때문이다.

창의성 교육에 관한 연구에 따르면 창의적 아이디어는 상당한 시간 동안 한 주제에 대해 숙고하는 과정을 통해 만들어진다고 한다. 수업시간 중에도 사고력을 자극하기 위해서 사고를 유발하는 질문을 던지고 얼마동안 기다려 주면 사고의 수준이 높아진다고 한다. 또 문제 해결에 관한 연구들을 살펴보면 문제의 본질을 파악하는 데 소요되는 시간의 길이와 문제 해결의 질은 정의 상관관계를 갖는다고 한다. 정해진 시간에 빨리 문제의 본질을 파악하고 해답을 찾아야 하는 현재의 교육방식은 창의적 아이디어를 만들어 낼 기회를 원천적으로 차단한다. 결국 영재아가 탄생할 수 없는 교육의 구조이다.

기초학력 부족 및 학교교육에 대한 불신

과도한 선행학습 경쟁으로 인한 스트레스는 많은 학생들이 중도에 학습을 포기하게 만든다. 어려운 수학이나 과학을 포기하고 나머지 과목만 공부하는 학생들도 있다. 이러한 학생들은 고교 졸업 자격을 갖추지 못하고 졸업하게 되며 이는 고졸자에 대한 불신으로 이어진다. 이렇듯 기초학력이 부족한 학생이 대학에 입학할 경우 어려운 대학 강의를 좇아가지 못하는 경우가 많다. 대학입학자격이 되지 않는 학생이 별도의 조치 없이 방치될 경우

이는 대학 강의의 질을 저하시키는 원인이 된다. 대학 입학자원이 고갈되는 추세를 볼 때 점점 더 많은 대학에서 수업을 이해하지 못하고 강의에 적응하지 못하는 학생이 늘어나는 것에 대한 염려와 불만이 교수들 사이에 커지고 있다.

더욱 더 큰 문제는 입시에서 좋은 성적을 얻은 학생들도 기본적인 학문의 소양이 부족한 채로 대학에 들어온다는 점이다. 문제풀이식 입시 입시교육에 길들여져 읽기, 글쓰기, 수리적 사고 등의 기초학습기능이나, 의사소통능력, 사고력, 도덕적 품성, 시민적 책무성 등의 소양이 결여된 채로 대학에 입학하는 학생이 많다.

3. 초·중등교육 개선을 위한 입시제도 및 평가제도의 개선 방안

결국 중등교육이 정상화되기 위해서는 표준성취시험을 위주로 하는 입시제도와 내신평가제도를 개선하는 데서 출발할 수밖에 없다.

입시 방법의 개선

주지하다시피 표준성취시험을 통해 입시를 하는 나라는 동아시아 일부 국가에 한정된다(고형일, 1998). 예컨대 미국의 경우 표준성취시험이 아닌 표준능력시험Standardized Aptitude Test을 활용한다. SAT와 ACT가 그 대표적 예이다. SAT와 ACT는 학생이 학업을 수행할 능력과 소양을 갖추었는지를 측정하기 위한 시험으로 최소한의 선행지식으로도 높은 점수를 받을 수 있다. 사실상의 지능검사에 가까운 시험이다. SAT 점수는 지능지수g score와 높은 상관관계r=.82 비선형 가정시 .86를 갖는다(Frey & Detterman 2003). 그 밖의 연구를 통해서도 SAT와 ACT가 사실상 지능g 검사의 하나라는 점이 확인되고 있다.

능력시험은 성취시험과는 달리 입시 준비나 사교육의 필요성이 크지 않다. SAT 준비반이나 튜터 등의 사교육이 횡행하는 것이 사실이지만, SAT를 주관하는 미 대학국College Board에 따르면 SAT는 원천적으로 지도할 수 없는Uncoachable 시험이다.

이와 같이 성취시험 대신에 능력시험을 활용하는 이유는 가정환경이나 개인적 사정 등으로 인해 학교교육을 통해 충분히 능력을 인정받지 못한 학생에게 기회를 주기 위해서이다(Lohman 2005). 그리고 앞에서도 살펴보았듯이 교육과정 운영이 시험에 의해 한정되는 효과를 방지하기 위해서이다.

유럽의 국가들에서는 이러한 표준화된 시험 대신에 바칼로레아나 아비투어 같은 논술형구술 포함 시험을 치른다. 논술시험은 많은 학생을 대상으로 할 경우 채점의 공정성과 시간, 비용 문제가 대두된다. 그러나 시험이 원점수화되지 않고 평점화된다는 점, 그리고 출제와 채점을 교사들이 주관한다는 점에서 서열화 효과가 적고 입학의 자격으로만 활용한다는 점에서 큰 논란 없이 진행되고 있다. 책 1~2권을 사전에 읽게 하고 그 내용을 바탕으로 자신의 창의적 주장을 전개하게 하는 방식의 문제이기 때문에 입시교육 유발 효과가 적다. 우리의 본고사형 논술은 선행지식을 필요로 한다는 점에서, 입시교육사교육 포함을 과다하게 유발한다는 점에서 유럽형 논술과는 다르다는 점을 명확히 할 필요가 있다.

교사별 수시 평가제 도입

대학수학능력을 가장 잘 예측해 주는 지표는 고등학교 성적이라고 한다. 그러나 내신을 강조할 경우 학생의 부담이 증대되고 앞에서 살펴보았듯이 사교육비가 증대한다. 그런데 그러한 우려는 현재와 같이 표준성취시험일제고사을 통해 학년별 등수를 매기는 방식을 전제로 한데서 비롯된 것이다. 내신 역시 전 학생들을 대상으로 하는 성취도 평가의 성적을 중심으로 할 경우 중등과정 6년 내내 시험 준비에 매달리게 함으로써 부담이 가중될 수밖에 없다. 그러나 학생의 성적을 일제고사 방식으로 매기는 나라 역시 드물다.

교육선진국이라 할 수 있는 핀란드는 물론이고 학교평가를 위해 표준성취시험을 시행하는 미국과 영국에서도 학생의 내신 성적은 교사가 학급 내에서 시행하는 수시평가를 통해 매겨진다. 수시평가란 단답형 쪽지시험에서부터 에세이, 독후감, 프로젝트, 수행평가 등 다양한 시험을 말한다. 교사별 수시평가가 이루어질 경우 학생들은 평상시에도 늘 공부해야 하므로 학습의 양은 결코 줄지 않는다. 그러나 기초 지식의 습득은 물론 독서, 글쓰기, 탐구 조사 등 다양한 종류의 활동이 필요하기 때문에 교육과정의 폭과 깊이가 더해질 수밖에 없다. 연구결과(Harlen & Deakin Crick 2002)에 의하면 교사의 학급단위 수시시험이 평가의 목적만 잘 설명한다면 학생의 자기주도 학습능력을 증진시킨다고 한다.

교사별 수시평가제가 도입될 경우 학교 간, 교사 간의 격차를 우려할 수 있다. 이와 관련하여 유럽 및 영미 국가에서 가장 많이 활용되는 방식이 표준성취역량 중심의 교육과정이다. 교과별, 학년별로 달성해야 할 최소 학업수준을 역량~를 할 수 있다의 형태로 제시하는 방식이다. 교과별, 학년별 최소 학업수준을 제시함으로써 교육과정의 표준화와 상향평준화를 이룰 수 있다. 우리나라의 경우도 스탠더드표준학업성취 수준 방식의 교육과정 개편이 교과별로 추진되고 있는가 하면, 2015교육과정도 역량 중심 교육과정을 표방하고 있다. 다만 교육과정이 시험에 종속되면서 역량이 아닌 지식 이해 중심의 교육과정 운영이 이루어지고 있는 현실이다.

한편 표준성취역량을 기준으로 한 교사별 수시평가제는 절대 평가를 전제로 한다. 각 학생이 도달해야 할 목표를 기준으로 하여 평가가 이루어지기 때문에 학습의 양과 질은 높아지지만 학생의 부담은 줄어들 수 있다. 그리고 경쟁에 지쳐 미리 포기하는 학생이 줄기 때문에 기초학력의 전반적 향상을 가져올 수 있다.

4. 초·중등교육 개선을 위한 교육과정체제 개편 방안

선진적 교육과정의 특징

이른바 교육선진국의 교육과정은 몇 가지 중요한 특징이 있다. 첫째 학습의 반복이 적다. 미국의 경우 초등K-8은 발달단계에 따라 학습자의 경험이나 흥미, 기초학습기능을 중심으로 설계되며, 제대로 된 지식교육은 9학년 이후에 시작된다. 둘째, 소수의 주제를 깊이 있게 학습한다. 한 차시에 다루는 개념의 숫자가 3~5개를 넘지 않으며 개념을 학생 스스로의 방식으로 내면화할 수준으로 학습을 진행한다. 셋째, 학년 급별로 표준화된 성취 목표를 역량의 형태로 제시한다. 즉 특정한 지식이나 개념을 학습하는 것보다 이러한 지식이나 개념을 활용하여 문제를 해결할 수 있는 역량을 교육의 목표로 제시한다. 이렇듯 어떤 자료나 소재를 활용하더라도 주어진 역량을 기르는 것을 목표로 하므로 교과서 내용이나 학습 자료가 다양하고 풍부하다.

교육과정 개발체제 개편

교육과정 개발에 참여하는 대학의 학자들 가운데는 자신의 전공영역의 내용이 초·중등 학교교과서에 반드시 포함되어야 한다고 생각하여 학습내용을 증가시키는 경향이 있다. 교육과정에 내용이 많아지고 어려워지는 원인 중에는 전공자들의 학문이기주의가 크게 작용하고 있다. 이들은 교육과정에 자신들이 전공하는 내용을 반드시 가르치도록 하기 위해 무슨 단원에는 무슨 내용을 가르쳐야 한다고 확정하고 싶어 한다. 그 결과 교과서가 획일화되며 다양한 내용을 한정된 공간에 소화시키려다 보니 교과서에 스토리가 없다. 스토리가 없는 교과서는 재미가 없을 수밖에 없다.

영미와 유럽 등의 국가에서는 이러한 이유로 교육과정에서 단원명이나 구조를 제시하지 않고 발달단계에서 성취해야 할 최소필수학습요소만을 제시한다(김영석 2006). 심지어 과목명도 학교나 교사의 자율에 맞게 정해진다. 한편 이러한 최소필요학습요소를 정하는 데 있어서 교사와 학부모가 참여하여 학습 내용을 늘이려는 경향을 견제한다.

한편 정해진 필수학습요소를 어떻게 가르칠 것인지의 몫은 철저히 교과서 개발자나 교사의 몫으로 남겨진다. 교과서 역시 활용되는 빈도는 낮고 교사가 정해진 필수학습요소를 달성하는 데 적절하다고 판단되는 학습 자료를 중심으로 수업이 진행된다.

교육과정의 형식도 바뀌어야 한다. 초등학교와 중학교에서는 교과를 8~10개로 구분하여 분야만 제시하는 것이 바람직하며 고등학교에서는 입시의 표준성을 고려하여 교과별로 3~5개의 과목을 지정한다. 초등학교와 중학교에서 과목의 운용은 교사나 학교의 자율에 맞기고, 고등학교의 경우는 과목별로 필수학습요소를 최소학습요소와 역량의 형태로 제시한다. 교재의 활용도 교사의 자율에 맡기며, 교사는 다양한 자료를 활용하여 단순 반복교육을 지양하고 다양한 주제에 대한 실질적인 학습량을 늘일 필요가 있다.

교과서 역시 개념풀이집 방식이 아니라 읽기 자료 방식으로 바뀌어야 한다. 이런 교과서체제하에서는 교과서는 두꺼워지고 읽을거리가 많아서 암기가 원천적으로 불가능하다. 두꺼운 교과서로 많이 읽고 충분한 정보를 바탕으로 비교하고 토론하고 추론하는 활동이 많아지다 보면 자연스럽게 학생 중심의 수업이 이루어진다.

대안적 입시체제는 능력시험이 되었든 논술시험이 되었든 정보를 해석하고 활용하고 결론을 추론하고 자신의 주장을 전개하는 능력을 측정한다. 예컨대 SAT 언어 영역에 출제되는 수준의 어휘를 활용하려면 고전문학작품을 많이 읽어야 한다. 두꺼운 교과서 다양한 자료를 읽고 활동을 전개하는 가운데 읽고, 쓰고, 생각하는 훈련이 이루어질 수 있다.

5. 초·중등교육 개선을 위한 교사 연수 및 교육여건 개선

교사 연수 방안

현재의 교사들은 대부분이 입시교육을 받고 자라난 세대들이다. 대안적 교육방법에 대해 이론적으로는 공부하였지만, 실제 대안적 교육방법이 어떤 모습일 것인지에 대해서는 익숙하지 않다. 대안적 입시 및 평가체제에 맞는 대안적 교육방법이 정착하기 위해서는 오랜 기간이 걸릴 것으로 예상된다.

기존의 교사연수 역시 효과가 의심스럽다. 대안적 교육방법에 익숙하지 않은 강사가 강의식으로 대안적 교육방법을 전수한다면 교사들이 그 방식을 습득할 가능성은 낮아진다. 대안적 교육방법이 정착하는 데는 오히려 교사들의 자발적 연구회를 활성화하는 방안이 모색될 필요가 있다. 교사들 스스로가 서로 토론하고 학습 자료를 생산하고 평가방법에 대해서 정보를 교환하는 가운데 주입식이 아닌 학습자 중심의 수업 방법에 익숙해져 갈 가능성이 높다. 그중 성과가 높은 연구회에게 외국 연수의 기회를 제공하는 것도 방법이다.

한편 대안적 입시 및 평가체제하에서는 평가의 권한이 교사 개개인에게 집중되는 효과가 있다. 교사의 책임이 강화되는 동시에 교사의 권한이 강화되는 효과를 거둘 수 있다. 평가의 기준과 관련된 연수가 강화될 필요가 있으며, 평가권의 확보에 따른 교실 환경 및 학생과의 관계 변화에 대비할 필요가 있다.

교육여건 개선 방안

학습자 중심의 참여형 수업이 가능하기 위해서는 무엇보다도 학급당 인원수가 줄어들어야 한다. 1960년대 미국에서 탐구수업운동이 전개되었을 때 탐구수업이 가능하기 위해서는 학급당 인원수가 초등학교 및 중학교에서는 20명 이하가 되어야 한다는 점을 권고한 바 있다.

학급당 인원수의 축소는 인성교육 및 학교폭력 방지에도 효과가 있다. 학급당 인원수의 축소는 교사와 학생들 간의 친밀성을 증대시키며 학급 구성원의 공동체적 친밀성은 인성교육은 물론 학업 성취도 향상에도 효과가 있다는 것이 여러 연구의 결과이다.

학급당 인원수의 축소에 더해 교사가 수업에 전념할 수 있는 여건 조성이 필요하다. 이를 위해서는 행정 전담형 보직 교사제가 도입될 필요가 있다. 일정 경력이 지나면 행정 전담형 보직 교사로 전환을 신청하고 이를 중앙 심사하여 선발된 보직교사를 일선 학교에 일정 비율 배치할 필요가 있다. 행정 전담형 보직교사제는 교사들의 업무 부담을 경감할 뿐 아니라 교사들의 승진 압박을 경감시켜 수업에 전념하는 분위기를 조성할 수 있다. 학교 민주화에도 기여할 것으로 보인다.

고등학교의 경우 교과전담제 및 이동식 수업을 장기적으로 정착시킬 필요가 있다. 이를 위해서는 학급당 인원수의 축소에 더해 학교 시설의 확충이 필요하다.

6. 교육개혁의 원칙

미국의 신자유주의 교육개혁을 주도했던 다이안 래비치는 최근의 저서 Ravitch 2010를 통해 신자유주의 이데올로기에 근거한 교육개혁이 실패했음을 고백하고 있다. 시장이 모든 것을 해결해 줄 것이라고 믿었던 자신의 신념이 여러 가지 증거에 비추어 볼 때 잘못된 것이었음을 반성하고 있다. 래비치는 비교육 전문가들이 내놓은 만병통치약이 모두 가짜 약이었으며, 특히 시험을 통해 학교를 비교하고 책임을 묻는 방식의 개혁은 오히려 교육을 망쳐 놓는 결과를 낳았음을 구체적인 사례를 통해 보여 주고 있다. 그리고 깊이 있고 풍부한 교육과정과 수업을 통해서만 교육은 개선될 수 있다고 주장하였다. 자신의 실수를 인정하는 한 용기 있는 학자의 고백을 통해 두 가지의 교훈을 얻을 수 있었다. 첫째, 교육은 개혁되는 것이 아니라 회복되는 것이라는 점, 둘째, 교육은 교육자에 의해서만 바뀔 수 있다는 점이다.

첫 번째 교훈은 교육개혁이란 교육의 본질을 회복하는 차원에서 이루어져야 한다는 점을 말해 주고 있다. 학교는 원래 선생님과 아이들이 함께 모여 궁리하고 뛰어노는 가운데 스스로 깨닫고 성장해 가는 곳이다. 그런데 그러한 학교의 본질적 기능은 대학의 이기주의 탓에 왜곡되고 변질되어 버렸다. 좋은 학생을 뽑기 위해 학생을 줄 세우는 것이 마치 자연스러운 것인 양 호도해 버리는 일부 기득권 집단의 욕심 때문에 학교는 원래의 모습을 잃어버렸다. 아이들은 학교에 가기 싫어하고 공부 스트레스, 경쟁 스트레스로 삶의 즐거움을 잃어버렸다. 초·중등교육을 황폐화시킨 데 책임이 있는 대학들 역시 연구하고 토론하는 본래의 모습을 실종하였다. 입학 성적에 의해 좋은 대학과 나쁜 대학이 구분되어 학생이 뭘 관심 있어 하고 무슨 공부를 했는가보다는 무슨 대학을 나왔는지가 출세의 전제조건이 되어 버렸다. 전공 수업보다는 취업 준비가 우선시되는 상황에서 정부 당국은 오히려 산학협력을 강조한다. 대학이 취업학원이 되어 버린 것이다.

두 번째 교훈은 교육개혁은 교육자의 손에 맡겨야 한다는 점이다. 교육자 스스로가 결정하고 교육자 스스로의 노력으로 학교와 수업을 바꾸지 않으면 결국은 아무것도 바꿀 수 없다는 것을 깨달아야 한다. 현재 정부 당국은 여러 정책을 내어 놓고 그것이 현장을 바꿀 수 있을 것이라고 주장하지만 상명하달식 개혁은 반드시 실패한다는 것을 역사적·비교교육학적 경험들이 말해 주고 있다. 앞에서 제시한 입시 및 평가제도 개선은 초·중등교육을 일선 학교의 교사들과 교육전문가들에게 돌려주고 그들이 스스로 한국적 교육의 전통을 만들어 갈 수 있는 기본 전제조건을 조성해 주는 일이라 할 수 있다.

교과교육학을 전공하고 있는 필자는 학생들에게 여러 가지 '최신' 수업이론과 학습지도방법에 대해 가르친다. 그러한 수업이론과 방법은 교원임용시험에도 출제되기 때문에 모두 열심히 공부한다. 그러나 교사로 임용되고 난 이후 이들 '첨단' 수업이론과 학습지도 방법은 책장이나 창고에서 묵고 만다. 현재의 교실에서는 주어진 개념을 어떻게 잘 설명하는지 이외에 별다른 능력이 필요하지 않기 때문이다. 어떻게 하면 학생들에 의미 있는 학습경험을 시켜 역량을 갖춘 시민으로 기를 것인가 하는 고민은 표준성취시험의 지배를 제거한 이후에나 비로소 시작될 수 있다.

제8장

국립대 네트워크의 의의와 실현 방안

제8장의 내용은 2017년 『교육비평』 제39호에 게재된 원고를 다듬었다.

1. 국립대 네트워크의 의의

국립대 네트워크의 의미

여러 국립대를 하나의 지배구조하에 네트워크로 묶어서 공동으로 운영한다는 의미의 국립대 연합체제 또는 네트워크는 일찍부터 논의되어 왔다. 2000년 김대중정부하에서 5·31교육개혁의 기조에 따라 작성·제시된 '국립대 발전계획안'에서도 국립대의 특성별 연합체제 구축이 제안되었다. 또한 연합체제안도 다양해서 대학특성별거점국립대, 지역중심국립대, 교육대 등 연합체제, 권역별 연합체제, 국립대 전체를 하나의 틀에 묶는 연합체제국립대통합네트워크 등 다양한 내용을 담고 있다. 연합체제를 구축하고자 하는 목적도 학벌 및 입시문제 해소뿐만이 아니라 국립대 지배구조 개선, 대학특성화, 심지어는 대학 구조개혁 등 다양하다. 이 가운데에서 가장 활발한 논의의 대상이 되어 온 연합체제안이 서울대 폐지학부개방, 공동선발·공동학위를 핵심 내용으로 하는 국립대 통합네트워크안이라 할 수 있다. 국립대 통합네트워크안은 2004년 이후 총선 및 대선에서 주요 정당의 공약으로 제시되어 왔고, 올해 치러지는 대선에서도 주요 후보의 공약으로 제시되고 있다. 이 글에서 논의하는 국립대 네트워크는 기존에 논의되어 왔던 국립대 통합네트워크안을 기본 골자로 한다.

국립대 통합네트워크의 주요 내용 및 특징

2003년 경상대학교 사회과학연구원팀이 제시한 국립대 통합네트워크안의 기본 내용은 다음과 같이 요약된다.

① 서울대학교를 포함한 기존의 국립대학들을 하나의 통합네트워크로 구성한다.

② 대학의 공교육체제로의 전환이라는 원칙에 따라 일정한 수준이 되는 사립대학들을 국립대 통합네트워크에 편입시킨다.

③ 서울대학교는 따로 학부생을 모집하지 않는 대신 학부 강의를 국립대 통합네트워크 학생들에게 개방한다.

④ 학부 과정은 4년으로 하되 1기 과정2년에는 인문사회계열과 자연계열 두 계열만 두고, 2기 과정2년은 학부제로 운영한다.

⑤ 법대, 사범대, 경영대, 의대치대, 한의대, 수의대, 약대 등 전문직을 위한 학부 과정을 폐지하고 이 과정들을 전문대학원에 설치한다.

⑥ 지역의 국립대학들은 현재의 거점대학을 중심으로 학구學區별로 통합하고 몇 개의 캠퍼스로 조직한다.

⑦ 대학원은 일반대학원과 전문대학원으로 구분한다. 학문을 위한 일반대학원은 학구별 특성화를 유도한다.

⑧ 전문 직업을 위한 전문대학원은 학구별로 인구비율에 따라 입학 정원을 조정한다.

이러한 내용의 국립대 통합네트워크는 또한 다음과 같은 사항들을 전제로 하고 있다.

① **입시제도의 개혁** 절대평가형 내신과 입학자격시험에 의한 선발

② **네트워크 총 정원제** 네트워크에 포함된 대학들의 수용능력을 고려하여 총 정원을 정하고 이 정원을 바탕으로 대학입학자격 수준을 제시한다. 자격을 충족하는 학생들에게 지원순위, 추첨 등을 통해 대학을 배정한다.

③ **사립의 공영화를 전제로 한 국·사립 통합모델 지배구조** 교육여건 등의 측면에서 건전한 사학에게 경상비를 지원하고 국립대 네트워크에 포함시킨다.

④ **대학 개혁** 학사구조개편, 대학원 제도, 학사관리 및 교수임용방식개선 등 대학 개혁을 수반한다.

⑤ **제도 개혁** 등록금 인하, 지역인재고용할당, 재원마련을 위한 조세제도 개혁 등 부대적 제도 개혁을 수반한다.

국립대 통합네트워크의 등장배경

국립대 통합네트워크안이 등장한 것은 대학서열체제 및 학벌 문제에 대한 사회적 관심이 높아지던 2000년대 초반의 일이다. 사실 1990년대 초반까지만 해도 대학서열체제 문제보다는 입시 과열 문제가 사회적 관심을 독점했다고 할 수 있다. 1980년대 대학교육이 대중화되기 시작했지만 대학 간의 격차가 심각한 사회 문제로 논의되지는 않았다.

그러나 1990년대에 들어서면서 학벌 문제가 사회적 논의의 중심으로 등장하기 시작했다. 1996년 강준만의 '서울대의 나라'가 출간되면서 사회적 반향을 일으켰고, 학벌 문제가 사회적 주목을 받기 시작했다. 한편 서울대 경쟁력을 높인다는 취지로 추진된 BK21은 서울대에 대한 특혜 문제 등으로 대학 사회의 갈등을 유발시키기도 하였다.

이후 김대중정부가 들어서고 당시 한완상 교육부총리가 이력서상의 학력란을 철폐해야 한다는 발언을 하면서 학벌 문제는 정부의 정책의제로 부상하기 시작했다. '학벌 없는 사회'와 같은 시민단체가 결정된 것도 이 시점이다.

2000년대에 들어서면서 장회익 교수 등 20명의 서울대 교수들이 서울대 학부를 개방하고 기타 국립대학과의 협력체제 구축을 주장하면서 국립대 통합네트워크의 기본 구상이 제시되었다(장회익 2001). 그리고 2002년 대통령 선거에서 학벌 문제가 다시 쟁점화되었다. 고졸 출신의 노무현 후보가 '학벌 없는 사회' 주최 토론회에 참석한 것이다. 그리고 2003년 경상대학교 사회과학연구원은 학벌 및 대학서열체제 해소에 대한 종합적인 대안을 연구하여 '국립대통합네트워크'라는 이름으로 발표하였다. 이듬해 제17대 총선에서 민주노동당이 대학입시평준화, 서울대 폐지를 공약으로 내세우면서 국립대 통합네트워크는 정당의 정책공약이 되었고, 2012년과 2017년에는 주요 정책 내용이 문재인 후보의 대선공약에 포함되어 발표되었다.

국립대 네트워크의 작동 방식

국립대 네트워크의 가장 큰 목적은 대학서열체제의 완화를 통한 입시 해소 및 초·중등교육의 정상화에 있다고 할 수 있다. 국립대학 네트워크가 입시 해소 및 초·중등교육의 정상화에 기여할 수 있는 메커니즘은 다음과 같이 설명할 수 있다.

우선 대학서열체제가 존재하는 한 입시제도를 바꾸는 것만으로 입시경쟁이 완화되지는 않는다. 유럽의 대학 혹은 미국의 주립대학의 경우에서 보듯이 학생이 어떤 대학을 선택하더라도 양질의 교육을 받을 수 있고 취업에 있어서 불이익을 받지 않을 수 있다는 신뢰가 전제되어야 한다. 물론 각각의 대학이 질적으로 평준화되기 위해서는 중요한 전제조건이 필요하다. 물적·사회적·인적학생 자원 및 교수 자원 자원의 배분이 균형적이어야 한다. 이 과정은 순환적인 것으로, 이를 도식화하면 '물적·인적 자원의 균형적 배분 → 대학의 균형 발전 → 대학 간의 공정한 경쟁 → 대학교육 수준의 상향평준화 → 대학서열체제의 완화 → 물적·인적 자원의 균형적 배분'으로 연결된다.

그런데 한국의 상황에는 이러한 선순환구조를 작동할 수 없게 만드는 몇 가지 심각한 문제가 있다. 첫째 인적학생 자원 배분의 균형을 방해하는 입시제도가 있으며, 둘째, 사회적·물적 자원의 배분의 균형을 방해하는 학벌 구조가 있다. 따라서 이상의 순환구조가 작동하려면 입시제도의 개선과 학벌구조를 타파하기 위한 충격 요법이 필요하다.

국립대 네트워크는 공동선발 및 공동학위를 통해 학생 자원의 공정한 배분과 사회적 자원의 공정한 자원의 공정한 배분을 동시에 모색하려는 기제에서 고안되었다. 학생 자원과 사회적 자원의 공정한 배분은 결국 획일적 서열체제를 무너뜨리고 입학경쟁을 완화시킴으로써 초·중등교육의 정상화에 기여할 뿐만 아니라 대학 간 공정한 경쟁을 통한 학문발전, 나아가 지역 균형까지 촉진되는 그랜드 디자인이라 할 수 있다. 앞으로 논의될 국립대 네트워크안도 학생 자원과 사회적 자원의 공정한 배분입시철폐 및 학벌타파을 담보할 수 있는 장치가 핵심적으로 작동할 수 있는 것이어야 한다.

2. 국립대 네트워크의 실천상의 쟁점

국립대 네트워크는 발표된 이후 많은 논란을 불러일으켰다. 노골적인 거부감은 차치하더라도 실천가능성 여부를 놓고도 회의적인 목소리가 높았다. 국립대 네트워크가 실천되는 과정에서 제기될 수 있는 쟁점들을 다음과 같이 예상해 볼 수 있다.

서울대와 주요 사립대의 참여 여부

국립대 네트워크의 성패는 서울대와 수도권 주요 사립대를 네트워크에 참여시킬 수 있을지의 여부에 달려 있다고 할 수 있다. 강력한 국민적 여론 형성과 같은 외부적 압력도 필요하겠지만 네트워크의 안정적 운영을 위해서는 이들 대학들의 참여를 유인할 확실한 정책 대안이 필요하다. 그러나 최근 이화여자대학교 사태에서 보듯이 명문 대학이라고 하는 브랜드 가치를 지키기 위한 학부모, 졸업생, 재학생 간의 강력한 이익연대가 형성되어 있으며, 이들 이익연대가 한국 사회의 여론 주도층이라는 점에서 만만치 않은 저항을 예상할 수 있다. 이런 이유로 소위 2 대 8 타협론이 제기되기도 하였다. 즉 서울대와 일부 주요 사립대는 자율적으로 명품화 전략을 선택하도록 하고 국립대와 정부의존형 사립대만으로 연합체제를 구성하자는 의견이다. 기득권층과 타협을 이루어 내기 쉽고, 미국형 공사립 역할분담 구조를 만들어 낼 수 있다는 점에서 일부 진보 인사들이 찬성하기도 하였다(우석훈·박권일 2007).

그러나 만약 이들 대학들이 네트워크에 참여하지 않을 경우 네트워크가 자칫 2부 리그로 전락될 것이라는 비판을 면할 수는 없다. 그리고 서울대가 제외될 경우 서울대를 대체할 수도권 국립대학이 필요할 것이며, 대학을 새로 설립하는 데 필요한 비용도 만만치 않을 것이다. 결국 강력한 정책 수단을 통해 이들 대학의 참여를 유도할 필요가 있으며, 특히 서울대의 참여는 네트워크의 구성에 있어서 최소한의 전제조건이 될 것이다. 서울대는 법인화되어 독립경영체제가 이루어지면서 서울대를 국립대로 볼 것인지의 논란이 있다. 그러나 서울대는 매년 정부로부터 4,000억 원 이상의 지원금을 받기 때문에 이러한 지원의 유지를 전제로 국립대 네트워크에 당연히 포함시킬 수 있으며, 네트워크 참여대학에 요구되는 고교교육 정상화 및 학벌 철폐의 책무를 부과할 수 있다. 서울대의 법인화 이전 서울대와 지방 국립대와의 학생 1인당 교육비 격차는 3배에 이르렀으며, 학생 1인당 국고 지원도 2배에 달했다. 그리고 이러한 격차는 점차 확대되고 있다. 그런데 이러한 특혜를 받는 서울대 입학생들 중 특목고, 자사고, 강남지역의 고교 출신의 비중이 다수를 차지하고 점차 확대되어 가고 있다는 점은 서울대에 대한 막대한 국고 지원의 정당성을 허물어뜨리고 있다. 서울대가 사회적 책무를 다하는 대학으로 거듭나기 위해서라도 네트워크의 참여는 필수적이라 할 수 있다.

〈표 8-1〉 서울대 대비 지방 거점 국립대 재정

학교	재학생 수	전임 교원 수	전체 예산 (백만 원)	일반 회계 (백만 원)	전임 교원 1인당 학생 수		학생 1인당 재정			
					(명)	서울대 대비	전체 (천원)	국비 (천원)	서울대 대비 (전체)	서울대 대비 (국비)
서울대	34,071	2,164	1,623,870	335,391	13.0	100.0%	47,661	9,844	100.0%	100.0%
강원대	25,472	965	369,311	116,843	24.8	190.8%	14,499	4,587	30.4%	46.6%
경북대	34,118	1,218	553,470	142,303	24.5	188.3%	16,222	4,171	34.0%	42.4%

학교	재학생 수	전임 교원 수	전체 예산 (백만 원)	일반 회계 (백만 원)	전임 교원 1인당 학생 수		학생 1인당 재정			
					(명)	서울대 대비	전체 (천원)	국비 (천원)	서울대 대비 (전체)	서울대 대비 (국비)
경상대	18,661	804	280,234	100,565	21.6	166.2%	15,017	5,389	31.5%	54.7%
부산대	33,834	1,216	513,681	137,322	25.2	194.1%	15,182	4,059	31.9%	41.2%
전남대	32,521	1,248	501,582	160,683	22.2	170.9%	15,423	4,941	32.4%	50.2%
전북대	25,430	1,024	462,814	131,140	22.5	173.1%	18,200	5,157	38.2%	52.4%
제주대	12,601	606	225,742	80,656	20.0	153.8%	17,915	6,401	37.6%	65.0%
충남대	26,156	924	398,890	111,021	25.5	196.6%	15,250	4,245	32.0%	43.1%
충북대	19,460	743	306,446	97,992	24.2	186.4%	15,747	5,036	33.0%	51.2%

참조 1) 전체재정(지출 결산)은 일반회계, 기성회계, 발전기금회계, 산단회계를 합친 것임. 일반회계와 기성회계, 발전기금회계는 2011년 결산기준, 산단회계는 2012년 예산 기준임.

출처 대학알리미 외 기타.

결국 국립대 네트워크가 2부 리그로 전락하지 않으려면 참여대학에 대한 국고 지원, 교육 및 연구, 시설여건의 측면에 있어서 서울대학교 수준으로 상향평준화가 필요하다. 그리고 이를 뒷받침할 재원을 마련하기 위해서 고등교육재정교부금법의 제정이 필요하다. 이를 통해 네트워크에 참여하는 사립대학들에게도 획기적인 교육여건 개선을 지원할 수 있다. 아울러 이러한 재정 지원을 바탕으로 참여대학과 비참여대학 간의 획기적인 등록금 차별화가 이루어질 수 있다.

취업에 유리한 학과로 집중 현상 문제

국립대 네트워크에서는 직업교육 관련 분야를 학부교육에서 제거하여 모든 대학전문대 제외이 기초학문 중심의 학부교육체제로 전환할 것을 요구하고 있다. 그러나 이러한 요구는 현실의 대학생태계와 크게 배치된다. 현재 사립대학들의 경우 취업에 유리한 학과들로 구조 전환이 진행된 경우가 많으며, 국립대학의 경우도 취업에 유리한 학과로 쏠림 현상이 벌어지고 있다. 안정적 일자리를 얻기에 유리한 교육대학 등 특수목적대에 진학하기 위한 경쟁도 치열하다.

한편 취업이 잘 되는 학과로 쏠림 현상은 최종적으로 직업별 소득평준화가 이루어지지 않는 한 해소하기 어렵다. 직업별 소득평준화가 이루어져서 전공별 대학본고사가 있는데도 오히려 연극 등 자아실현에 유리한 학과로 쏠림 현상이 벌어지고 있는 핀란드의 사례가 이를 역설적으로 말해 준다(Häkinnen 2004: 16). 그러나 현재와 같이 지방 사립대가 전문대화되어 가고, 취업에 유리한 학과를 제외하고는 많은 학생이 공무원 시험에 매달리는 대학교육의 심각한 왜곡 현상은 장기적으로 국가경쟁력 제고에 결코 도움이 되지 않는다.

그러나 미국의 경우처럼 학부교육을 기초학문 분야로 구성하고 전공 진입을 대학 후반부로 미룸으로써 학생들에게 넓은 분야의 지식을 쌓게 하는 것이 오히려 산업계의 요구에 부합할 수 있다. 또한 기초학문 중심의 학부 편성은 네트워크의 성공적 정착에 있어서 대단히 중요한 전제조건이라 할 수 있다. 적어도 학부교육의 동질성이 유지되지 않으면 대학특성거점 국립대, 지역중심대, 과기대, 교육대, 기타 특성화대에 따라 이해관계가 달라져 네트워크의 내부 구성 및 편입 여부를 놓고 이견이 생길 수밖에 없기 때문이다. 즉 취업에 유리한 학과 개설 관행이 존재하는 한 네트워크는 물론 학부제도 성공할 수 없다.

이를 뒷받침해서 전문대와 일반대의 명확한 성격 분리, 교육전문대학원 제도의 도입, 의대 입시의 개선약대 방식, 또는 의전원 등의 조치가 필요하다. 사립대가 포함된 국립대 네트워크가 구축될 경우 교육전문대학원의 설립도 용이해질 것이며, 사립대의 전문대화 추세도 저지할 수 있을 것이다. 한편 국립대 네트워크 외부에 자리 잡는 전문대의 경우 별도의 발전계획 및 구조개혁을 통해 국민 누구나 쉽게 접근할 수 있는 '직업교육+평생교육형' 기관으로 자리매김하도록 지원할 필요가 있다.

대학 경쟁력 강화 문제

평준화된 대학체제에 제기될 수 있는 문제 중 하나가 왜 우리는 하버드, 옥스퍼드와 같은 세계적 수준의 대학을 갖지 못하는가 하는 것이다. 이는 일부 대학을 집중 육성해서 세계적 수준의 대학으로 발전시켜야 한다는 주장과 연결된다. 그리고 이러한 주장을 바탕으로 그동안 서울대, KAIST 등 일부 대학에 정부 예산을 집중시켜 왔다. 세계적 수준의 대학 육성이라는 과제를 사업명으로 하여 만든 정부재정 지원WCU 사업을 통해 전체 사업비의 20%를 서울대에 집중하고 상위권 대학들에 대부분의 사업비를 집중시켰음에도 불구하고 결과는 성공적이지 못했다.

이러한 정책 실패는 대학경쟁력이 집중이 아니라 공정한 경쟁을 통해 제고될 수 있다는 점을 간과한 데서 비롯된 것이다. 세계적인 경쟁을 가진 캘리포니아 대학체제UC와 아이비리그의 대학들은 비슷한 수준의 학생 자원을 골고루 배분하여 서로 교육과 연구로 경쟁하게 하는 체제라 할 수 있다. 그 결과 학부는 교육을 통해 특성화되고 대학원은 연구를 통해 자연스럽게 특성화될 수 있었다.

반면 대학서열화가 심각한 대학 구조를 가진 한국과 일본의 경우 자원의 집중에도 불구하고 대학 경쟁력은 상대적으로 낮게 나타난다. 국립대 네트워크가 공정한 경쟁과 특성화를 통해 대학경쟁력 강화에 오히려 도움이 될 수 있다는 점을 말해 준다.

수업의 하향평준화 및 졸업생의 질 관리 문제

대학진학률이 70%에 이르는 상황에서 국립대 네트워크에 편입되는 입학자원의 숫자를 어느 정도로 유지할 것인가 하는 문제가 있다. 당초의 국립대 통합네트워크안에 따르면 20만 명 수준을 예상하고 있는데, 이들에게 모두 입학자격을 줄 경우 다양한 수준의 학생들에 맞추어 수업을 하다 보면 수업의 질이 떨어질 수 있다는 문제제기가 이루어질 수 있다. 그러나 이러한 문제에도 불구하고 엄격한 학사관리를 통해 대학교육의 질을 유지해 온 외국의 사례들을 참조할 수 있다. 미국의 경우 1980년대까지 공립대학은 사실상 개방입학제에 가까운 형태였으며, 지금도 고교석차 상위 50% 학생에게 입학자격을 부여하고 있지만 엄격한 학사관리를 통해 대학의 질을 통제하고 있다(김영석 2003). 6장에서 살펴보았듯이 프랑스의 경우도 바칼로레아 합격자가 80%에 이르지만 엄격한 학사관리를 통해 졸업의 질을 유지하고 있다. 엄격한 학사관리는 국립대 통합네트워크의 성패를 좌우하는 중요한 전제라 할 수 있다.

3. 국립대 네트워크의 기대 효과

대학서열체제 완화

한국의 대학서열체제는 공정한 경쟁의 결과로 얻어진 것이 아니라는 점이 문제이다. 해방 이후의 선별적 투자 및 수도권 집중화 등으로 얻은 초기 브랜드 가치를 학생의 입학성적으로 유지하고 있는 셈이다. 그리고 그렇게 형성된 대학서열구조를 바탕으로 차별적인 예산지원, 투자발전기금, 사회적 인정 등 불균등한 자원 배분이 이루어지고 있다. 한편 대학서열체제는 최근 서울의 거리에 반비례하여 형성되는 경향성을 보이고 있으며 이는 다시 지방대학에 대한 차별로 연결되고 있다. 대학서열체제의 하층에 존재하는 지방 사립대와 사립 전문대 학생들은 열악한 교육여건에도 불구하고 비싼 등록금을 지불해야 하는 이중 차별에 노출되어 있다. 대학서열은 향후 졸업생의 진로에 영향을 주며, 상위 대학 출신의 학벌이 권력화되어 사회 정의를 심각하게 훼손하고 있다. 국립대 네트워크는 모든 대학을 서울대 수준으로 상향평준화시켜서 모든 학생들에게 공정한 교육기회를 제공하고, 능력이 아닌 학벌에 의한 차별을 폐지함으로써 사회정의를 실현하는 데 기여할 것으로 기대된다.

입시문제 해소 및 고교교육 정상화

일정한 대입 자격기준을 충족하면 입학자격을 부여하는 국립대 네트워크체제는 경쟁을 거부하는 것이 아니라 경쟁의 시점을 대학진학 이후로 미루는 것이라 할 수 있다. 대입조건을 완화함과 동시에 고등학교교육에 영향을 주지 않는 입학전형자료만을 사용함으로써 고등학교교육이 정규 교육과정대로 운영될 수 있도록 하는 기반이 조성될 수 있다. 동시에 교사의 수업자율권 및 평가권을 보장함으로써 교사의 권위를 회복하는 데 도움이 될 것으로 기대된다. 한편 평가내신, 입시가 교육과정 범위 내로 한정되고 또 객관적 성적에 따른 서열화가 폐지됨으로써 사교육 유발 요인도 크게 줄어들 것으로 기대된다. 반면 고교교육이 입시에 종속되어 소수의 상위권 대학진학자들만을 위한 교육 관행이 사라지는 대신 기초학력을 강화하는 쪽으로 교육의 무게중심이 이동될 것으로 예상된다. 한편 영재교육을 위해서는 월반제도, 또는 조기 진학, 대학과 연계된 영재교육프로그램 등 다양한 방안이 모색될 수 있다.

지역 균형 발전

대학서열체제가 완화되면 인재의 수도권 집중화 현상도 완화될 것으로 기대된다. 대신 대학의 특성을 존중하여 학교를 선택하는 경향이 증가하여 자연스러운 지역 간 인재 이동이 이루어질 것으로 예상되며, 자신이 나고 자란 지역의 대학에 입학하는 경향도 증가할 것으로 예상된다. 한편 지방대학의 경쟁력 강화는 지역의 산업발전에도 도움이 될 것으로 기대된다.

대학교육 정상화

현재 서열이 낮은 대학일수록 취업준비기관화되는 현상이 강화되고 있다. 정부 정책 역시 산학협력이라는 미명하에 지방대의 직업교육 기관화를 부추기고 있다. 그리고 일반대학과 전문대학의 경계도 모호해지고 있다. 그러나 앞에서 언급하였듯이 기업에서 요구하는 창의적 인재는 다양한 학문 분야에 대한 소양이 골고루 갖추어진 융복합적 인재라 할 수 있다. 예컨대 하버드 대학도 졸업 이수 학점의 절반을 전공 외 분야의 기초학문 분야에서 골고루 수강하게 하는 등 대학교육의 세계적 추세가 기초교양교육을 강화하는 방향으로 진행되고 있다. 깊은 사고력과 인문학적 교양을 갖춘 인재가 급변하는 사회적·경제적 상황에 오히려 적응을 잘 한다는 것이 이러한 추세의 근거이다. 국립대 네트워크를 통해 기초학문 분야를 중심으로 학부교육을 재편함으로써 대학교육의 본질을 회복하고 미래형 인재양성이 더 용이해질 것으로 기대된다.

대학경쟁력 강화

우리나라 대학 경쟁력의 원천은 아직도 입학생의 입시 성적에 의존하고 있다. 지방대에 우수한 연구역량을 갖춘 교수진이 있어도 학문후속세대의 역량 차별화 문제로 수도권 대학과 경쟁에서 크게 불리한 위치에 놓일 수밖에 없다. 5·31교육개혁 이후 BK21, WCU 등의 사업을 통해 연구비 소수 집중화 정책을 펼쳤지만 오히려 대학 간 경쟁을 약화시켜 비용 대비 효과가 미미한 실정이다. 국립대 네트워크는 교육과 연구 역량을 바탕으로 한 공정한 경쟁의 여건을 조성하는 데 의의가 있다. 프로스포츠에서 팀 간의 활발한 경쟁을 위해 순위가 낮은 팀에게 신인선수 드래프트에서 우선순위를 주듯이 비슷한 학생들을 배분하여 경쟁하게 하는 것이 대학 경쟁력을 제고의 핵심적 전제조건이라 할 수 있다.

4. 국립대 네트워크의 단계적 실현 방안

대안적 입시제도의 모색

대안적 입시제도의 구체적인 내용을 밝히기 전에 대안적 입시제도가 갖추어야 할 기본 조건에 대한 합의가 중요하다. 5장에서 살펴본 선진국의 사례를 참조할 때 대안적 입시제도는 다음과 같은 특징을 갖추어야 한다고 본다.

첫째, 학생이 준비하는 입학전형자료의 숫자가 최소화되어야 한다.

둘째, 고교교육을 통해 자연스럽게 산출되는 입학전형자료를 활용해야 한다.

셋째, 대학교육의 신뢰가 수반되어야 한다교육의 질 상향평준화 및 엄정한 학사관리.

대학 균형 발전

• 지방 국립대 정원 확대 및 등록금 인하

사립대학 대비 국립대의 등록금 격차를 미국의 경우처럼 1/4 수준으로 낮추고 국립대 정원을 확대하여 저렴한 비용에 양질의 교육을 받을 수 있는 기회를 확대할 필요가 있다. 등록금 인하는 우수한 신입생의 수도권 유출을 막고, 지방 국립대의 경쟁력 강화에 기여할 수 있다. 등록금 인하 방식은 국가장학금의 형태보다는 경상비 지원을 통해 등록금 자체를 인하하도록 유도할 필요가 있다. 한편 지배구조 및 교육여건이 양호한 건전 사학에 대해서는 준

공영형 사립대학으로 지정하여 경상비를 지원하고 이를 바탕으로 학생 등록금 인하를 유도할 필요가 있다.

- 지방대에 대한 연구 및 교육인프라 확충

현재 서울대 대비 1/2~1/3 수준에 머물러 있는 학생 1인당 국비 지원을 서울대 수준으로 높이고 이를 전임교원 확충, 학생관련 시설기숙사, 문화·체육시설, 학습관 확충에 투자하여 학생 자원의 지역 대학 입학을 유인할 필요가 있다. 지배구조 및 교육여건이 건전한 지역 사립대학에 대해서는 별도의 지원을 통해 직업교육형, 학부교양교육형네트워크 편입, 국제화교육형 등으로 특성화하여 중소규모 명품 대학으로 육성되도록 사업비를 지원할 필요가 있다. 그리고 지역별로 5~7개 연구 분야를 특성화하여 거점대학을 중심으로 연구 및 대학원 교육 컨소시움을 구성한 뒤 과기대 수준의 연구비를 지원하여 고급인력 양성 및 지역 산업의 발전을 도모할 필요가 있다.

- 지역인재 할당제 및 우수신입생 지원

공기업 및 대기업에 지역 대학 출신자 채용 및 인턴 기회를 50% 이상 할당하거나 이력서 학력란을 삭제하는 제도를 도입할 필요가 있다. 우수신입생 자원이 지역 대학에 진학할 경우 각종 장학 혜택을 제공할 필요가 있다.

제도 정비

- OECD 평균 수준의 고등교육재원 확충

국립대 네트워크를 통한 대학교육의 상향평준화 및 서울대 수준의 교육여건 조성을 위해 고등교육재정교부금법을 제정하여 OECD 평균수준의 공공재원에 의한 고등교육 재정 투자를 할 필요가 있다.

• 고등교육개혁심의회 설치

현재 논의되고 있는 국가교육위원회에 고등교육개혁심의회를 설치하여 각계 인사 및 전문가들을 중심으로 대입제도 개선 및 대학 균형 발전 방안 모색을 위한 사회적 합의를 도출할 필요가 있다.

• 고등교육법제 개편

대안적 입시방법 및 국립대 지배구조, 학력차별금지, 지방대 육성, 지방인재 우대와 관련된 사항을 법으로 제정하여 국립대 네트워크를 제도적으로 뒷받침할 필요가 있다.

• 장단기 로드맵 제시 및 사교육 시장 연착륙 방안 마련

정책 예고를 통해 입시 준비 과정의 혼란을 최소화하고 사교육시장의 연착륙 방안을 모색할 필요가 있다.

• 초·중등교육 정상화 방안 마련

표준화된 시험 위주 교육에 길들여진 초·중등교육의 정상화를 위해 대안적 교육과정 운영 방안에 대해 연구하고 내실화된 학교교육이 이루어질 수 있도록 교사연수를 강화할 필요가 있다. 입시로부터 초·중등교육을 보호하기 위해 공교육 정상화법을 정비할 필요가 있다.

• 대학구조개혁정책 추진

대학의 공공성을 강화하고 학생의 선택폭을 넓히기 위한 대학별 자발적인 특성화를 추진할 필요가 있다. 입학자원 감소에 대비한 부실대학 정리를 과감히 추진하고 대학교육의 신뢰를 회복하기 위한 학사구조 개편 및 학사관리 강화 조치가 병행되어야 한다.

정책 추진 로드맵

1단계 고등교육개혁심의회 구성 및 대안적 입시체제 및 대학 균형 발전 방안 연구, 입학전형 간소화 및 지방대 육성정책 추진, 새로운 입시개발 자격시험 혹은 대안적 수능

2단계 국민여론 수렴 및 네트워크 구성 방안 확정 및 지방대 육성정책 추진, 새로운 입시 개발 및 현장 검증, 사립대 구조개혁, 국립대 국고지원 확대, 새로운 입시제도 예고

3단계 관련 법제 정비 및 재원 마련, 초·중등교육 정상화 방안 및 사교육 시장 연착륙 대책 수립, 새로운 입시 현장 검증, 사립대 구조개혁 및 지방대 육성 정책 추진

4단계 새로운 입시 실시, 거점 국립대학Big Ten: 서울대 포함 10개을 중심으로 한 네트워크 구축공동선발 및 공동학위, 지방대 육성 정책 추진, 초·중등 학교교육 정상화를 위한 학교교육 개선 정책 추진

5단계 새로운 입시에 의한 학생 선발, 지역중심국립대 및 공영형 사립대가 참여하는 네트워크 구성, 지방대 육성 정책 추진 및 엄격한 학사관리를 통한 대학교육 신뢰 확보

제9장

근대 이후 한국의 교육운동

앞 장에서 교육은 아래로부터 이루어지는 운동을 통해서만 변화시킬 수 있다는 점을 지적하였다. 이 장에서는 근대 교육이 도입된 이후 한국에서 어떤 교육운동이 전개되었으며, 그 역사적 과정에서 오늘날 우리가 배워야 할 점이 무엇인지를 살펴보았다.

교육운동은 사회운동의 한 유형으로 교육을 통한 사회의 변혁이나 개량을 목적으로 하는 조직적이면서도 지속적인 활동을 의미한다. 즉 특정한 형태와 내용의 교육을 실천·확산시켜 사회적 이상을 실현하려는 조직적·지속적 활동이 교육운동이라 할 수 있다. 물론 교육 방식이나 제도 등의 변혁을 목적으로 전개되는 교육개혁운동 역시 교육운동의 일환으로 볼 수 있지만 이 경우 사회 변혁까지 이어지지 않고 교육 자체의 기술적 개선을 목적으로 하는 경우가 많아 여기에서는 일반적인 교육개혁활동은 교육운동의 범주에서 제외하기로 한다.

교육운동을 피지배계급이 계급적 모순을 해소하기 위해 주도하는 운동으로만 한정하여 보려는 경향이 있지만 한말 애국계몽운동과 같이 상층계급이 주도하여 교육을 통한 사회적 변혁을 꾀하는 경우도 적지 않다. 심지어 체제의 이익을 실현하기 위한 관 주도의 교육운동이 전개되는 경우도 있다. 그러나 주도 세력이 누구이든 특정한 형태의 교육 실천을 확산하려는 조직적 노력을 전개한다는 점, 이를 통해 특정한 사회적 이상을 실현하려 한다는 점에서는 공통점을 갖는다. 여기에서는 주도 세력의 여하에 관계없이 이러한 특징을 만족시키는 다양한 종류의 교육운동에 대해 포괄적으로 논의할 것이다.

한국의 교육운동은 시대와 배경, 내용과 전개양상에 있어서 다양한 형태를 띠지만 주도 세력과 목적을 기준으로 하여 볼 때, 크게 세 가지 형태로 구분해 볼 수 있다. 첫째, 민간 엘리트 계급의 주도하에 민중 계몽 및 사회의 점진적 개선을 목적으로 전개되는 교육운동, 둘째, 하층계급이 주체 세력이 되어 계급또는 민족적 모순을 해소하려는 목적에서 전개되는 교육운동, 셋째, 지배 계층 또는 정권이 주도가 되어 체제 및 정권의 이익을 실현하기 위해 전개되는 운동이 그것이다. 첫 번째 형태의 교육운동의 예로는 한말과 일제강점기에 행해졌던 애국계몽운동, 해방 후 미국이 지원한 새교육운동, 민주화 시대의 각종 시민교육 등을 들 수 있다면 두 번째 형태의 교육운동은 일제강점기에서부터 명맥을 유지해 온 야학 형태의 각종 노동교육, 전교조의 참교육민족·민주·인간화 교육운동 등을 예로 들 수 있다. 세 번째 형태의 교육은 일제강점기의 황국신민화 교육, 해방 후의 일민주의교육, 군사정부하의 반공교육 및 국민윤리교육 등을 예로 들 수 있다. 세 가지 형태의 교육운동은 한 시대에 공존하며 서로 경쟁관계를 유지하기도 하였는가 하면 특정한 형태의 교육이 시대적 상황을 배경으로 우월한 지위를 누리기도 하였다. 아래에서는 근대 이후 전개된 한국의 교육운동을 위에서 언급한 세 가지 형태의 교육운동 간의 관계를 중심으로 살펴보려 한다.

1. 일제강점기의 민족주의교육운동

일제강점기는 세 가지 형태의 교육운동, 즉 자강운동·계몽운동 형태의 엘리트 주도 교육운동, 피지배계급인 조선 민족·민중의 해방을 위한 저항적 교육운동, 일본 제국주의의 식민 지배를 효율화하기 위한 황국신민화 교육이 공존하던 시기이다. 황국신민화 교육은 한국인이 주도한 것이 아니었으므로 여기에서는 첫 번째와 두 번째 형태의 교육운동을 중심으로 살펴보기로 한다.

민족계몽운동

한국의 근대사에서 '민족'의식이 본격적으로 고양되기 시작한 것은 한말 외세의 위협이 가시화되면서부터이다. 외세의 위협에 대응하기 위해서는 우선 민족의식의 자각을 통해 내적인 단결을 도모하는 한편 경제, 정신, 문화의 근대화를 통해 민족의 전체적 역량을 제고해야 한다는 취지이다. 그리고 민족의 역량을 높이기 위해서는 먼저 인간 개조, 나아가 민족 개조가 이루어져야 한다고 보았다. 민족 개조 사상의 대표자인 도산 안창호는 이에 대해 다음과 같이 말하고 있다(차석기 1999: 30).

> 우리 조선을 문명한 조선으로 만들기 위하여 개조의 사업에 노력하여야 하겠소. 무엇을 개조하잡니까? 우리 조선의 모든 것을 다 개조하여

> 야 하겠소. 우리의 교육과 종교도 개조하여야 하겠소. 우리의 농업과 상업도 개조하여야 하겠소. 우리의 음식·의복·거처도 개조하여야 하겠소. 우리 도시도 농촌도 개조하여야 하겠소. 심지의 우리 강과 산까지도 개조하여야 하겠소.

한편 민족 개조의 핵심 과업이 교육을 통해 이루어진다고 보았을 때 이 시기의 교육은 그 자체가 민족운동이었다고 할 수 있다. 그리고 민족 자각, 민족 개조의 과업을 달성하기 위한 민족계몽운동의 주체는 이른바 선각자 혹은 애국자로 불리던 민간 엘리트 계층이었다. 물론 국가차원에서도 갑오개혁을 통해 흥학興學이 곧 흥국興國임을 천명하고 소학교, 중학교, 사범학교, 외국어학교, 기술학교 등의 설립을 추진해 나갔다. 그러나 수적으로나 규모면에서나 민족계몽운동의 핵심 기관은 19세기 후반에서 20세기에 설립된 수많은 사립학교들이었다. 선각자들의 사립학교 설립운동은 1905년 을사늑약이 체결되던 시기를 전후하여 본격화되었는데, 이들이 주도하여 설립된 전국의 학교 수가 1908년 총 5,000개에 달하였으며, 학생 수도 20만 명에 이르렀다(차석기 1999: 39). 그리고 선교를 목적으로 한 종교계 학교의 설립도 많았는데, 이들 학교에서도 종교교육 이외에 민족교육을 실시하였다. 지역의 군郡 단위에서는 관민이 협동하여 설립·운영한 사립학교가 많았는데, 이들은 이른바 '민립학교'로 지칭되었다.

당시 공립학교의 숫자는 사립학교에 비해 미미한 수준이었다. 예컨대 1908년 당시 경남에는 진주, 동래, 마산, 울산, 밀양 5개의 공립보통학교만이 있었을 뿐이었으며, 나머지는 모두 사립학교였다. 〈표 9-1〉은 1910년 11월 「경남일보」에 보도된 경남지역 학교 현황으로 대부분의 학교가 사립학교인 것을 알 수 있다(양정현 2008).

〈표 9-1〉 1910년 당시 경남지역 학교 현황경남일보, 1910년 11월 7일

지역	학교명	직원	학생수
밀양군	공립밀양보통학교	5	213
	사립명원여학교	4	52
	사립진선학교	6	50
	사립양진학교	7	38
	사립서창학교	4	51
	사립영신학교	4	13
	사립경성학교	3	20
	사립동화농업학교	5	52
	사립진명학교	4	54
	사립화산의숙	4	11
	사립고명학교	5	25
	사립정명학교	3	40
	사립기창학교	9	45
창녕군	사립기독사성소학교	4	31
	사립영명학교	16	61
거창군	사립거창학교	7	158
	사립웅양학교	2	60
하동군	사립하동보통학교	6	198
	사립융명학고	2	25
	사립보명학교	5	53
	사립일신학교	2	36
합천군	사립흥명학교	3	39
	사립명륜학교	2	36
	사립해명학교	7	48
함안군	사립보흥학교	15	156
	사립찬명학교	12	69
고성군	사립대성보통학교	6	95

1911년 조선총독부 교육통계에 따르면 경남에는 공립보통학교 11개교, 사립보통학교 6개교, 일반사립학교 76개교, 종교계 사립학교 18개교가 있었으며, 학생 수는 총 2,379명이었다(양정현 2008: 195). 이렇듯 학교교육의 다수를 차지하던 사립학교의 설립 주체는 다양하다. 위로는 왕실과 고관대작부터 지방관에 이르기까지 관리들이 주도하여 설립되는 경우도 있는가 하면, 지방의 재력가 개인이 설립하는 경우, 또 지역민들이 뜻을 모아 기금을 모집하여 설립하는 경우도 있었다. 또 공립학교가 지역민의 호응을 받지 못한 반면 사립학교에 대한 지역민의 반응은 매우 적극적이었다(양정현 2008: 205).

이러한 근대 사립학교들은 교육활동에서 몇 가지 공통된 특징을 보이고 있었다(차석기 1999: 123~124). 첫째, 민족운동가의 양성을 목적으로 하였으며, 졸업생들 중 상당수가 애국적 민족운동가로 활동하였다. 둘째, 교과의 내용이 애국, 민족의식, 자주독립 등을 강조하는 내용으로 채워져 있었다. 셋째, 운동회, 학예회, 토론회, 글짓기 등의 교과 외 활동을 통해 민족의식을 고취시켰다. 넷째, 학생들이 항일 운동에 참여하는 경우가 많아 학생과 일본군의 충돌, 일장기 파기 사건 등이 빈번하게 발생하였다.

이렇듯 을사늑약 이후 전개된 사립학교의 폭발적 증가를 억제하기 위해 통감부는 사립학교를 중심으로 전개되는 교육구국운동을 억제하는 한편 일제에 순응하는 관공립 학교를 확대하는 정책을 시행하였다. 사립학교령을 통해 학교 설립의 기준을 엄격히 하는 한편 보안법 등과 같은 장치를 통해 교육 내용을 통제하였다. 그리하여 형편이 어려워진 사립학교들 중에는 공립학교로 전환되거나 문을 닫는 경우도 생겨났다. 강점 이후에는 1면 1교一面一校주의라는 미명하에 공립보통학교를 설치하고 사립학교 학생들을 공립학교로 유치하고자 하였다. 심지어 일본인 교장 등이 나서 지방 유력가의 자제 10세 이상은 모두 공립학교에 전학시키도록 강권하는 사례도 발생하였다.

이러한 사립학교 탄압의 결과 사립학교의 수는 1911년 2,085개교에서 1919년 698교로 대폭 줄어들었다(양정현 2008: 213).

그러나 민족계몽운동의 열기는 고등교육으로 이어져 자발적 해외 유학이 증가하게 되었다. 일본제국주의의 의도적 외면과 탄압으로 국내에는 고등교육기관인 대학이 하나도 없었던 점이 해외 유학의 직접적 계기가 되었지만, 해외 유학을 지망했던 학생들 대부분이 배일주의적 성향을 띠었고 이후 독립운동과 관련된 활동을 한 점으로 보아 민족의 실력 양성이 자발적 해외 유학의 중요한 이유였다고 볼 수 있다(차석기 1999: 365~366). 그리고 이들 유학생들은 1919년 2·8 독립선언을 주도하였으며 이는 3·1운동의 촉매제로 작용하였다. 이들 중 상당수는 2·8 독립선언 이후 국내에 입국하여 3·1운동을 주도하였다. 3·1운동의 시발은 33인의 종교 인사를 비롯한 기성 지도층이 마련한 것이지만 이 운동의 전국적인 확산은 학생들이 적극적으로 참여하고 주도한 결과라고 할 수 있다. 민족지도자들의 경우 요릿집에 모여 독립선언서를 낭독하고 자진 체포된 것으로 그 소임을 다한 반면 거리에서 만세 시위를 주동한 것은 학생들이었으며, 여기에 일반 시민이 합세하면서 시위 군중의 확산이 이루어졌다. 특히 지방에서 행한 만세 시위는 거의 학생들이 지도하고 학생들에 의하여 진행되었다. 조선총독부 학무국의 집계에 따르면 당시 경상남도에서 만세 시위에 참여한 학교 수와 학생 수는 공립학교 15개 학교의 655명, 일반사립학교 4개교의 145명, 종교계학교 7개교의 350명이었다. 총 1,150명으로 전국 6,072명의 학생 수 중 1/6 이상을 차지하고 있다(차석기 1999: 387). 이런 점에서 3·1운동은 그 자체가 학생운동의 성격을 띠었으며, 이는 구한말부터 이루어진 교육을 통한 민족계몽운동이 이루어 낸 민족 개조 및 실력 양성의 결과라고 할 수 있다(차석기 1999:376~377).

일제하의 저항적 민족·민중 교육운동

기존의 민족운동이 엘리트층을 중심으로 이루어졌다면 3·1운동을 계기로 민중들에게까지 민족적 자각이 확산되었으며 민중들이 민족해방운동의 주체로 등장하기 시작하였다(한상권 2001:339~407). 특히 사회적 약자로 '조선민족'의 의미가 부각되면서 이는 이후 자연스럽게 계급의식의 자각으로까지 이어지게 된다. 그러나 3·1운동 이후의 민족해방운동이 처음부터 계급모순을 해결하려는 의도로 전개된 것은 아니었다. 특히 교육에 있어서 민족운동을 추동시킨 것은 계급이론이 아니라 제1차 세계대전 이후 한국인들 사이에 유행했던 사회개조론이었다. 사회개조론은 민족계몽운동의 사상적 기반과 같은 것으로 사람의 정신을 개조해야만 사회가 개조된다는 생각이다(한상권 2001: 346~347). 이를 바탕으로 교육열과 향학열이 일반 대중들 사이에 확산되었으며, 조선교육령이 발표1911. 8.된 이후로 위축되었던 학교설립운동이 다시 탄력을 받기 시작했다. 당시 팽창하는 향학열을 충족하기에는 학교 수가 턱없이 부족했고, 이를 메꾸기 위해 학교설립운동과 함께 학교에 입학하지 못한 사람들을 위한 야학, 학술연구회, 의숙義塾 등의 준학교교육운동이 전개되었다(한상권 2001: 348). 1920년대에는 자발적으로 보통학교를 설립하거나 학급을 증설하려는 운동이 산발적으로 전개되었다면 1930년대에는 전국적으로 면민대회, 군민대회 등을 통해 학교 증축 또는 설립 결의 및 기금 모집 운동이 전개되었고, 그 결과 보통학교의 급격한 팽창이 초래되었다. 그리고 서당개량운동과 주·야학 강습소 설치 운동을 통해 비정규적 보통교육도 확산되었다.

3·1운동 이후의 민족교육운동은 실력을 키워야 한다는 사회개조론의 취지에서 출발하였지만 점차 사회적·계급적 약자로서 조선 민족의 문제를 바라보는 쪽으로 전환되었다. 그 첫 번째 형태가 각종 동맹휴학운동이라 할 수

있다. 6·10 만세운동 이전, 최초의 동맹휴학운동은 실력양성운동과 같은 맥락에서 온건한 형태로 출발하였다(차석기 1999: 486). 주로 제국주의적 식민지 교육의 모순, 조선인을 비하하는 일본인 교원과의 갈등에서 출발된 경우가 많았다. 이 시기 동맹휴학의 유형을 정리해 보면 교장 및 교사 배척, 교육방법 및 교육과정의 시정한국사 및 한국어교육의 확대 요구, 시설의 확충, 학교승격 요구 등이 대부분을 차지했다.

단순히 학교에 대한 불만 제기 차원에서 이루어지던 동맹휴학은 1926년 6·10 만세운동을 계기로 더욱 격렬해졌고, 그 계기도 다양해졌다. 특히 1929년 광주학생운동이 전국적으로 확대되면서 학생운동은 절정에 이르게 되는데, 당시 전국적으로 항일학생운동에 참가한 학교는 보통학교·고등보통학교·전문학교를 합하여 194개교였고 참가한 학생 수는 9만 4천명에 이르렀다(차석기 1999: 553). 경남 지방에서는 진주, 부산, 마산 등지의 학생들이 가장 격렬하게 만세 시위운동을 전개하였다. 예컨대 진주의 진주고보, 진주제일보통학교, 일신여고보 등의 학생 1,000여 명은 1930년 1월 17일 격렬하게 만세 시위를 전개하였다. 이 시위로 진주고보생 29명이 검거되었고, 11명이 퇴학, 246명이 무기정학을 당하였다.

학생운동의 계기도 점차 다양해졌다. 일본 제국주의 경찰 당국에서는 동맹 휴학의 사상적 성격을 다음과 같이 구분하고 있다(차석기 1999: 486).

- 1919~1920년 독립운동, 관학기피, 소극적 저항 시대
- 1921~1923년 실력양성운동과 향학열 발흥 시대
- 1924~1926년 좌경화 시대
- 1927~1929년 민족·공산주의 합류 시대
- 1930~1931년 반전운동 시대
- 1932~1935년 전향 시대, 주의사상 침체 시대

일제강점기 저항적 민족운동의 또 다른 주체는 민중의 다수를 이루고 있던 소작농 형태의 농민과 노동자들이었다. 농민과 노동자를 대상으로 한 교육운동 역시 처음에는 농민·노동자도 배워야 한다는 실력양성론에서 출발한다. 농민과 노동자를 위한 교육운동의 대표 사례가 노동야학운동인데, 1907년 경남 마산에서 처음 설립된 노동야학은 1920년대를 거치면서 전국에 우후죽순처럼 생겨났다. 〈표 9-2〉는 경남지역에 설립된 노동야학 현황이다(차석기 1999: 484).

〈표 9-2〉 경남지역 노동야학 현황

야학명	소재지	창립연월일	학생수
마산 노동야학	마산 완월리	1907. 6. 1.	150
합천 적중 노동야학	합천 적중면	1909.	160
창원 노동야학	창원읍	1920. 10	
진주 제2 노동야학	진주읍	1920. 5. 1.	200
울산 신화리 노동야학	울산 중남면	1917. 9	
양산 노동야학	양산읍	1921. 8. 18.	50
울산 노동야학	울산읍	1921. 9	40
창녕 노동야학	창녕읍	1921.	150
남지 노동야학	창녕군	1922. 4.	50
진주 노동야학	진주읍	1922. 12.	
야로 노동야학	합천군	1923. 3. 15.	
통영 노산 노동야학	통영군 광도면	1923. 12.	
마산 부인야학	마산	1923. 9.	
울산 병영 노동야학	울산 병영면	1923. 10. 2.	40

1920년대를 전후해서 설립된 노동야학의 전국적 분포를 살펴보면 노동야학이 주로 지방을 중심으로 설립되었으며, 특히 영호남 등 남부지방에 많았다는 점을 알 수 있다. 그리고 노동자가 많은 대도시보다는 소작인이 많은

읍면지역을 중심으로 설립되었다. 이는 당시 한국의 노동운동이 주로 농민운동을 중심으로 전개되었다는 점을 반영한다.

노동야학을 세운 사람들 중 다수가 지방 유지들이었다는 점에서 계몽운동의 성격을 띤다고 말할 수 있지만 두 번째로 많은 경우가 노동공제회 지부나 노동대회 지부 또는 지방의 자주적 노동조합들이 발기하고 운영한 야학들이라는 점에서 노동 문제 및 농민 문제의 교육적 해결을 위한 민중운동의 성격을 띠고 있었다고도 말할 수 있다(차석기 1999: 512~513). 이는 1920년대 자연발생적으로 일어나기 시작했던 소작쟁의 및 노동쟁의를 경험한 농민과 노동자들이 일본 제국주의와 투쟁에서 그 수단으로서 교육의 중요성을 자각한 것과 관련이 있다.

노동야학운동에 대해 일본 제국주의는 1925년까지 방임주의적 태도를 취하다가 1925년 치안유지법을 통한 사회운동 탄압을 계기로 노동야학에 대해 사찰 및 탄압 정책으로 태도를 바꿨다. 1931년 만주 사변 이후 노동야학에 대한 탄압은 더욱 강화되었으며 적지 않은 수가 문을 닫거나 학습강습소 성격만을 유지하게 되었다. 1930년대 일제의 혹독한 탄압정책으로 일부 학생운동을 제외한 민족주의교육운동은 쇠퇴일로를 걸었으며, 황국신민화 교육이 그 자리를 대체해 갔다. 학생운동 역시 비밀 결사의 형태로 수면 아래로 이동할 수밖에 없었으며, 그중에는 사회주의적 학생조직들이 다수를 차지했다.

2. 해방 이후의 새교육운동

해방 이후의 교육운동은 크게 미국식 민주주의의 보급을 위한 새교육운동, 사회주의 계열의 민족주의교육운동, 자유당 정권의 반공교육학도호국단운동이 경쟁적 관계를 유지하고 있었다(이소영 2010: 39~65). 한국전쟁을 거치면서 사회주의 계열의 교육운동은 수그러들고 오히려 반공교육이 위세를 떨쳤지만, 결국 1950년대와 1960년대 초반에 이르기까지 가장 우위를 점한 교육운동은 미국의 절대적 지원을 받은 새교육운동이라 할 수 있다.

새교육운동이라 함은 해방 이후 오천석이 중심이 되고 미군정청이 지원하여 시작된 교육개혁운동을 지칭한다(이소영 2010: 41). 이후 이 운동은 교육사절단 파견 등 미국무성의 지원을 받아 1960년대 박정희 군사정부가 등장하기까지 지속되었다. 새교육운동의 주동자인 오천석에 의하면 새교육이란 식민지 교육의 잔재를 청산하고 민주주의에 입각한 교육을 지향한다는 뜻이다(오천석 1975: 107). 새교육운동은 1940년대까지 미국에서 유행하던 진보주의 교육사조에서 이론적 근거를 마련하였으며, 일제하의 전체주의적 교육관행을 청산하고 생활중심·아동중심의 교육을 지향하는 데 주력하였다. 비록 새교육운동이 외세가 이식하고 정부 권력으로 주도된 교육개혁운동으로 출발하였으며, 이후 이념교육과 입시 교육에 밀려 주도권을 상실하였지만, 교육학계를 중심으로 폭넓은 지지층을 확보하였으며 열린교육, 구성주의 교육 등의 형태로 오늘날까지도 영향력을 유지하고 있다. 이런 점에서 새교육운동은 단순히 정치권력이 체제 유지를 위해 주도하는 교육운동과는 구분되며,

엘리트 주도의 계몽운동과 맥락을 같이 한다. 특히 진보주의 교육이 민주주의의 실천을 중시한다는 점에서 민주주의의 확산을 목표로 한 사회개조론과도 연결된다고 할 수 있다.

새교육운동은 권위적 교사 중심의 교수법을 지양하고 학교 운영에 남아 있던 전체주의적 교육관행을 민주적 방식으로 대체하려는 시도에서 출발하였다. 예컨대 토론식 수업의 도입, 80분 단위의 수업시간 배분, 아침 전체조회 폐지, 학부모회건육회 설립 등 민주적인 학교 운영방식을 시범적으로 도입하였다(강일국 2003). 그리고 어린이회 활동을 강화하고 어린이회장을 직접 선거에 의해 선출하도록 하였다. 어린이회는 자신들에게 필요한 사항을 의결하여 학교에 요구하였고 학교는 이를 반영하도록 노력하였다. 심지어, 1949년 서울사대부국에서 열린 연구발표회에서는 전체주의 잔재라 하여 교실 정면에 국기를 부착하지 않은 사건이 발생하기도 했다(강일국 2003: 205). 학교 측의 설명은 "자연스럽게 아동이 존중받는 가운데 자신의 선택에 의해 나라를 사랑하게 하는 것이 훨씬 애국심 고취에 효율적"이라는 것이다. 이러한 논란에 대해 당시 문교부 장학관은 국기를 꼭 달게 하기보다는 효율적인 방법을 사용하라고 당부하였을 정도이다.

이렇듯 당시의 학교 문화에 비추어 볼 때 다소 생경하기까지 했던 '새교육'은 미국의 지원을 받아 조직적으로 전국의 학교 현장에 보급되었다. 미군정은 1946년 한국의 정치·경제·교육에 대한 정책의 골자를 담은 '46년 6월 대한 정책에 대한 기본 훈령'을 발표했다. 이에 따라 전통의 교육방법에서 탈피한 미국식 민주주의에 입각한 교육방법을 교사들에게 보급하면서 새교육운동이 시작되었다. 미군정청 학무국 차원의 새교육운동은 1946년 9월 12일 '신교육연구협회'를 창설하면서 공식적으로 시작되었고, 이후 정부의 강습회, 연구발표회 등이 이어졌다. 각 지방에도 미국인 고문이 파견되었다. 당시의 지방 교육 업무는 도지사 산하의 학무국에서 담당하였는데, 경상남도의 경우 초대 학무국장으로 윤인구 국장이 임명되었고, 학무국장의 미국인 고문으로 파샬N. Paschal이 임명되었다(손인수 1994a: 45).

미국 콜럼비아 대학을 졸업한 오천석은 듀이를 비롯한 미국의 교육이론을 소개한 「민주주의교육의 건설」이라는 책을 편찬하였으며, 1947년 '새교육협회'를 창설했다. 그리고 미국의 전국교육연합회NEA를 모방한 '조선교육연합회후에 대한교육연합회로 개칭하였으며 오늘날 한국교총의 전신'을 설립하였다. 대한교육연합회의 기관지인 『새교육』은 새교육운동의 이론과 실천을 전국의 교육자들에게 소개하는 역할을 담당했다(이소영 2010: 53).

정부수립 이후 새교육운동은 초대 문교부 장관인 안호상의 일민주의교육과 한국 전쟁을 통해 세를 얻은 반공교육의 도전에 잠시 위축되는 듯했다. 그러나 1950년대 이후 미국의 막대한 지원을 토대로 교육계에서 꾸준히 영역을 확산시켜 갔다.

우선 각급 학교교육과정에서 새로운 교육이론이 소개되고 반영되었다. 한국전쟁으로 일시 중단되었던 교육과정 개정 작업이 1952년 교육과정 전체위원회를 구성함으로써 재개되었는데, 교육과정 개정 작업에 있어서 멀홀랜드V.M. Mulholland를 단장으로 하는 미국의 제2차 교육사절단의 조언이 많은 영향을 주었다. 미국의 제1차 교육사절단은 1952년 8월 하비지M. Harbage를 단장으로 하여 파견되었는데, 이들은 1953년 6월까지 10개월간 머물면서 현직 교원 연수에 주력하였다. 교육사절단의 재정은 대부분은 미국무성에서 지원하였고, 비품 등은 한국재건단UNKRA에서 제공하였다. 이들 교육사절단은 교육과정의 이론적 기초를 제공하는 동시에 한국인들의 '눈을 뜨게 하고, 귀를 트이게' 하는 역할을 했다고 한다(손인수 1994a: 588). 제1차 교육사절단은 부산 영선국민학교에서 두 차례, 서울 남산국민학교에서 한 차례 강습회를 개최하였다. 강습 내용은 민주적인 교육행정, 교육과정, 학습지도법 등에 관한 것이었으며 강습 대상자들은 주로 현직 교사, 교감, 장학사들이었다.

정전협정이 맺어지기 전임에도 불구하고 미국인들의 교육을 통한 미국화 Americanization 노력은 진지했다. 강습을 담당했던 미국인 교수는 단지 진보주의 교육이론을 소개하는 데 그치지 않고, 민주주의적 교육 철학을 직접 보여 주고 체득할 수 있도록 노력하였다(손인수 1999: 589). 당시 교통이 발달하지 않아 전국적 순회는 어려웠지만 피난 수도인 부산을 중심으로 인근 지역인 경상남도와 경상북도, 그리고 서울까지 이어진 철도 인근 지역을 중심으로 일선 교육현장을 샅샅이 시찰했다. 그리고 이를 바탕으로 한국 교육의 현실과 전망을 예리하게 분석한 결과를 3회에 걸쳐 미국무성에 보고하였다.

멀홀랜드를 단장으로 하는 제2차 교육사절단은 1953년 9월부터 1954년 6월까지 활동했는데, 이들은 주로 교육과정 개선에 많은 조언을 했다. 그리고 A팀과 B팀으로 나뉘어 교육철학, 교육과정 개선, 학습지도, 생활지도, 교사양성 등 교육 전반에 관한 연수를 실시하였다. 경남의 진해 공군사관학교에서는 현대교육심리학 및 교육방법을 강의하기도 하였다. 2차에 걸친 교육사절단의 연수를 받은 일선 교사 및 교감, 교장, 장학사의 숫자는 1,000여 명에 달했다. 3차 교육사절단은 벤자민H. Benjamin을 단장으로 하여 1954년 9월부터 1955년 6월까지 10개월간 파견되었는데, 이들은 실제 수업을 참관하며 조언하였는가 하면 학교장의 학교 운영방식에 대해 조언하였다. 이들이 '이별선물'로 남긴 책자, Curriculum Handbook for the School of Korea는 「교육과정 지침」이라는 제목으로 번역되어 전국의 학교에 보급되었다.

미국무성의 주도하에 이루어진 새교육운동의 핵심 목표는 교육을 통한 미국식 민주주의의 이식이었다. 그 핵심 역할을 수행했던 것이 '사회생활과 the Social Studies'라는 교과인데, 이 교과는 미국에서 20세기 초 세계 최초로 탄생시킨 교과이다(권오정 외 2003). 미국에서 이 교과를 탄생시킨 목적도 산업화 과정에서 밀려들어 오는 이민 노동자들을 미국화Americanization하고자 하는 데서 비롯되었다. 그리고 미군정청 학무국이 최초로 만들어 보급한 초등학교 사회생활과 교육과정은 당시 교육과정 담당관이었던 앤더슨L. Anderson 중위의 고향이었던 콜로라도 주 덴버시 교육과정을 거의 그대로 번역한 것이었다.

미국식 교육을 이식하기 위한 미국무성의 노력은 교육사절단의 파견에 그치지 않았다. 1956년 10월 미국의 조지 피바디 사범대학 교수 일행이 내한하여 1962년까지 활동하였다(손인수 1994a: 588). 이들은 서울대학교 사범대학을 중등교원양성기관의 모델로, 그리고 광주사범학교를 초등교원양성기관의 모델로, 연세대학을 도서관학의 모델로 발전시키는 것을 목표로 사업을 벌였다. 그리고 이화여자대학교에 모델 유치원을 설치하고 중앙교육연구소를 교육연구전문기관의 모델로 발전시키고자 하였다. 이들의 사업 내용에는 주요 한국인 인재들의 유학 프로그램도 포함되었다. 당시 피바디 대학 소재지인 테네시 및 미국 각지에 파견된 유학생은 82명, 단기 워크숍 참가자는 150명이었다. 이들 유학프로그램 참가자들은 지속적으로 영향력을 행사하며 한국 교육에 대한 미국식 교육의 이식 작업을 수행하여 왔다.

새교육운동이 전개되던 과정에서 필연적으로 노정될 수밖에 없었던 문제가 반공교육 및 국수주의적 민족주의교육과의 갈등이었다. 식민 지배와 한국전쟁을 겪으면서 반공·반일 문제는 국민 대중의 정서적 지지를 받을 수밖에 없었기 때문에 쉽게 무시할 수 있는 사안은 아니었다. 또 초대 문교부 장관에 안호상 서울대 철학과 교수가 임명되면서 미국식 민주주의교육은 심각한 도전에 직면하였다. 안호상은 독일 예나대학과 동경제국대학 출신으로 미국식 민주주의와는 거리가 먼 인물이다. 이승만정부는 안호상을 문교부 장관으로 임명하는 데 있어 그가 반탁운동이 전개된 시점에서 좌익계 교수들과 이념 논쟁을 주도했으며, 우익계 학생들의 이념적 지도자 역할을 수행해 온 이력을 중시했다. 그러나 안호상의 문교부 장관 임명은 친미계 인사들에게는 불편한 일이었다. 당시 차관에 임명된 문장욱은 미국 컬럼비아 대학과 남캘리포니아 대학에서 수학하여 박사학위를 받은 친미계 인사였다. 문장욱은 거의 청사에 출근하지 않는 등 업무에 소극적 태도를 보이다가 나중에는 아예 등청을 거부할 정도로 장관과 갈등을 노골적으로 표현했다. 여기에는 장관의 인사에 대한 불만과 함께 서구식 민주주의교육이 아닌 민족주의적 성향의 문교 정책에 대한 불만이 주된 이유로 작용되었다(손인수 1994a: 57~63).

안호상의 교육철학은 '일민주의'로 집약될 수 있다. 안호상은 일민주의를 민주주의가 결합된 민족주의로 설명하고 있으나 그 구체적 내용은 민족 주체성의 확립, 주의·사상의 통일 등 사실상 국수적 민족주의에 해당하는 것이었다. 안호상이 교육법에 '홍익인간'의 이념을 포함시키기 위해 집착하였던 것도 한국인의 민족적 정체성이 단군에서부터 발현된다는 점을 강조하기 위해서였다. 그리고 안호상은 민족 내부의 계급투쟁을 거부하고 민족 내의 단결을 지향해야 한다고 주장하였다. 이 점에서 일민주의교육사상은 공산당의 계급투쟁에 대항하는 이론으로 발전되었고 반공을 강조하는 자유당 정부의 지도이념으로 채택되었다(손인수 1994a: 143~160). 그리고 일민주의교육이념은 이후 반공교육, 통일교육 등 체제 유지를 위한 이념교육의 형태로 발전하게 된다.

안호상은 학교에 반공주의를 실현하기 위해 모든 학교에 학생위원회를 설치하고 "공산주의자이거나 좌경 또는 자유민주주의에 대한 명확한 신념이 없는 교사를 모든 직위에서 몰아내야 한다"며 불온교사 색출 작업을 벌였다(손인수 1994a: 161). 그 결과 1949년 전국의 1,641명의 교사가 불온교사로 몰려 교단을 떠났다. 경남에서도 263명의 교사가 색출되었는데, 이는 경북 398명에 이어 전국에서 두 번째로 많은 숫자이다. 그리고 안호상은 학생의 사상 통일이라는 명분으로 학도호국단을 창설했다. 그리고 1948년 12월부터 각 중등학교의 학생간부 2,400여 명을 중앙학도훈련소에 입소시켜 군사훈련을 시켰다. 또 전국 중·고·대학의 체육교사 387명을 육군사관학교에 입소시켜 45일 동안 군사훈련을 시킨 뒤 육군 소위로 임명하여 해당 학교에 배속하였다.

제2대 문교부 장관에 친미주의 성향의 백낙준이 임명되면서 학도호국단은 해체될 위기에 처했으나 한국전쟁의 영향으로 4·19혁명이 발발할 때까지 명맥을 유지할 수 있게 되었다. 백낙준 장관 아래에서 종래의 학도 경찰 역할을 수행하던 감찰부가 폐지되고 군대식 운영방식에 변화가 있었으나, 대통령이 학도호국단 총재가 되는 등 통치 집단의 정점에서부터 철저히 위계화된 조직을 유지하였고 군사교육도 지속되었다. 그리고 각급 학교 학생들에게 '우리의 맹세'를 외우게 하는 등 일제강점기의 전체주의적 방식의 교육이 행해졌다. 당시 미국 측 인사가 기록한 학도호국단의 모습은 다음과 같다(손인수 1994a: 183).

> 1952년 한국의 중등학교에 있어서 특수한 생활 양태를 관찰해 보자. 매일 아침 학생들은 연병장이나 운동장에 모였으며, 군대식으로 줄을 서서 태극기에 대해 경례를 하고 학교장의 훈시를 들었다. 이러한 일상 의식이 끝난 다음에 학생들은 학급 소대장과 학생 지도자의 지휘 아래 교실로 행진하였다. 소녀들과 소년들은 검정색의 일본식 제복을 입었다.

이렇듯 학도호국단으로 대표되는 안호상의 일민주의교육은 일본식 군국주의교육을 연상하게 하였으며, 각계의 비판에 직면하였다. 특히 미국 측 인사들은 불편한 기색을 숨기지 않았다(손인수 1994a: 181~183). 주한 미국대사 무초는 학도호국단에 대해 일제 군국주의의 부활, 나치 독재, 파시즘 등의 용어를 사용하여 비판했다. 심지어 안호상의 일민주의가 반미 사상이라는 지적도 제기되었다.

새교육운동 진영 역시 반공을 지향한 것은 마찬가지다. 미국에서 한국에 미국식 민주주의교육을 이식하고자 했던 가장 큰 이유 중의 하나가 반공이었을 정도로 반공은 새교육운동의 중요한 과제였다(이소영 2010: 47). 그러나 이들은 반공교육 역시 민주적 방식으로 이루어져야 한다고 생각했다. 그리고 미 교육사절단의 조언을 받은 교육과정심의회에서는 반공교육을 따로 떼어 가르치기보다는 전반적인 교육과정에서 반공에 대한 내용을 소화하여 가르치는 방식을 택했다(강일국 2003: 207~208). 그러나 문교부는 이를 무시하고 연간 최소 35시간에 해당하는 반공 도의 교육을 의무화시켰다. 그렇다 하더라도 실제 35시간을 가르치는 것은 교사의 재량이었기 때문에 1957년 도덕교과서가 별도로 발행되기 이전까지 대부분 사회생활과의 아동 윤리와 관련된 시간에서 다루어졌다. 미국의 진보주의 교육사조의 영향을 입은 사회생활과의 경우 주로 생활윤리를 강조하고 있다는 점에서 도덕교과서가 보급되기까지 반공교육의 직접적 교수는 사실상 어려웠다고 할 수 있다. 1957년 보급된 반공교과서의 내용 역시 반공·반일 단원의 내용은 전체의 13.3%에 불과했고, 그나마 사회생활과의 일부로 가르치도록 권장되어 반공교육이 제대로 시행되었다고 보기가 어렵다(강일국 2003: 208~209).

그리고 새교육운동 주도 학교들은 교과 내용보다는 웅변대회나 글짓기, 포스터 등 교과 외 활동을 통해 반공교육을 시도하였다. 이러한 활동은 특히 6월 행사에 관련하여 집중되기도 했으며, 교장의 훈화를 통해 시도되기도 했다. 그러나 어떤 경우도 강요보다는 아동의 적극적 참여 유도를 통해 실천되었다. 반공교육과 민주교육의 조화를 시도한 셈이다.

새교육운동에서 주창하는 민주주의교육은 4·19를 거치면서 이 운동의 창시자인 오천석이 제2공화국의 문교부 장관이 되면서 새로운 전기를 맞이하였다. 그리고 오천석은 자유당 정권 말기에 위축되었던 민주주의교육의 회복을 약속했다. 반공교육에 대해서도 "반공교육도 중요하지만 그것은 수단이지 목적이 될 수 없다는 사실입니다. 반공이란 민주주의가 잘되면 저절로 이루어집니다"라며 기존의 태도를 견지하였다(손인수 1994b: 149).

그러나 민주 정부의 등장에도 불구하고 일선 학교는 자유당 정권의 부패에 적극적으로 가담한 교원 및 교육행정가들의 배척 문제를 둘러싼 학원 분규로 몸살을 앓았다. 또 자유당 정권이 학원을 정치도구화한 데 대한 자괴감, 학교 내에 만연했던 부정부패, 신분의 불안정성 및 경제적 어려움 등이 엉키면서 교원노조결성운동이 전개되었다. 지역별로 초등교원 노동조합연합회, 중고등학교 교원노동조합연합회가 결성되었다. 당시 경남지역에서 교원노조에 가입한 교원들의 숫자는 8,087명으로 경북의 8,142명에 이어서 두 번째로 많았다(손인수 1994b: 234). 전국의 노조가입자가 18,678명이라 할 때 경남북 교원의 비중은 전체 가입자의 87%에 육박했다. 물론 민주당 정권은 교원노조를 북괴의 조종을 받는 용공단체로 취급했고, 오천석 장관은 교원노조를 위해 법을 개정할 수 있으나 노조가 아닌 사회적 조직으로 인정하겠다는 태도를 분명히 했다.

이러한 혼란에도 불구하고 제2공화국의 민주당 정부는 교육에 대해 그다지 정책적 비중을 두지 않았고 예산 배정에도 인색했다. 유일하게 국회의원이 아닌 전문가 출신 오천석 장관에 대한 민주당 내부의 부정적 인식도 확산되었다. 오천석 장관은 5·16군사 쿠데타 발생 보름 전 장관직에서 물러나 프랑스 대사로 임명되었으나 결국 부임하지는 못했다.

1961년 5월 16일 군사 쿠데타가 발생하면서 일선 학교에서는 대규모의 인사이동이 실시되었고 이로 인해 새교육운동 주도 학교들은 심각한 타격을 입게 되었다(강일국 2003: 216). 당시 새교육운동을 주도하던 교사들, 특히 교장들은 타지로 전근을 가게 되었고 학교의 운영방식도 민주적 방식에서 통제적 방식으로 전환되었다. 그리고 민주적 방식에 의한 반공교육이 적대심과 공포에 기초한 반공교육으로 전환되었으며, 어린이회의 역할도 의사주체성이 아닌 생활 반성과 생활 선도로 바뀌었다. 이로부터 새교육운동이 지향하던 민주주의교육은 1987년 6월 민주화 항쟁을 거치기까지 오랜 기간 잠복기로 접어들 수밖에 없게 되었다.

3. 군사정부의 체제이념교육

여기에서 군사정부라 함은 5·16군사정부에서부터 박정희 대통령 재임기간유신체제 포함, 그리고 제5공화국 정부를 포함하는 용어이다. 군사정부의 뜻은 협의로 보면 군사행동으로 정권을 장악한 군인들이 다스리는 기간 동안의 정부를 지칭하는 용어이며, 따라서 선거 등의 방식으로 정권을 획득한 기간 동안의 정부 기간은 엄밀한 의미에서 군사정부로 보기 어려운 점이 있다. 그러나 쿠데타 주역이 연장선상에서 정권을 유지하였으며, 강압적 형태의 통치방식을 사용했다는 점을 근거로 이러한 용어를 사용했다는 점을 밝힌다.

군사정부는 시기는 다르더라도 스스로 정당성을 부여함에 있어서 공통적으로 국가 긴급 상황에서 체제 수호를 위해 등장했음을 강조하고 있다. 이런 점에서 볼 때 군사정부하의 교육은 체제 유지를 위한 이념교육의 성향을 띠는 경우가 많다. 그러나 적어도 한국의 상황에 있어서 군사정부하의 교육을 체제 유지형 교육으로 일반화하기 어려운 점이 있다. 특히 박정희 군사정부의 경우 단순한 통치 목적을 넘어서 구한말이나 일제강점기하의 교육운동에서 발견되는 민족계몽을 추구하고 있다.

5·16군사정부는 단순히 특정 현안 문제의 해결에서 정권의 정당성을 찾기보다는 '조국근대화' 또는 '민족중흥' 등 거시적이고 장기적인 관점에서 목표를 설정하였다. 그리고 이러한 목표들은 민족 단위의 인간 개조를 전제한다는 점에서 다분히 민족주의적 계몽운동의 성격을 띠고 있었다. 물론 이 시기에 반공교육 및 안보교육과 같은 체제 유지 목적의 교육운동의 비중이 약했

던 것은 아니다. 군사정부하에서는 계몽운동 성격의 교육운동과 정권 차원의 체제 이데올로기교육운동이 서로 공존하던 시기라 할 수 있으며 양자의 교육운동 간의 관계도 경쟁적이라기보다는 상호 보완적인 것이었다. 물론 군사정권 후반으로 갈수록 첫 번째 형태의 교육운동은 두 번째 형태의 교육운동으로 수렴되어 갔다. 결국 군사정부의 교육운동에서 가장 주도적 형태는 체제 이데올로기교육이라 할 수 있다. 대학가 및 노동계를 중심으로 하는 저항적 교육운동 역시 근근이 명맥을 유지해 왔으며, 제5공화국 정권하에서는 본격적인 세력 확장의 발판을 마련하게 되지만, 교육현장에 광범위한 영향을 주기에는 미미한 수준이었다.

정신 개조 운동

5·16군사정부 역시 처음에는 교육을 통한 인간개조, 인간개조를 통한 사회개혁을 정권 차원의 교육목표로 설정했다. 군사정부가 내건 사회 개혁의 목표는 '조국의 근대화'라는 용어로 집약되는데, 이러한 사회 개혁을 달성하기 위해서는 자주, 협동, 역행力行, 건강한 인간 등의 인간개조 작업이 필요하다는 것이다. '혁명정부 문교시책'에도 '인간개조'가 중요한 시책의 하나로 제시되었을 정도이다. 그리고 인간개조 작업을 위해 재건국민운동이라는 이름의 국민 계몽 사업이 전개되었다.

재건국민운동은 법률로도 제정이 되었는데, 이때 제시된 실천요강은 ①승공·민주주의 이념의 확립, ②내핍 생활의 실천, ③근면정신의 고취, ④생산 및 건설 의식의 고취, ⑤국민 도의의 앙양, ⑥정서 관념의 순화, ⑦국민 체위의 향상이었다. 그리고 일반 사회단체 및 직장에는 '재건'이라는 간판이 붙고 강연회 및 홍보 영화 상영 등 정권 차원의 동원 운동이 전개되었다(손인수

1994b:304~305). 전국 단위의 조직도 정비되어 모든 기관에 재건국민운동촉진회가 결성되고 조직원 교육과 단합대회가 개최되었다. 이 운동은 생활의 합리화를 지향하여 간소복 착용, 직장 체조, 시간 엄수, 청소 운동이 전개되었다. 재건운동의 농촌판으로는 향토교육운동이 전개되었다.

그러나 1960년대 급속한 공업화와 도농 간의 소득격차 문제는 새로운 형태의 농촌 운동의 필요성을 인식하게 만들었다. 도농 간에 소득격차를 줄이기 위한 일환으로 '농어민소득증대특별사업'이 제시되었다. 이 운동은 각 농가가 쌀 이외의 다른 소득을 획득할 수 있도록 도와주는 사업이다. 그리고 이 시기에 통일벼 보급이 이루어지기 시작했다. '농어민소득증대' 및 '통일벼 보급 사업'과 같은 소득·식량증대 사업에 이어 농촌 환경 개선의 일환으로 새마을 가꾸기 운동이 구상되었다. 그런데 새마을 가꾸기 운동은 기존의 '잘살기 운동'과는 다른 점이 있었다. 새마을 가꾸기 운동을 구상하게 된 최초 동기가 국민 '정신 개조'에 대한 가능성으로부터 주어졌으며, 이후 이 운동이 새마을운동으로 확대되는 과정에서도 사실상 정신 개조 운동으로 진행되었다는 점이다(정용교 외 2011).

박정희 대통령이 새마을 가꾸기 운동을 구상하게 된 것은 삼남지방의 수해와 한해 대책을 모색코자 지방 순시를 하다가 청도군 신도리(혹자는 포항시 문성리라고 주장함)의 한 마을을 둘러보면서 이들 농민들에게서 한국인의 정신 개조의 가능성을 보았기 때문이라고 한다(문상석 2010). 박대통령은 이 경험을 1969년 부산에서 전국 시도지사들에게 이야기했고, 이 자리에서 '새마을 가꾸기 운동'을 제안하였다. 그리고 새마을 가꾸기 운동은 1970년 10월부터 이듬해 6월까지 전국 34,655부락에 시멘트 300포에서 350포가 배부되면서 시작되었다. '겨울 농한기에 농민들이 놀음으로 혹은 음주로 시간을 허비하는 것을 없애고, 일을 하지 않고 보내는 계절을 없애기 위해 앞서 시멘트를 배분하였다'는 것이다(박진환 2005). 이렇게 배분된 시멘트를 가지고 농민들은 자신들의 비용을 부담하여 마을 주변의 도로를 넓히고 곧게 하는 작업을 벌였다. 정부의 시멘트를 반납하고 마을 가꾸기에 동참하지 않은 마을은 '나쁜 마을,' 열심히 동참해서 마을을 바꾼 곳은 '성공적인 마을'로 구분되었다. 또 각각의 마을을 기초, 자조, 자립 마을로 구분하고 열심히 하면 자조, 자립으로 승격할 수 있도록 하였다. 당시 집성촌 중심의 마을 구조가 많다 보니 타 마을에 비해 마을 등급을 상향시키려는 경쟁의식이 자극되었다. 자조마을로 승격하려면 환경개선뿐 아니라 소득증대도 증명해야 할 정도로 승급이 쉽지 않았으나 1973년까지 자조와 자립마을로 승격한 마을이 69%자조 57%, 자립 12%에 이를 정도로 눈에 띄는 성공을 거두었다(문상석 2010: 51). 이러한 성공 경험은 농민들에게 스스로 성공했다는 자부심을 갖게 하기에 충분했다. 정부가 내건 '정신 개조'에 부합하는 사업의 목표를 이룬 셈이다. 새마을운동이 여타의 지역개발운동과 다른 점은 이렇듯 동기 부여 및 성공 경험을 통한 정신 개조자기 효능감 개선가 이루어졌다는 점이다.

새마을 가꾸기 운동에 고무된 정부는 이 운동을 본격적인 정신 개조 운동으로 정착시키고자 하였다. 1972년 12월 8일 국무회의 석상에서 박정희 대통령은 "새마을운동은 농어민들의 소득을 증대시키려는 잘 살기 운동인 동시에 근면·자조·협동하는 새 인간상像을 정립하는 정신혁명(손인수 1994c: 46)"이라고 말했다. 그에 앞서 1972년 1월 농업협동조합중학회의 농협대학에 독농가 연수 과정이 개설되었고, 7월에는 새마을 지도자교육이 실시되었다. 그리고 1973년에는 새마을지도자연수원이 개설되었다. 독농가들의 성공사례는 다큐멘터리 영화로도 제작되었으며, 새마을지도자연수원의 교육도 성공사례교육을 중심으로 이루어졌다. 아울러 정해진 시간에 이루어지는 기상과 체조, 점호, 취침 등 군대식 생활을 통한 정신 교육이 강조되었다. 이후 새마을운동은 지역 새마을운동, 부녀 새마을운동, 직장 새마을운동, 공장 새마을운동, 새마을 청소년 운동, 새마을 체육 운동, 새마을 금고 운동, 학교 새마을

운동, 새마을 유아원 운동 등 전 국민을 대상으로 함과 동시에 사회 전반에 걸친 정신 개조 운동으로 확대되었다. 그리고 마침내 박정희 대통령은 1973년 11월에 열린 전국 새마을 지도자 대회에서 "새마을운동은 10월 유신의 이념을 구현하기 위한 생활철학이요 그 실천도장(손인수 1994c: 51)"이라고 밝혀 이 운동이 유신 정권의 통치 철학과 연결되어 있음을 강조했다.

새마을운동은 학교교육에서도 중요한 부분을 차지하게 되었다. 새마을운동을 학교교육에 정착시키기 위해 각 교육청에서는 '새마을교육 실천 방안'을 발표했는데, 예컨대 경남 의령군 교육청에서는 1973년 5월 '새마을교육의 심화를 위한 교육 기능 신장에 관한 연구'라는 주제의 세미나를 개최하였다(손인수 1994c: 51). 그리고 전국적으로 각급 학교에서는 ① 환경개선, ② 근로봉사활동, ③ 자활학교 육성, ④ 학교 개방, ⑤ 새마을 학교 설치 등을 내용으로 하는 새마을 교육운동이 전개되었다. 그리고 여름 새마을 학교 1,616개교, 겨울 새마을 학교 2,208개교가 설치되었다. 농어촌 지역 교사들은 5무無 운동, 즉 노는 땅 없애기, 미신 없애기, 사치·낭비 없애기, 도박 없애기, 문맹자 없애기 운동을 펴도록 하였다. 그리고 중앙교육연수원을 통하여 교장, 전문직, 교사들을 대상으로 한 새마을 교육 연수가 실시되었다. 이후 새마을운동은 1970년대 후반에 이르러 순수한 정신 개조 사업인 '새마음운동'으로 발전하게 되었다.

새마음운동을 전국적으로 확대하기 위해 1978년 사단법인 구국여성봉사단이 발족되었고, 큰딸 박근혜가 총재로 임명되었다. 그리고 새마음 갖기 국민운동은 "어버이에 효도, 나라에 충성"이라는 충효사상을 새마음의 구체적 내용으로 삼았다(손인수 1994c: 61). 충효교육이 본격적으로 강조되기 시작한 것은 1977년부터인데, 이는 박대통령이 문교부 연두순시에서 한국 사상의 핵심이 효孝라는 점을 강조하면서부터이다. 당시 문교부 장관이었던 황산덕은 충효사상이 등장하게 된 배경으로 민주주의라는 개념을 구체화하는 과정에서 "민주주의라는 것도 결국은 국가에 충성하고 부모에 효도하는 마음으로 모든 사람이 노력하고 조화를 이루는 데는 발현되는 것"이라고 보았기 때문이라고 설명하고 있다(손인수 1994c: 124). 즉 민주주의를 '충효정신'으로 해석하여 국가의 기본 원리로까지 발전시킨 셈이다.

1979년과 1980년에는 전국적으로 충효교육의 확대 보급이 본격화되었다. 충효교육의 내실화를 목적으로 호국 유적지에 대한 현장학습 및 슬라이드 형태의 국난 극복 및 효행교육 자료들이 제작·보급되었다. 그리고 전국의 5,066개 학교에 경로교실을 설치·운영하였다. 각 시도 교육위원회에서는 충효 정신을 심화한다는 목적으로 새마음회 조직을 초등학교에까지 확대운영하게 하였다(손인수 1994c: 131).

이렇듯 새마을운동은 농민 주도의 마을 환경 개선 사업 성공 경험으로부터 시작하였지만 점차 전 국민을 대상으로 한 정권 차원의 국민 계몽 사업으로까지 확대·재생산되었다. 그리고 마지막에는 국가에 대한 충성과 노인에 대한 공경을 내용으로 하는 국가통치이념의 보급운동으로까지 발전하게 되었다.

이상에서 보듯이 군사정부가 꿈꾸던 정신 개조 작업은 단순히 개개인이 합리적 생활 습관을 갖게 되는 차원에 머무르지 않았다. 국민 전체가 합리적이고 근면하며 국가 안보에 대해 단결된 모습을 보이는 쪽으로 변화해야 한다는 집단적 행동 변화를 추구하고 있었다. 이러한 집단적 정신 개조의 취지는 1968년에 발표된 국민교육헌장에 잘 나타나 있다. 즉 온 국민이 '민족 중흥'이라고 하는 거시적이고 집단적인 목표를 달성하는 데 도움이 되도록 교육받고 성장해야 한다는 것이다. 국민교육헌장 첫 단어인 '우리'는 국민 개개인이 아닌 민족, 국민 단위의 집단적 개체가 되는 셈이다. 박정희 대통령은 1969년 국민교육헌장 선포 1주년 기념식에서 "국민교육헌장은 우리 민족이 지녀야 할 사명감과 윤리관을 정립한 역사적 장전이며 (……) 모든 국민이 이헌장에 담긴 이상적인 국민상像을 교육의 지표로 삼아 (……) 부단한 노력과 실천으로 젊은 세대의 올바른 선도에 힘써 나가줄 것을 바라마지 않는다"라고 하여 민족적 단위의 인간 발달상을 설정하고 이 발달과업의 달성에 모든 국민이 노력할 것을 촉구하고 있다.

국민교육헌장은 1972년 10월 유신을 거치면서 통치 이념으로까지 확대된다. 국민교육헌장의 반포일인 12월 5일은 1973년 3월 30일 대통령령에 의해 정부가 주관하는 기념일이 되었으며 매년 문교부 주관의 기념식이 거행되었다. 그리고 국민교육헌장에 대한 비판과 반대가 일체 금지되었다(손인수 1994b: 666~667). 국민교육헌장을 비판하고 대신 「우리의 교육지표」를 발표한 11명의 전남대 교수들과 이를 정치권력의 홍보 수단이라고 비판한 연세대 성내운 교수 등 다수 인사가 체포되어 구속되기도 했다. 또 초등학교에서 대학에 이르기까지 학생들에게 이를 암기시키고 행사가 있을 때마다 교육기관의 장이 이를 낭독하도록 하여 후에 일제의 교육칙어敎育勅語를 연상케 한다는 지적을 받기도 했다.

국민교육헌장을 통해 단순히 사람을 위한 교육이 아닌 한국 사람을 위한 교육으로 방향을 설정한 군사정부는 이른바 '국적 있는 교육'이라는 개념을 통해 민족주의적 국민교육을 강화시켜 나간다. 1972년 3월 문교부 주최로 열린 제1회 전국교육자대회에서 박정희 대통령은 직접 민족의 정통성과 국가의 자주성을 지켜 내기 위해 '국적 있는 교육'이 필요함을 역설하였다. 그리고 이를 실현하기 위해 '국사교육강화위원회'를 구성하였다. 또 제3차 교육과정 개정을 통해 국사과와 도덕과를 독립 교과화하였으며, 초·중·고 국사교과서를 국정교과서로 전환하여 단일체로 발행토록 하였다. 그리고 민족 사관에 기초한 일부 학설을 수용하여 이를 교과서 내용에 포함시켰으며, 백제의 국제 활동, 신라의 대당對唐 항쟁, 의병 활동, 단군 신화 등의 내용을 부각시켰다(손인수 1994c: 35). 대한교육연합회도 국적 있는 교육을 1973년부터 2년간 전국교육연구 활동 및 전국교육연구 대회의 주제로 설정하였다. 그리고 문교부는 1972년 국사교육 강화를 위해 대학입학 예비고사에 독립된 국사과를 치르도록 하였다. 나아가 대학에서도 국민윤리와 함께 한국사가 국정필수과목으로 되었다.

국민교육헌장은 유신 정권의 교육 이념이라 하여 1980년 10·26 사태 이후 잠시 폐지 위기에 몰렸었다. 그러나 1980년 5·17 군사정변을 통해 정권을 잡은 제5공화국 정부에서도 국민정신 교육의 내실화를 목적으로 이를 존속시켜 왔다. 국민교육헌장이 사실상 폐지된 것은 1995년 문민정부에 들어서이다.

체제 이데올로기교육

군사정부가 국민을 상대로 펼친 정신 개조의 내용 중 중요한 축을 이룬 개념이 반공과 안보였다. 반공은 군사정변 이후 군사정부가 설정한 제1호 국시였고, 안보는 1970년대 유신 정권이 등장할 때 내세운 정치적 명분이었다.

군사정부에서는 먼저 반공을 강조했다. 군사정부의 출범과 함께 반공교육이 강화되기 시작했다. 우선 교육과정 개정을 통해 교과 영역에서 반공도덕영역을 떼어 내어 생활영역에 독자적으로 설정하였다. 학교생활의 전 영역에서 반공을 강조해야 한다는 취지였다. 각 교과의 내용에도 반공 관련 사례들이 많이 포함되었다. 반공의 방식도 적대와 공포의 방식으로 바뀌었다(강일국 2003: 217). 1950년대의 반공 방식이 북한에 대한 부정적 내용보다 호국반공용사나 국군에 대한 감사 등 긍정적 접근에 기반을 두었다면 이후의 접근은 북한에 대한 부정적 내용을 강조하는 방식으로 전환되었다.

1960년대의 반공교육이 북한체제 및 공산주의의 문제점에 대한 교육이었다면 1970년대의 반공교육은 북한 침략의 가능성을 상정한 안보 교육으로 발전되었다. 초등학교 교과서에서도 북한은 단순히 부정적 존재가 아니라 우리의 안보를 위협하는 존재로 그려졌다. 다음은 당시 초등학교 도덕 교과서의 일부를 발췌한 것이다.

> 북한 공산군이 쳐들어왔습니다. 마구 총을 쏘았습니다. 공산군이 괴롭혔습니다.
>
> 북한 공산당은 양의 탈을 쓴 이리의 무리입니다. 같은 민족을 향하여 총을 겨누고 기회만 있으면 전쟁을 일으키려 (……) (손인수 1994c: 82~83)

본격적인 안보교육의 강화는 박정희 대통령이 1971년 12월 6일 돌연 국가비상사태를 선포하면서 가시화되었다(손인수 1994c: 84~85). 그리고 이틀 뒤 문교부는 안보교육 강화를 위한 방침을 각급 학교에 하달하였다. 교직원들과 학생들에게 국가비상사태에 대한 인식과 일사불란한 학원질서, 안보교육체제 강화를 촉구하는 내용이었다. 다음해 1월 17일 대통령 초도순시에서 안보교육과 군사훈련 강화를 문교부 중점 사업으로 보고하였다. 장학 목표 속에는 교련교육, 사격훈련, 행군훈련, 구급간호교육, 방공훈련 및 화생방교육의 강화를 포함시켰다. 나아가 대학교수 7,356명, 대학생 156,651명, 고교생 449,847명을 대상으로 안보 특강과 세미나를 실시했고, 여름방학 중에는 424명의 대학생들을 군에 입소케 하여 공수·해양·산악훈련 등의 군사교육을 실시하였다. 같은 해 3월 24일과 25일 양일간에 걸쳐서 '총력안보를 위한 전국 교육자대회'를 개최하였다. 전국의 대학 총(학)장, 초·중·고교 교장, 대학교수, 시도 교육감, 교육장, 새마을교육 담당교사 등 8,000명이 참석한 자리에 대통령과 국무위원들도 참석하였다. 이 자리에서 ①안보교육체제의 확립, ② 국민총화를 해치는 요인의 불식, ③ 교육 풍토 개선 및 새마을 운동에 앞장설 것을 결의하였다.

안보교육과 함께 반공교육도 강화되었는데, 1974년 6월 5일 발표된 반공교육 강화방안에는 ① 전 교과의 교과서에 반공관련 내용 반영, ② 반공 교과서의 내용 정비 및 계열성 강화, ③ 현실적 사례와 실제 생활과 관련된 반공교육 자료집 보급, ④ 반공 전담교사 연수 강화 등의 내용이 포함되었다.

이 시기 박대통령은 북한의 김일성주의 사상교육을 경계하는 발언을 자주 하였다(손인수 1994c: 91). 북한이 주민들에게 평일 2시간씩, 주말 3시간씩 김일성주의 사상교육을 시키고 있다는 점을 상기시키면서 공산주의 사상교육이 그들의 군사력보다 더 경계해야 할 대상이라는 점을 강조했다. 북한에 대적하기 위해서는 남한도 사상교육을 강화해야 한다는 것이다.

한편 군사교육의 강화를 위해 1975년 6월 7일, 고등학교 이상에 학도호국단이 15년 만에 부활·설치되었다(손인수 1994c: 190~193). 이는 1968년 향토예비군 창설, 1969년 교련교육 실시에 이은 준군사조직의 확대 강화 조치라 할 수 있다. 일반 학생 조직도 병영조직화하겠다는 생각이다. 예컨대 대학생들 중 병역면제자 및 심신 장애자를 제외하고 1~3학년 전체 남학생을 군대식 제대梯隊에 편성하였으며, 군사 훈련 시간도 주당 4시간으로 늘이는가 하면 1학년은 10일간 병영집체훈련을 받도록 하였다.

학교의 병영화는 학교교육의 군사 문화화를 촉진했다. 봄 소풍, 가을 소풍을 춘계 행군, 추계 행군과 같은 군대 행사로 명명하였고, 학교장을 상대로 한 군사사열이 주기적으로 이루어졌다. 심지어는 등하교 길에 학생들을 분대 또는 소대로 조직하여 함께 등교하고 함께 하교하게 하는 경우도 있었다. 1930년대 이후 일제강점기의 황국신민화 교육을 닮은 듯한 전시동원체제형 학교교육은 제5공화국 시기까지도 계속되었다.

학원자율화조치와 학생운동의 부활

제5공화국의 교육정책은 큰 틀에서는 유신 정권의 교육정책을 유지하고 있지만, 개방적 대중문화 정책, 해외 유학 자유화, 학원자유화 등의 조치 등 유화적인 정책을 병행하였다. 그중에서도 과외금지와 입시 간편화, 졸업정원제를 골간으로 하는 7·30 교육개혁조치는 대학교육의 대중화를 초래했고 이는 결국 학생운동의 역량을 축적시키는 결과를 초래했다(손인수 1999a: 224~255).

1980년 7월 30일에 '교육 정상화 및 과열과외 해소방안'으로 단행된 7·30 교육개혁조치는 이전 정권이 추구하던 국민계몽형 교육개혁이라기보다는 교육계에 만연하던 문제를 해소하는 차원에서 기획되었다. 과열과외 추방, 입시문제의 해결, 교육과정의 축소, 교원처우개선, 졸업정원제 및 대학 정원의 확대 등의 조치는 누적된 교육의 난제들에 대한 나름대로 처방을 제시하는 차원의 개혁조치라 할 수 있다. 7·30교육개혁조치의 핵심 내용은 다음과 같다(손인수 1999a: 224).

① **입시제도의 개혁** 대학별 본고사의 폐지 및 고교 내신 성적과 대입 예비고사 성적만으로 선발, 선 시험 후 지원제 실시

② **대입 정원 확대** 대입 정원 11만 명 확대 및 3,500명의 대학교수 신규 채용, 방통대 정원 확대

③ **졸업정원제 실시** 신입생 130% 모집에 100% 졸업, 입학자의 23% 탈락 조치

이러한 개혁 조치들 가운데 이후 대단한 사회적 반향을 일으킨 정책이 졸업정원제를 포함한 대학정원 확대 정책이다. 졸업정원제는 그 취지만 놓고 보자면 '입학은 쉽게, 졸업은 어렵게'라는 선진국형 입시제도를 따르는 것이었다. 대입전형을 내신과 대입자격시험으로 단순화한 것도 입시문제 해소에

긍정적 효과를 미치는 조치라 할 수 있다. 그러나 졸업정원제는 학사관리를 철저히 하기 어려운 한국의 대학 문화에 비추어 볼 때 사실상 실패가 예고된 정책이었다고 할 수 있다. 강제로 30%라는 목표를 정해 탈락시킨다는 것도 문제였다. 인기 대학의 우수학생이 탈락할 수 있다는 우려, 중도 탈락자들의 구제 문제, 과도한 학점 경쟁으로 인한 인간관계 악화 등의 비판이 제기되었다. 마침 선 시험 후 지원제 실시 첫해의 혼란으로 서울대, 연세대, 고려대, 서강대에서 3,000명의 신입생 미충원이 발생하였고 지방의 주요 국립대에서도 수백 명의 신입생 미충원 사태가 발생하자 그 원인이 졸업정원제를 포함한 새로운 입시제도 때문이라는 불만이 확산되었다. 무엇보다도 이 제도가 정부에 저항하는 학생들을 통제하는 장치로 작용할 수 있다는 문제제기가 이 제도에 반대하는 사람들을 중심으로 설득력을 얻어 갔다.

이전의 군사정부가 대학 정원을 통제했던 것에 비하면 신군부의 대학정원 확대정책은 의외의 조치라 할 수 있다. 대학인구의 확대는 지식인 계층의 양산이라는 점에서 예기치 못한 정치적 결과를 초래할 수 있기 때문이다. 물론 국보위 문교분과위원회에서 전두환 위원장이 한 발언 중에 '데모 상습학교 폐지', '반공의 체질화 방안 연구', '유치원부터 반공교육 실시' 등이 포함되어 있던 것을 보면 대학정원 확대가 가져올 정치적 효과를 일부러 의도하지는 않았다고 볼 수 있다. 오히려 재수생 양산이라고 하는 사회 문제 해소 차원에서 대입 정원을 확대하였으며, 여기에 대한 안전장치로서 졸업정원제를 기획했다고 보는 것이 설득력 있다(손인수 1999a: 224~255). 1984년 4월에 졸업정원제는 사실상 폐지되었지만, 그 과정에서 두 배 이상 불어난 대학생 인구는 1980년대 중반부터 전개된 범국민적 민주화운동의 원동력이 되었다.

1983년 12월 21일 전격 발표된 학원자율화조치는 학생운동 부활의 또 다른 불씨를 제공했다. 이 조치는 크게 세 가지 내용을 포함하고 있는데(손인수 1999a: 370), 첫째, 대학 내에 공식·비공식으로 주둔하고 있는 일체 공권력의 즉각 철수, 둘째, 시국 사범으로 제적 조치된 모든 학생의 복학, 셋째, 시국 관련 교수의 복직이다. 그리고 처벌 위주의 학원 대책 역시 선도 위주의 예방에 역점을 두는 방향으로 전환하였다. 정부가 이 조치를 강행한 데에는 급증하는 학원 소요에 대한 유화적 대응, 그리고 1986년 아시안게임 및 1988년 올림픽에 대비한 국가 이미지 개선 등의 이유가 있었다.

그러나 학원자율화조치는 학생운동을 진정시키기는커녕 오히려 촉발시키는 작용을 했다(손인수 1999a:380). 복학생들은 '학원자율화추진위원회'를 구성해 보다 더 적극적인 학생활동의 자유 및 사회민주화를 요구했다. 그리고 1984년 9월, 고려대를 시작으로 하여 총학생회가 전국의 대학에서 부활되었다. 이듬해 초 문교부가 학생회 부활을 인정하는 조건으로 이른바 문교부 5원칙을 제시하자 학생들은 크게 반발하였고, 이를 둘러싼 학원 민주화 문제는 점차 개헌, 민주화, 노동 문제, 미국 문제 등 사회 전반에 걸친 이슈로 확대되었다. 특히 1985년 2·12총선에서 신민당이 약진하면서 학생운동의 열기는 더욱 고조되었다(손인수 1999a:490). 1985년 4월 17일 학생들은 전국 학생들의 대표조직으로서 전국학생연합과 상설적인 투쟁 조직으로서 '민족통일민주쟁취민중해방투쟁위원회삼민투'를 결성하였다. 그리고 5월 23일, 삼민투 산하 단체 소속의 서울대, 고려대, 서강대 등 5개 대학 학생 73명이 서울 미문화원을 점거하고 광주 문제의 진상 규명과 미국의 사과를 요구하며 농성에 들어갔다. 72시간 동안 진행된 이들의 점거 농성은 연일 내외신 언론에 대서특필되었다. 미문화원 사건을 심각하게 여긴 정부는 '문제 학생을 보안법으로 처벌해 전과자로 만드는 대신 일정 장소에 격리·선도 교육을 시키는' 것을 골자로 한 '학원안정법' 제정을 추진하였다(손인수 1999a:491). 그러나 이는 야당과 사회각계의 강력한 반발을 초래하였고, 결국 이 법의 제정이 유보되었다.

1986년에 들어서 학생운동은 그 어느 해보다 격렬해졌다(손인수 1999a:496). 1986년 한 해 동안 하루 평균 5~6회의 교내외 시위가 벌어졌다. 그해 시위의 주요 쟁점이 되었던 문제는 반미와 병영집체 및 전방 입소 거부 운동이었는데 자살과 같은 극단적 형태의 저항운동이 동반되었다. 4월 28일 두 명의 서울대생이 시위도중 분신자살하였으며, 5월 20일에는 한명의 서울대생이 투신자살하였다. 이후에도 학생들의 분신자살 및 투신자살은 산발적이지만 꼬리를 물고 이어졌으며, 1989년에 이르러 대학생 군사교육은 완전히 폐지되었다.

1980년대 중반 다양한 이념적 논쟁을 벌이던 학생운동 조직은 1986년 자민투와 민민투로 정리되었고, 80년대 후반 이르러서는 NL민족해방민중민주주의혁명론과 PD민중민주주의혁명론로 재정리되었다(손인수 1999a: 522~545). 1987년 1월 14일 박종철 군 사망사건을 계기로 학생 및 시민들의 민주화 요구는 거세졌으며, 4월 13일 이른바 4·13호헌조치가 발표되자 학생들의 가두시위도 점점 활발해졌다. 그리고 학생들은 시위의 대중화 및 대학 간 연대를 모색하였다. 그 결과 5월 8일 '서울지역대학생대표자협의회'가 결성되었다. 이어 '부산지역총학생회협의회' 등 각 지역별 학생협의체가 건설되었다. 민정당의 대통령후보 지명대회가 열리는 6월 10일부터 6월 29일까지 20일간 이어진 민주화 항쟁 기간 동안 전국각지에서 연인원 500만 명의 학생 및 시민이 시위에 참가하였다. 학생들은 지역별 학생협의체를 중심으로 가두시위를 이끌었다. 그 결과 6월 29일 노태우 민정당 대통령 후보가 직선제개헌을 받아들이겠다는 6·29선언을 발표하였다. 이에 고무된 학생 조직은 8월 19일 충남대에서 전국 95개 대학 학생들의 대표조직 '전국대학생대표자협의회전대협'를 결성하였다.

대통령선거가 끝난 1988년 초 NL계 후보가 서울대 학생회장으로 당선되면서 학생운동의 쟁점도 바뀌기 시작했다(손인수 1999b: 464~488). 전대협은

1988년 6월 10일과 8월 15일, 판문점에서 남북학생회담을 열 것을 북측에 제안했다. 이어 1988년 12월 16일 북의 조선학생위원회는 제13차 세계청년학생축전에 전대협을 초청하였다. 그리고 1989년 6월 28일 한양대에서 열린 '평양축전 결사참가 백만학도 결의대회'에서 전대협 의장 임종석은 평양축전에 외국어대 학생 임수경을 파견하였다고 발표하였다. 89년 3월 문익환 목사의 방북에 이은 두 번째의 북한 방문이었다. 임수경 방북 이후 학생운동의 중심 이슈는 민주화에서 통일로 자연스럽게 이동하였다.

4. 민주화 시대의 참교육

1980년대 후반에서 1990년대에 이르기까지 우리 사회는 민주화 열기로 가득 차게 되었다. 이러한 민주화 열기에 가장 먼저 호응한 것이 노동운동이었다고 할 수 있다. 교육계에서도 교원노조를 결성하기 위한 움직임이 활성화되었으며 교원노조의 타당성을 주장하는 과정에서 '민족·민주·인간화 교육'을 표방한 참교육운동이 전개되었다. 이때 참교육이란 교육민주화, 민족해방교육, 민중교육 등 다양한 이념적 스펙트럼이 포함된 개념인데(김태정 2001), 교육을 통한 민족 문제, 계급 문제의 해결을 지향한다는 점에서 저항적 교육운동의 형태로 구분될 수 있다. 그러나 민주화 시대에 저항적 교육운동만이 있었던 것은 아니다. 이 시기의 민주화는 정치적 주체로서 노동자를 전면에 등장시킨 데 그치지 않고 한국 사회 최초로 근대적 개념의 '시민'도 탄생시키는 역할까지 했다. 시민사회의 등장과 발맞추어 학교교육 역시 '민주시민교육'이라는 근대 교육의 본질을 회복시키는 쪽으로 정비되고 개선되기 시작했다. 시민교육은 지성적이고 주체적인 시민 양성을 통해 민주주의의 실현 및 사회개혁을 꿈꾼다는 점에서 계몽적 교육운동의 형태로 구분될 수 있다. 또 한말, 일제강점기 초반의 애국계몽운동, 해방 이후의 새교육운동과 성격을 같이 한다. 아래에서는 민주화 시대의 교육운동을 주로 저항적 교육운동의 측면에서 살펴보고 이에 더해 '민주시민' 양성을 위한 엘리트 중심의 교육운동에 대해서도 살펴보고자 한다.

교사운동의 태동

1987년 6월 이래 우리 사회가 민주화되기 이전 저항적 사회운동은 거의 학생에 의해 주도되었다고 해도 과언이 아니다. 고등교육이 보편화되기 이전 학생 세력은 그 자체가 엘리트 지식 계층을 대변하는 역할을 담당했다. 강의와 세미나는 물론 자발적 독서와 토론, 동아리 활동 등을 통한 집단적 체험, 여기에 젊은 세대 특유의 정서적 감수성이 결합되면서 사회 부조리에 대한 분노, 약자에 대한 동정이 격정적 저항의 형태로 표출되었다고 할 수 있다. 무엇보다도 학생들은 숫자 면에서 많았고 쉽게 집단화될 수 있었다는 점에서 최대의 운동 세력을 형성해 왔다.

그러나 1980년대 후반 이후 고등교육이 보편화되면서 대학생의 숫자가 폭발적으로 증가하였고, 특히 1995년 대학설립준칙주의 이후 대학진학률이 80%에 이르는 상황에 이르면서 학생은 엘리트 세력으로서 위치를 상실하게 되었다. 사회운동도 전문화되기 시작하면서 노동 계층과 1990년대 이후 등장한 '시민' 사회 세력이 학생운동의 위치를 대신하게 되었다.

교사들 역시 그들이 지식계층이라는 점과 수적으로 많다는 점에서 항상 잠재적 사회운동 주도 세력으로서 가능성을 내포하고 있었다. 이미 1950년대 후반부터 교원노조운동이 추진되었다는 점이 이를 뒷받침해 주고 있다. 최초의 교원노조 결성은 1958년 후반기에 대구 지방의 사립대학 교수들 사이에 학교 경영자들의 독단적인 전횡을 막아보겠다는 취지에서 추진되기 시작되었다(이은숙 1985: 162). 1959년에 들어와서는 서울 지역의 일부 사립대 교수들이 교원노조 결성을 추진했다. 당시 정부 입장은 노동자 이외의 어떤 공무원도 노조결성권을 허용하지 않겠다는 입장이었다.

정부의 강경한 태도에 잠시 주춤했던 교원노조 결성운동은 1960년 4·19를 계기로 탄력을 받기 시작하였다(이은숙 1985: 162~165). 1960년 4월 29일 대구 지역의 중등학교 교사들 대구시 '교원조합결성준비위원회'를 결성하고 교원의 신분보장, 정치적 중립, 학원자유화 등의 내용들이 포함된 12개의 강령을 발표하였다. 1960년 5월 1일 서울, 5월 15일에는 부산 등에서 교원조합결성준비위원회가 발족되었고, 1960년 5월 22일 전국에서 모인 초·중등 교사 및 대학교수들이 서울대학교 문리과대학에 모여 '한국교원노조연합회'를 결성하였다.

이러한 교원노조결성 움직임에 대해 정부는 대한교련의 개선·개편을 통해 교원노조를 흡수·대체하고자 방침을 정했다(손인수 1994b: 226). 오천석 장관은 교직은 '전문직'이라며 노조가 아닌 다른 형태의 교원단체로서 법적 지위를 부여하겠다는 뜻을 밝혔다. 그리고 9월 26일 교직단체법안을 작성하여 교원들의 단체조직과 교섭권은 인정하나 단체행동권은 인정하지 않도록 하는 방침을 확정했다. 이러한 정부의 방침에 대해 교원노조는 연좌시위 및 단식투쟁으로 대응했다. 학생들까지 시위에 가담하면서 전국적으로 시위가 확대되었고, 이에 정부는 교직단체법안을 폐기하고 노조결성이 불가능한 공무원 중 교원을 제외하기로 결정하였다(손인수 1994b: 227).

교원노조는 이후 '반공특별법 및 데모규제법' 반대 투쟁 등 점차 사회적 이슈에 대해서도 목소리를 내기 시작했다. 나아가 학생들과 연합하여 민족통일운동, 새생활운동 등을 전개하는 등 사회운동의 주도 세력으로서도 존재감을 드러내고 있었다. 그러다가 5·16군사쿠데타가 발생하였고, 교원노조를 혁신계 단체로 규정한 쿠데타 주도 세력에 의해 1,500명의 노조 간부 및 평회원이 체포되고 파면되었다(손인수 1994b: 235). 대부분은 기소유예로 풀려났으나 교원노조 간부 8명이 최종 구속되었고, 500명이 해임 확정되었다. 이로써 최초의 교원노조운동은 실패로 돌아갔다.

교사운동이 다시 싹을 틔우기 시작한 것은 1980년대에 들어와서이다. 1980년대 초반 교사들끼리 소모임을 결성하여 '교육민주화,' '민중교육' 등을 주제로 독서 토론 활동을 산발적으로 전개하다가, 이들 교사 소모임과 YMCA라고 하는 합법단체가 공개적으로 결합되면서 1982년 '한국YMCA중등교육자협의회'가 창립되기에 이르렀다(한국교육연구소 편 1990: 169~170). 매년 정기총회를 갖고, 지역별 여름연수회를 갖는 등 꾸준한 활동을 전개한 결과 전국 20여 개 도시에 Y교사회가 설립되었다. 그리고 기관지인 『민주교육』을 창간하면서 초기의 연구 작업이 점차 교육 모순의 폭로, 선전 작업, 교권 투쟁 등의 수준으로 확대되기 시작했다. 한편 1984년 흥사단에서도 '흥사단교육문화연구회'가 결성되어 민족 문화의 보급을 위한 교육 사업을 벌였으며, 1983년 YWCA 산하에도 여교사 소모임이 결성되어 여교사 문제에 관심을 갖기 시작했다.

1985년 2·12총선의 결과에 따라 민주화 열기가 고조되던 시점, 당시의 교육 문제에 대해 체계적이고 이론적인 접근을 시도하겠다는 취지하에 몇 명의 교사들이 모여 『민중교육』 1호를 발간하게 된 일이 있었다. 그리고 민중교육지 출간을 주도했던 김진경양정고, 국어, 윤재철성동고, 국어 교사가 국가보안법으로 구속되고 나머지 교사 19명이 파면·해임되었다(한국교육연구소편 1990: 174).

이러한 정부의 강경한 태도에도 불구하고 교사운동의 불씨는 커져만 갔다. 1986년 5월 10일 한국 YMCA중등교육자협의회가 주축이 되어 서울, 부산, 광주, 춘천 등의 교사 546명이 동시에 제1회 '교사의 날' 집회를 갖고 '교육민주화선언'을 발표하였다(한국교육연구소 편 1990: 175~177). 이 선언에는 ① 교육의 정치적 중립 보장, ② 교사의 교육권 및 시민적 권리 보장, ③ 교육자치제 실시, ④ 새로운 교원 단체의 설립, ⑤ 교사 잡무 제거 및 보충수업·심야학습 폐지 등의 주장이 포함되었다.

당시 문교부 장관이었던 손제석은 이 선언을 교육에 악영향을 미치는 집단행위로 규정하고 각 시도교육위원회에 서명교사의 신원 파악을 지시하고 관련 교사들에 대한 징계 방침을 밝혔다(손인수 1999b: 93). 그러나 사회적으로 교사 탄압에 대한 비판적 여론이 확산되고 5월 15일 스승의 날 학생 400명이 연좌 시위를 벌이는 등의 움직임까지 일게 되자 일단 강경책을 철회하고 주동교사들에게 감봉처분을 내리는 수준에서 사건을 매듭지었다. 그러나 교육민주화선언은 수그러들지 않고 1986년 6월에서 8월 사이에 강릉, 충청, 전북 지역 교육민주화선언이 발표되었으며, 각종 교육민주화 관련 행사가 개최되었다.

한편 교육 당국은 해임·전보 등의 방법으로 민주화선언에 참여한 교사들에 대해 징계성 조치들을 내렸다(손인수 1999b: 94~95). 1986년 4월 경남 통영군 도산중학교의 한 교사가 현실 비판을 이유로 해임된 사건이 발생한 것을 시작으로 해서 민주화 선언에 참여한 교사들이 강원도 양구, 경기도 백령도 등으로 전보 조치되는 일들이 벌어졌다. 그리고 교육대학 졸업자 중 '사상 오염자'를 색출하여 임용을 보류하는 일도 벌어졌다. 1987년 중앙일보는 '백령도로 간 선생님'이라는 사설을 통해 다음과 같이 당시의 분위기를 전하고 있다(손인수 1999b: 95).

> 교위에서 이런 변칙적인 인사를 하는 까닭은 짐작이 간다. 이른바 '의식화 교사' 들을 그대로 학교에 남겨 둘 경우 학생들과 다른 교사들을 자극할 우려가 있다는 것이다. 그러나 당국자가 인사 조치를 뭐라 설명하건 보복이라는 인상을 지울 수 없다. '5·10교육민주화선언' 에 참여했거나 현실을 비판했던 교사들의 상당수가 징계를 비롯해서 불이익 처분을 받은 것은 다 아는 사실이다. 개중에는 아예 교직에서 해임된 사람도 적잖이 있다. (……)

제2차 교원노조운동

1987년 6·29선언 이후 교사운동은 교원노조결성운동으로 이어지게 된다. 6월 민주화 항쟁 이후 7월과 8월 노동자 투쟁이 격화되면서 교사들 가운데에서도 새로운 교원조직의 필요성을 주장하는 목소리가 높아졌다. 그리하여 1987년 9월 4일 서울지역 교사 300여 명이 대한교련을 탈퇴하고 민주교육추진 전국교사협의회이하 전교협를 출범시켰다. 그리고 9월 27일 전국 단위의 전교협이 공식 창립되었다(손인수 1999b: 101).

당시 대한교련은 시도 교육회장, 전문 인사, 평교사 등 26명으로 구성된 '특위'를 중심으로 교련의 자율성 확보를 위한 관계법령 개정 및 내부 정관 개정을 추진하고 있었다(손인수 1999b: 100). 또 관리직 위주의 단체라는 인상을 개선하기 위해 임원 및 대의원 구성에 있어서도 직급별·학교급별·남녀별 참관 비율과 폭을 합리적으로 조정하였다. 이런 노력에도 불구하고 교사들의 집단 탈퇴 움직임이 표면화되자 1987년 8월 17일 대한교련의 활동상과 향후 계획을 밝힌 〈교련통신특집〉을 배포하는 한편 일선 교사들을 중심으로 의견수렴작업에 나섰다. 그러나 교원단체의 양분화 추세를 되돌리기에는 역부족이었다. 전교협은 교육의 자주권 확보를 위해서는 별개의 교사조직이 필요하다는 점을 주장하였다.

전교협은 결성 후 조직 확대 사업, 교권 옹호 활동, 제도 개선 투쟁, 선전 활동 등에 역점을 두고 교육악법 개정, 사학 민주화 투쟁 지원, 평교사 협의회 결성 등 교육민주화를 위한 다양한 활동을 전개하였다(한국교육연구소 편 1990: 178~179). 그리고 1988년 교사들의 노동 3권 보장을 위한 법 개선 투쟁을 본격화하기 시작하였다. 1988년 11월 20일 여의도 광장에는 1만 2천명의 교사들이 운집한 가운데 '전국교사대회'가 개최되었다. 이어 1988년 12월 전국임원연수회에서 노동 3권 획득을 위한 교직원노조결성을 위한 논의가 벌어졌으며, 1989년 2월 19일 대의원대회에서 상반기에 '교직원노동조합'을 결성하기로 결의하였다. 교직원 노조 가입대상으로는 유치원·초·중등 교사, 대학 교수, 학교 사무직원과 고용인 등으로 하며, 전국 단일조직으로 하기로 합의하였다(한국교육연구소 편 1990: 192). 그리고 1989년 5월 28일 연세대에서 '전국교직원노동조합이하 전교조' 결성 대회가 개최되었고 초대 위원장으로 윤영규 교사가, 수석부위원장에 이부영 교사가 선출되었다(손인수 1999b: 112). 노동3권이 인정되지 않은 당시의 법체계에 따라 법외노조의 한계를 지닐 수밖에 없었지만, 6월 7일까지 전국 15개 시도市道 지부의 결성이 완료되었고, 130개 지회, 600여 개의 분회, 2만여 명의 회원을 가진 대중적 교원단체가 출범하게 되었다.

전교조에 대한 정부의 태도는 강경했다(한국교육연구소 편 1990: 189). 1989년 6월 30일 전국 시도 교육장 및 학무국장연석회의가 소집되고 이 자리에서 노재봉 대통령 정치담당특보는 "국내 좌경폭력 세력의 발호가 심각한 단계까지 와 있으며, 교원노조 역시 좌경 활동의 단계적 전략이라는 측면에서 주시할 점이 있다"고 경고하였다. 7월 10일 노태우 대통령은 주례 라디오 방송에서 "노조 결성을 주도하는 일부 교사들이 이른바 참교육을 내세워 교실에서 6·25는 북침이니, 현 정부는 반통일 세력이니, 노동자·농민·도시빈민·학생과 굳게 연대하여 줄기찬 투쟁을 벌여 나가야 한다고 그릇되게 가르치는 것은 방치할 수 없다"고 지적하면서 '교원노조 절대불가방침'을 확실히 하였다. 그리고 문교부는 8월 9일까지 전교조 소속 교사들에 대한 징계를 완료하라는 지시를 각 시도 교육위원회에 하달하였다.

이에 대항하여 전교조 교사들은 단식투쟁을 전개하였는데, 590여 개 교에서 5,000여 명의 교사가 참여하였다. 그리고 징계에 대비한 집단사표를 사전에 전교조 집행부에 전달하였다(손인수 1999b: 115). 교사들을 지원하기 위한 학생 시위도 확산되어 전국 44개교가 조기방학에 들어가는 일이 벌어졌다. 당시 문교부 집계에 따르면 노조결성 이후 7월말까지 전국 130개교에서 중고생 12만 명이 208차례치안본부 집계에 따르면 129개교, 19만 3천명, 275차례에 걸쳐 교사들에 대한 징계철회농성을 벌였다(손인수 1999b: 115). 전교조는 2차례에 걸쳐 문교부에 대화를 요구하는 기자회견을 여는 한편 범국민 서명운동을 전개했다.

사실 전교조는 노조가입교사 전원을 중징계파면·해임하겠다는 정부의 방침을 현실성 없는 협박으로 인식하고 있었다(한국교육연구소 편 1990: 189). 그러나 이러한 예측은 빗나갔다. 문교부는 당초 징계마감 시한이었던 8월 5일까지 파면 130명, 해임 200명, 직위해제공립 827명, 직권면직사립 65명 등 모두 1,222명에 대한 중징계를 완료하였다. 정부의 강경대응에 노조 탈퇴 교사가 급증하였고 이는 전교조 측을 당황하게 만들었다(손인수 1999b: 117). 그러나 정부는 8월 15일까지 징계시한을 연장하여 징계를 계속하였고 노조 탈퇴만 하면 불문에 부치겠다는 기존 입장을 고수하였다. 그리고 전교조가 주장하는 '민족·민주·인간화 교육'이 학생운동조직인 삼민투의 민족·민주·민중과 동일하다며 참교육을 공안차원에서 수사하겠다고 밝혔다(손인수 1999b: 118). 1989년 12월말까지 파면 170명, 해임 949명, 직권면직 393명, 정직 7명 등이 징계로 교단을 떠났다. 그리고 1만 1천여 명의 교사가 노조를 탈퇴했다. 대량 소청 심사에도 불구하고 파면이나 해임이 번복된 경우는 14명에 불과했다. 야당은 이를 '교사 대량학살'로 불렀다.[1]

한편 대한교육연합회는 1989년 11월 27일부터 3일간 제52회 대의원대회를 열었다(손인수 1999b: 123). 그리고 명칭을 한국교원단체총연합회한국교총으로 바꾸고 정관과 강령을 바꾸어 평교사들을 조직 운영의 전면에 배치하는 등 교원의 이익단체로 거듭나기 위한 위상 변화를 시도했다. 전교조 해직 사태

1 1989년 10월 6일 국회 문공위 위원들은 문교부를 상대로 한 확인 감사에서 전교조 징계 사태를 '교사 대량학살'이라며 문교부에 대책 촉구를 했다(손인수 1999b: 119).

당시 문교부 장관이었던 정원식 씨는 1991년 5월 국무총리에 발탁되었으며 한국외국어대에서 마지막 시간강의를 마치고 나오던 중 학생들로부터 달걀과 밀가루 세례를 받았다.

1993년 문민정부가 들어서면서 전교조 해직교사 복직 문제가 논의되기 시작했다(손인수 1999b: 126). 1993년 6월 오병문 교육부 장관은 '선탈퇴-후복직' 안을 제시했고, 10월 15일 정해숙 위원장은 탈퇴조건부 복직 방안을 수용하겠다는 특별 담화를 발표하였다. 그리고 1994년 3월 해직교사 1,524명 중 1,294명이 복직되었다.

1998년 국민의 정부가 출범하면서 '노사정위원회'가 개최되었으며, 2월 6일 1998년까지 법제화를 완료하고 1999년 7월부터 합법화하기로 합의하였다. 같은 해 11월 17일 '교원노조설립및운영등에관한법률'이 국무회의에서 의결되었으며, 1999년 1월 6일 동 법안이 국회를 통과했다. 그리고 1999년 5월 30일 전교조 결성 10주년 교사대회가 개최되었다.

한편 전교조 결성 20주년이 지난 오늘날에 이르러서는 기존에 참교육의 내용을 구성하고 있던 '민족·민주·인간화 교육'을 대체할 '제2참교육운동'이 추진되고 있다(전교조 2009). 과거의 민족·민주·인간화교육은 1980년대의 상황에서 제기된 사회변혁론에 기초하고 있다. 한국이 외세의 식민지이며 통일의 목적이 민족해방이라고 보는 것은 현실과 동떨어진 상황인식이라는 문제제기가 이루어졌다(김태정 2001: 130). 이러한 문제제기 아래 제2참교육운동은 신자유주의 교육정책으로 인한 교육 격차의 완화, 입시경쟁을 대체할 협력학습의 강화 등 이념적 지향보다는 교육의 본질을 회복하는 차원에서 추진되고 있다.

민주시민교육의 복원

교원노조에 대한 강경한 징계를 감행했던 노태우 정부에서 한편으로 민주시민교육을 추진했다는 것은 아이러니하다. 1980년대 후반부터 추진되어 1992년에 확정 고시된 제6차 교육과정 개정을 통해 교련교육의 사실 상 폐지, 국민윤리의 성격 변화, 국사과의 사회과 편입 등 과거 군사정부의 체제이념교육에 대한 해체 작업이 이 시기에 이루어진 것이다(김영석 2013).

제6차 교육과정 개정은 크게 세 가지 측면에서 특징화될 수 있다. 그 첫 번째가 정보화·세계화되는 사회 변화에 대한 대응이다. 최초로 초등에서 영어와 컴퓨터 교육이 자유선택과목으로 포함되었는가 하면, 중등에서는 외국어 교육의 강화, 한문 교과의 통폐합 등의 조치를 통해 사회 변화에 대응한 교과 체계의 변화를 꾀했다. 제6차 교육과정의 두 번째 특징은 사회민주화를 반영하는 교육과정 개편이다. 기술·가정의 남녀 공동 이수화를 통해 남녀평등의 사회적 이념을 추구했으며, 교련교육의 선택과목화 및 시수 축소, 국사의 사회과 환원, 국민윤리의 성격 변화를 통해 군사정부하의 체제이념교육을 해체·완화시켰다. 세 번째는, 적극적 의미의 시민교육의 추구이다. 환경교육 강화, '현대사회와 시민(공통사회)'과 '현대과학과 인간(공통과학)'과 같은 통합과목 설치 등이 이 시기에 이루어진 주요한 변화이다. 이러한 변화는 교육과정의 운영의 민주화, 학습자 부담의 경감, 성차별 해소, 교육과정에서 국가주의적 요소의 배제 등으로 특징 지워질 수 있으며, 한마디로 군사정권하의 교육과정에서 '민주화 시대'의 교육과정으로 변화를 꾀하였다고 평가할 수 있다.

그러나 당시 제6차 교육과정은 '진보적이지만 현실을 도외시한' 교육과정으로 평가받았으며(김형기 1991), 개정을 추진하는 과정에서 많은 도전과 비판을 받았다. 그리고 교육과정의 개정 작업이 정권 차원에서 추진된 것도 아니었다. 오히려 정권의 무관심 속에서 추진되었다고 해도 과언이 아니며, 추진의 핵심에는 개혁 성향의 교육학자들과 문교부 편수관실이 있었다(김영석 2013). 정권의 무관심 속에 교육학계의 논의와 철학을 실현하는 과정에서 제6차 교육과정의 개정이 추진된 것이다.

한편 1990년대에 들어서 미국의 진보주의 교육사조, 해방 후의 새교육운동의 연장선상에서 이른바 '열린교육운동'이 전국적으로 확산되었다. 당시 '열린교육'이라는 용어가 사용되기 시작한 계기는 1991년 '한국열린교육학회'가 결성되면서부터이다(이돈희 1997). 그러나 열린교육 확산의 결정적 계기는 1994년 대통령 자문 교육개혁심의회에서 열린교육 확산을 주요 교육정책으로 확정되면서부터이다. 1997년의 한 조사에 따르면 전국 대부분의 초등학교에서 열린교육을 실천하고 있으며, 중등학교에도 확산되기 시작했다고 한다.

열린교육이라는 말은 1920~1930년대 미국에서 유행한 개방교육Open Education을 번역한 것으로, 이의 직접적 참조 사례는 1960년대와 1970년대 영국에서 유행한 '비형식교육', 1980년대 일본에서 유행한 '개별화교육' 등이라 할 수 있다(이돈희 1997: 293~294). 그러나 열린교육이 빠른 시일 내에 전국적으로 확산된 것은 이들 교육사조의 철학에 전적으로 동조해서라기보다는 중앙집권적이고 획일화된 교육방식 및 학교 운영방식에 대한 강력한 반작용에 의해 추진되었다고 보는 게 더 적절하다. 그래서 열린교육은 구체적 교육방법의 형태가 아닌 일종의 강령 형태로 추진되는 경향을 보였다. 예컨대 1997년 1월 한국열린교육협의회는 10개 항의 '열린교육강령'을 발표하기도 하였다.

그러나 정부주도하에 위로부터 전개된 열린교육운동은 입시교육 및 암기식 교육을 해체하는 데 한계를 보일 수밖에 없었다. 입시교육 문제는 교실 관행의 문제라기보다는 고착화된 사회제도의 문제였기 때문이다. 또 학생

중심의 교육을 선언한 열린교육은 권위적 학교 문화의 청산 및 사회민주화 추세와 결합되면서 학력 저하 및 학교 붕괴 현상의 원인으로 지적되기도 했다. 교실 문화가 학생 중심으로 변화는 과정에서 발생하는 세대 간의 갈등, 전통적 학생 통제 수단의 약화로 인한 교사의 무기력증 확산 등과 같은 원인이 열린교육의 문제인 것처럼 단순화된 것이다.

새로운 학교 운동

대부분의 교육운동이 엘리트가 대중을 대상으로 하여 선전·계몽의 방법을 통해 주도해 가는 방식이었다면 1980년대 중반부터 대안 문화 운동의 형식으로 시작된 새로운 학교 운동은 아래로부터 전개되는 자발적 운동이라는 점에 주목할 필요가 있다. 보통의 교육자들이 혁신 사례를 만들고, 그 혁신 사례가 자발적으로 확산되는 구조의 교육운동이라 할 수 있다. 여기에서 새로운 학교 운동이라 함은 단위 학교의 운영방식을 재구조화하고 새로운 형태의 교육을 실천하는 운동이라 할 수 있다. 운동의 주체가 교사, 학부모, 학생 등 일반적 교육주체들이라는 점에서 아래로부터 교육운동이라 할 수 있다.

새로운 학교 운동은 크게 세 가지 요구에서 비롯된 세 가지 형태의 학교 개혁 운동으로 구분될 수 있다. 첫 번째 형태가 대안학교 운동으로 전통적 학교교육에 적응하지 못하였거나 대안적 형태의 교육을 원하는 학생들을 대상으로 하는 학교 만들기 운동이라 할 수 있다. 두 번째 형태가 농어촌 학교 통폐합에 대한 대안으로 제시된 '작은 학교 운동'으로 작은 학교가 지닌 교육적 효과를 극대화하여 학교의 폐지위기를 벗어나 오히려 학생들이 찾아오게 하는 성공사례를 만들어 내는 경우이다. 세 번째 형태가 자발적 학교

혁신 운동을 제도적으로 지원하는 형태의 학교개혁 운동으로 일부 시도에서 이루어지는 혁신학교 운동이라 할 수 있다. 혁신학교 운동은 아래로부터 개혁과 위로부터 개혁이 접합된 형태의 학교개혁 운동이라 할 수 있다.

새로운 학교 운동을 최초로 주도한 것은 대안학교 운동이다. 대안학교 운동에 원동력을 제공한 것은 1980년대 중반부터 실험적으로 전개되어 왔던 대안 문화 운동이라 할 수 있다(김광수, 2011). 대안 문화 운동은 일종의 문화적 저항 운동으로 상업주의 문화, 제도화·형식화된 문화를 거부하며, 자연주의적이면서도 무정부적 자유를 추구하는 문화 운동이라 할 수 있다. 80년대 후반에서 90년대 초반에 캠프 형식으로 전개되던 대안 문화 운동은 학교설립운동으로 발전되어 1997년 한국 최초의 전일제 대안학교인 경남 산청의 '간디청소년 학교'의 설립에까지 이르게 된다. 정부는 그해 '교육법시행령'과 '고등학교 이하 각급 학교설립 및 운영규정대통령령 제15483'을 제정하여 전일제 대안학교들 중 일부를 특성화 학교로 지정하였다(김광수 2011: 8). 2013년 현재 전국의 대안학교는 184개교로 늘어났으며 최근에는 왕따 현상 등 공교육의 문제점을 보완하기 위해 공립형위탁형 대안학교가 운영되는 등 대안 교육이 공교육의 틀에 포함되기 시작했다.

한편 폐교의 위기에서 벗어나 공교육의 모델로까지 발전하게 된 작은 학교 운동은 2000년 경기도 광주의 남한산초등학교에서부터 시작되었다(정진화 2013). 당시 남한산초등학교는 학생 26명, 교사 3명, 교장 1명, 기사 1명으로 구성된 폐교 직전의 작은 학교였다. 당시 정연탁 교장은 자신이 근무하는 동안만큼은 학교가 폐교되지 않도록 하겠다고 약속하고, 교사들이 가르치는 일에 전념하도록 지원하는 한편 전학생 유치에 열성적으로 나섰다. 여기에 학부모들, 지역주민, 동창회가 적극적으로 참여하는 가운데 학생·학부모·교사의 원활하면서도 민주적인 소통구조를 만들어 갔다. 무엇보다도 학교가 배우고 가르치는 일에만 전념할 수 있도록 권위주의적 학교관행을 바꾸어 가는 등 학교 혁신을 게을리하지 않았다.(서길원 2009 참조) 그 결과 불과 1년 만에 학생 수가 103명으로 늘어나고 교사 7명, 교장·교감 각 1명, 유치원 교사 1명, 행정실장 1명, 기사 1명이 배정될 정도로 학교규모가 커졌다. 타 지역으로부터 전입생들이 늘어난 결과이다. 이러한 남한산초등학교의 사례가 알려지자 2001년 충남 아산의 거산 분교, 2003년 전북 완주의 삼우초등학교, 2005년 경북 상주의 상주남부초등학교에서도 교사들을 주축으로 한 학교개혁 운동이 전개되었다. 2005년에는 이들 학교들끼리 서로 정보와 도움을 주고받는 '작은학교교육연대'라는 네트워크가 생겨났다.

'작은 학교 운동'이 만들어 낸 혁신 사례들에 착안하여 시도 교육청이 지원하여 이러한 방식의 학교 운영을 확대하고자 하는 사업이 '혁신학교' 운동이라고 할 수 있다. 자발적 성공사례를 관 주도로 확대·재생산하겠다는 취지의 개혁운동이라 할 수 있다. 그런데 이른바 진보교육감들에 의해 추진되는 혁신학교는 자율학교라는 기존의 학교형태로 지정된 학교들이다(조금주 2012). 자율학교는 1998년 2월에 공포된 초·중등교육법시행령 제105조에 근거, 운영되는 학교인데, 교장 임용, 교육과정, 학생 선발 등에서 자율성을 갖는 학교이다. 진보교육감들이 추진하고 있는 혁신학교 역시 기본적으로는 자율학교 형태로 운영되지만, 차이점이 있다면 운영에 있어서 교사와 학부모, 학생, 지역사회의 참여를 유도하여 민주적 학교 운영을 지향한다는 점이다. 그리고 자율학교가 교장 공모제를 기반으로 하고 있다면, 혁신학교의 경우 공모제 도입이 자유로우며, 학교장이 교사 인사의 50%를 행사할 수 있고 무엇보다도 학교당 1억 2천에서 2억 원의 지원을 받는다는 점에서 차별성을 갖는다. 요컨대 혁신학교는 자율학교라는 제도적 틀을 기반으로 하며 기존의 '작은 학교 운동' 사례에서 발견되는 민주적 운영 및 배움의 공동체 방식을 적용한, 그리고 상당한 수준의 재정적 지원을 받는 학교들이라 할 수 있다. 2012년 현재 전국의 혁신학교 수는 333개교로 확대된 상태이며,

학교급별로는 초등학교, 중학교, 고등학교의 순으로 많다(정진화 2013: 112). 대학입시 부담이 적은 초등학교일수록 다양한 방식의 교육과정 운영이 가능해 혁신학교 지정이 많은 반면 입시 부담이 높은 고등학교일수록 혁신학교 지정이 적다. 혁신학교에 지정된 학교들 내에서 교사와 학생, 학부모들의 만족도 및 자기효능감은 상당히 높은 것으로 알려지고 있다. 그러나 이러한 학교 운영이 시도교육청의 재정 지원을 기반으로 하고 있다는 점에서 이 제도의 지속가능성에 의문이 제기되는가 하면, 재지정되기 위해서는 평가를 받아야 한다는 점에서 구성원들의 부담 증가, 혁신학교로 지정되지 않은 학교와의 차별 등의 문제가 노정되고 있다(조금조 2011: 434~435). 내용이 참신하다 하더라도 관 주도로 이루어지는 개혁 운동은 항상 한계를 지닐 수밖에 없다는 것을 말해 준다.

새로운 학교 운동은 입시위주의 경쟁교육이 갖는 한계를 극복하고 실험적 교육실천을 통해 교육의 본질을 회복하려 한다는 점에서 교육개혁 운동의 일환으로 볼 수 있다. 그리고 교육의 민주화 및 평등에 기반을 둔 삶의 방식을 보급하려 한다는 점에서 교육을 통한 사회개혁의 성격도 지니고 있다고 할 수 있다.

제10장

탈자본주의 사회의 대안 교육

제10장의 내용은 필자의 논문(2016). 「탈자본주의 사회에서의 교육」. 『마르크스주의연구』 13(3). 85~110의 내용을 일부 수정한 것이다.

1. 자본주의체제하에서 교육

근대 학교교육의 발달과 업적주의

교육은 인류의 역사만큼이나 오래된 행위이지만, 학교를 통한 교육은 근대 이전까지는 귀족들만의 전유물이었다. 대중을 위한 교육제도가 형성된 계기는 자본주의체제의 출현으로 인한 것이었다(보울스·진티스 1976: 181~214; 윤종희 2005). 흔히 근대 학교교육체제의 발달에 세 가지 요인, 즉 민주주의의 발달, 민족국가운동, 산업적 효율성 제고를 지적한다. 프랑스 혁명 이후 콩도르세로 대표되는 교육자들에 의해 대중을 대상으로 한 민주시민교육의 필요성이 제기되었지만 보통학교 설립운동을 세계적으로 확산시킨 것은 민주주의가 아닌 민족주의였다고 할 수 있다.[1] 국가에 의한 무상교육체제가 만들어진 것은 민족국가 운동이 활발하게 전개된 독일에서였다. 충성스러운 국민을 양성하여 국가 간의 경쟁에서 생존한다는 취지에서 만들어진 독일의 의무교육체제가 세계적으로 모방되었다. 그러나 민족국가 운동 역시 중상주의적 패권경쟁 과정에서 나타난 경제적 국가주의라는 점에서 자본주의체제의 발달과 관련이 있다.

학교교육이 산업자본주의의 발달과 본격적으로 연계되기 시작한 것은 미국의 사례를 통해 설명할 수 있다. 공장제 공업이 확산되던 시기에 대중을 대상으로 한 초등교육인 보통학교 운동이 전개되었다. 이 학교체제는 세금

---

1 프랑스에서 보통학교 설립을 통한 시민교육이 구체화된 것은 프로이센과의 전쟁의 영향이었으며, 그 계기도 전쟁에서 패배한 유약한 프랑스인을 충성스러운 국민으로 만들기 위한 국가적 요구에서 마련되었다(히터, 2007: 148~169).

에 의해 운영되는 무상교육을 기본으로 하고 있는데, 대중을 대상으로 한 세금 투입이 허용된 것은 자본가들의 지지가 뒷받침되었기 때문이다. 공장제 공업의 발달로 일정한 노동력이 보다 더 많은 작업량을 감당해야 하는 문제가 급박해졌는데, 학교교육을 통해 이 문제를 해결할 수 있다고 보았다(보울스·진티스 1976: 196). 그렇다고 학교에서 배우는 지식들이 산업 현장과 특별히 관련 있는 것은 아니었으며, 오히려 지식보다는 미래 노동자의 인성적 태도를 훈육하는 데 학교교육의 효과가 있었다(보울스·진티스 1976: 201~205). 즉 미래의 노동자들에게 필요한 주의력, 질서의식, 단정함, 공손함, 예의바름, 시간 엄수 등의 인성을 기르는 데 학교교육의 주안점이 있었다.

그러나 보통교육의 발전이 자연스럽게 중등교육의 대중화로 이루어진 것은 아니다.[2] 중등교육의 발달은 오히려 고등교육universities의 확대에 힘입은 것으로 볼 수 있다. 그리고 고등교육의 발전은 중간 관리직 등 화이트칼라 노동자의 출현과 관련이 있다(보울스·진티스 1976: 241~253). 미국에서 고등교육이 발전하게 된 계기는 남북전쟁 직후 공포된 모릴법에 의해서인데, 이 법안이 제정된 것은 대학universities의 발전이 산업혁명을 완수하는데 있어 필수불가결하다고 보았기 때문이다. 그리하여 모릴법에 의해 대학에 대한 연방정부의 대규모 투자가 있었고 이는 대학교육 대중화의 초석을 깔았다. 그리고 고등교육의 발달은 전국적으로 통일된 대학입학자격을 만들 필요를 낳았고 이는 중등학교Public High School의 교육과정과 졸업대입자격 조건에 심대한 영

2 윤종희(2010)는 유럽의 경우 중등교육이 형성과정에서 산업적 효율성보다는 귀족적 성격의 인문교양교육을 강조함으로써 초등교육과 분리되었다고 본다. 반면 미국의 중등교육 형성은 유럽과 달리 법인자본주의의 발달과 진보주의교육의 영향으로 인문교양교육보다는 산업적·시민적 효율성을 강조하였으며, 초등교육의 연장선상에서 발달하였다고 본다. 그러나 중등교육을 탄생시킨 10인 위원회의 보고서들에서 보듯이 초기 미국 중등교육의 성격은 자유교양교육과 산업적 효율성 사이의 타협물로 볼 수 있으며, 대학준비과정과 노동자 진입과정으로 중등교육을 트랙화한 점이 그 예라 할 수 있다(Herzberg, 1988).

향을 주었다(Herzberg, 1981: 5). 즉 교육과정의 표준화와 함께 중등학교에서의 업적을 비교할 수 있는 체제가 조성되었고, 이를 바탕으로 성적에 따라 어느 대학에 진학할 것인지가 결정되는 업적주의체제가 조성되었다. 학력과 학벌이 직업 선택에 영향을 준다는 점에서 업적주의체제는 학교가 공정한 기회 배분을 담당하는 기관이며, 업적을 통한 노동의 위계화 및 소득의 불평등은 정당한 것이라는 이데올로기적 토대를 제공하였다.

물론 자본주의체제하에서 교육이 업적주의로만 환원되어 설명될 수는 없다. 자본주의체제하에서 교육은 크게 보아 자본주의적 경제생활의 사회적 관계를 영속화시키는 역할을 수행하며, 업적주의는 이러한 역할 수행의 한 방식으로 볼 수 있다. 업적주의를 통해 숙련되고 다루기 쉬운 노동력을 확보하고 위계화하는 것 이외에도 가치 주입을 통해 이데올로기적 헤게모니를 확립하는 것 역시 자본주의체제하에서 교육이 담당하는 중요한 기능이라고 할 수 있다. 그러나 세련된 자본주의체제일수록 업적주의 방식에 의존하여 이데올로기적 정당성을 확보하려는 경향이 강하며, 교육이 마치 경제생활의 성공을 보장해 주는 공정한 수단인 것처럼 여기게 만든다.

한편 자본주의체제하에서도 교육이 해방적 기능을 수행할 수 있다. 제3세계 민중을 대상으로 한 비판적 리터러시 교육이 민중들에게 정치적 각성의 계기를 마련해 주었고(프레이리 1970), 60년대 미국과 유럽, 80년대 한국의 사례에서 보듯이 고등교육 기관의 학생들을 중심으로 체제 모순에 저항하는 운동이 형성된 것도 교육의 기능이 작동한 결과라고 할 수 있다. 그러나 자본주의체제하에서 사회를 개혁할 수 있을 정도의 비판적 사고를 기르는 교육은 일부 사회의 엘리트들에게만 허용된다. 애니언(Anyon, 2011: 21~37) 등의 연구에서 보듯이 사회체제에 대한 회의를 가능하게 하는 비판적 사고, 문제 해결, 의사결정을 강조하는 수업은 미국의 상류층 자녀들이 다니는 학교에서만 강조된다. 업적주의와 관련하여 볼 때, 학습자의 주체적이고 비판적인 사고를 강조하는 진보주의적 교육방식은 학습자의 해방에 기여하기보다는 일부 계급의 학생들이 노동 위계의 최상위권에 머물러 있도록 하는 데 활용되고 있다(Reich 1991).

업적주의를 극복하지 않은 상태에서도 평등한 교육을 제공하면 평등한 미래 준비의 기회가 주어질 것이라는 진보적 교육자들의 낙관적 기대는 대부분 실패로 귀결되었다(보울스·진티스 1976: 37~48). 실증적 자료들은 평등한 미래 준비는 평등한 교육이 아니라 평등한 소득에 의해 결정된다는 점을 말해 주고 있다. 즉 자녀의 학교 성적은 학교교육의 질 (일부 교사효과를 제외하고)이 아닌 부모의 경제적 지위에 의해 영향을 받으며(송경원 2001), 똑같은 성적이나 지능을 가진 학생이라도 미래 소득은 부모의 경제적 지위에 의해 영향을 받는다는 것이다(보울스·진티스 1976: 41; Walpole 2003).

한편 신자유주의체제의 심화는 자본주의체제가 마련한 근대 학교교육의 기반을 오히려 무너뜨리고 있다. 자동화와 세계화는 단순 일자리마저 기계와 외국의 노동자들에게 넘겨주는 결과를 초래했고, 자본의 교육에 대한 투자 동기는 학교를 통해 양질의 노동자를 양성하는 것에서 학교를 통해 수익을 창출하겠다는 것으로 이동하였다(Blacker 2013: 16~52). 또 대부분이 학교를 졸업해도 양질의 일자리를 갖지 못한다는 점에서 학교교육은 하층 계급에게 더 이상 경제적 의미를 주지 못하게 되었다. 그러나 노동에 대한 수요 감소가 대중교육에 대한 투자 수요 감소로 이어진다 하더라도 '산업예비군'의 효용성으로 인해 여전히 업적주의적 경쟁은 강조되고 있다(Blacker 2013: 79~80).[3]

그러나 학교교육이 수요자에게 주는 경제적 효용성은 서열화된 대학체제의 상부에 진학하는 학생들에게만 한정되며, 그곳을 향한 경쟁은 사실상 부

---

3 블레커(Blacker, 2013: 89~90)는 신자유주의 시대 범 독점적 자본의 연대는 강화된 반면 노동 내부의 경쟁은 강화되었다고 본다.

모의 경제력에 의존할 수밖에 없게 되었다. 학교는 점차 교육으로부터 소외된 학생들의 수용기관으로 전락해 가고 있다. 또 자본의 수익창출 요구에 따라 (미국의 경우) 교도소가 민영화되듯이 같은 방식으로 학교가 민영화되어 가고 있다. 민영화된 교도소와 차터스쿨의 사례에서 보듯이 두 기관의 공통점은 개인업자가 '경영'하지만 국민의 세금으로 운영된다는 것이다. 대부분의 학교는 교육기능을 상실하고 보호수용기능만을 수행하는 기관으로 변모되어 가고 있다.

업적주의와 학습의 소외

경쟁을 강조하는 자본주의체제하에서 학습의 결과에 따라 노동시장에서 자신의 가치를 높일 수 있다는 점에서 학생들은 보다 더 많은 시간을 학습에 투여한다. 업적주의적 가정에 따르면 학생들이 공부를 더 많이 하기 때문에 더 양질의 인적 자본이 형성될 것이라고 가정해 볼 수 있다. 그런데 많은 실증적 연구들은 이러한 가정이 잘못되었음을 보여 주고 있다.

첫째, 학습의 효과에서 외적 동기에 의한 학습은 내적 동기에 의한 학습보다 효율성이 떨어진다(베인 2004: 51~64). 외적 동기는 학습의 결과에 따라 주어지는 사회적 인정, 경제적 보상 등 학습 외적인 보상을 위해 학습의 동기를 찾는 경우를 말하며, 내적 동기는 학습 그 자체가 주는 즐거움에서 학습의 동기를 찾는 경우를 말한다. 여러 가지 조사 결과에 따르면 자본주의체제하에서 학생들은 외적인 보상을 위해 공부를 한다고 한다. 그러나 외적 동기에 의한 학습은 학습의 효과도 높지 않지만 학습의 자기주도성과 창의성의 발달을 저해한다. 칙센트미하이(2003) 등의 연구에 따르면 천재적인 업적은 내적 동기가 극대화된 상태에서 산출된다. 또한 학습의 결과로 얻어지는 경제적 보상에 만족한 학생들은 평생에 걸쳐 학습을 지속하려는 동기도 높지 않다(베인 2004: 40~41).

둘째, 자본주의체제하에서는 학습의 흥미와는 거리가 먼 주제에 대한 학습을 강요한다. 이때 흥미는 학습 과제에 대해 학생이 노력을 들여서라도 도전해 보고 싶은 의욕을 말한다(듀이 1913: 93). 그런데 천재들에 대한 연구 결과를 통해 보듯이 중등학교 시절까지 학교교육을 통해 제시되는 학습 과제는 학습능력이 뛰어난 상위권 학생들의 흥미도 끌기 어렵다(칙센트미하이, 2003). 초·중등 학교에서 학생들이 학습의 흥미를 느끼지 못하는 근본적 이유는 업적주의적 요구에 따라 삶과 무관한 탈맥락적 지식들이 파편화되어 가르쳐지기 때문이다. 파울로 프레이리가 어떤 사람이든 그가 처음 알게 된 단어가 정치적 의미를 갖는 것이라면 40시간 만에 읽기를 배울 수 있음을 발견했듯이(일리히 1970: 52~53) 지식은 삶의 맥락 속에서 습들될 때 가장 흥미로운 학습 소재가 되며 학습의 효과도 크다. 그리고 이는 진보주의 및 사회재건주의 교육자들이 일관되게 주장해 온 바이기도 하다. 진보주의 및 사회재건주의 교육자들은 학교교육과정이 학생의 흥미와 요구를 중심으로 구성되어야 하는데 이를 위해서는 학습내용이 학생이 생활 속에서 접하는 갈등 문제, 나아가 인류의 항구적인 문제들을 중심으로 구성되어야 한다고 주장하였다(Evans 2005: 37~41). 예컨대 원전 문제, 지구온난화 문제, 인권 문제, 생명윤리 문제 등 정치적으로 민감하면서도 전통적인 교과 및 학문의 경계를 무너뜨리는 통합적인 주제들이야말로 학생들의 흥미를 끌 수 있는 주제들이다.

그러나 이러한 주제에 대한 비판적 탐구는 애니언Anyon, 2011의 연구 등에서 살펴보았듯이 일부 엘리트 학교에서만 허용된다. 자본가 계급은, 자신의 자녀들이 생각하는 것을 배우는 것은 선호하지만 모든 아이들이 이러한 주제에 대해 학습하는 것에 대해서는 극도의 혐오감을 보여 왔다. 1930~1940년대, 그리고 1960~1970년대 사회적 쟁점 교수를 강조했던 교육개혁운동에 대해 재계와 보수단체를 중심으로 '작은 사회주의자little socialist'를 기르는 교육이라는 이념공세가 이루어졌다(Evans, 2005: 59~66; 140~144). 시험을 강조하는 신자유주의 교육개혁이 본격화된 후, 대부분의 교실에서는 이념적으로는 안전하면서도 학습의 효과를 가시적으로 확인할 수 있는 재미없는 내용들만을 다루게 되었다.

그 밖에 학교교육의 경제생활 준비 효과 자체에 대해서도 많은 의문이 제기되고 있다. 우선 학교성적이 직업생활의 능력을 경험적으로 설명하지 못하고 있다. 직업 영역의 성취를 설명하는 요인들 중 학교성적은 상관관계가 낮다(Roth et al., 1996).[4] 이러한 현상에 대해 연구자들은 학교에서 요구하는 사고방식과 직업세계에서 요구하는 사고방식이 다른 데서 이유를 찾는다(Resnik, 1987). 결국 자본주의체제하에서 학교교육은 업적주의가 만든 가상의 능력기준에 따라 학생을 차별화하고 있으며, 노동에서 소외를 만들어 내듯이 학습에 있어서도 소외를 만들어 낸다.

자본주의체제는 노동의 위계를 통해 학습의 위계를 만들어 내고, 소수에게만 흥미 있고 자기실현이 가능한 학습을 허용한다. 따라서 교육의 본질 추구는 소수에게만 자기실현적 학습을 허용하는 자본주의적 모순, 즉 학습의 위계를 폐지하는 데서 출발한다. 다음에서는 어떻게 학습의 위계 문제를 해소할 수 있으며, 이를 가능하게 하는 여러 가지 사회적·경제적 전제들을 살펴봄으로써 대안 교육의 형태를 추론해 보고자 한다.

---

4 직업생활의 능력에는 학교성적보다는 지능GMA: general mental abilities이 더 높은 상관관계를 갖는다고 알려져 있다(Schmidt and Hunter, 1998).

2. 탈자본주의 사회에서 교육

탈자본주의 사회의 특징

이 책에서 말하는 탈자본주의 사회는 위계적 분업이 폐지된 민주적 참여경제체제를 전제로 한다. 노동자와 소비자의 민주적 참여를 바탕으로 구성되는 참여경제를 골자로 하는 탈자본주의 사회의 특징은 다양하게 묘사될 수 있다. 여기에서는 마이클 앨버트(2002: 153~243)가 말하는 파레콘의 주요 개념들을 활용하여 민주적 참여경제의 핵심적 특징들을 제시하였다.

• 민주적 참여경제체제

참여경제파레콘란 생산과 소비를 시장이나 관료엘리트가 아닌 노동자와 소비자가 민주적으로 결정한다는 것을 의미한다. 이윤 추구를 위한 생산, 자기 과시 및 모방을 위한 소비가 사라지기 때문에 자원 낭비가 줄어들며, 생산 및 소비의 계획이 지역화·분권화되기 때문에 중앙집권적 계획경제체제보다 비효율에 의한 낭비도 상대적으로 적어질 수 있다. 한편 자본주의체제하에서 생산과 소비가 경쟁의 결과로 주어지는 자원의 집중이나 특권과 같은 보상체계를 기준으로 결정되는 반면, 민주적 참여경제체제하에서는 개개인의 삶의 유지, 자기실현, 지구의 지속가능한 미래 등의 관점에서 결정된다. 그리고 이러한 생산 동기의 전환이 가능하기 위해서는 생산수단의 사회적 소유, 산업적 의사결정의 민주화, 보상과 편의의 평등화가 뒷받침되어 있어야 한다.

• 위계적 분업의 폐지

파레콘에서는 노동의 위계적 분업의 대안으로 균형적 직군balanced job complex의 개념이 제시된다. 균형적 직군이란 노동자들 간에 직장 내, 직장 간에 직군의 균형이 이루어진다는 것을 의미한다. 직군의 균형이라는 것은 첫째, 직장 내 직무의 배분에 있어서 동등한 권한을 갖는다는 것을 의미하며, 둘째, 본인의 의지에 따라 직장 또는 직무 이전이 가능하며, 셋째, 단순하고 노고가 많이 드는 노동을 균등하여 분담하며, 넷째, 기술이나 재능이 아닌 노력과 희생의 크기, 즉 노동시간과 강도에 따른 보상이 이루어진다는 것을 의미한다. 노동의 분화가 완전히 사라지지는 않지만 직무의 분담이 민주적이며, 직무 간에 보상이 평등하다는 점에서 위계적 분업과는 질적으로 차별화되며, 산업 분야의 정책결정과정이 민주적 참여와 자율관리를 바탕으로 이루어지게 된다.

• 글로벌 협치 및 지역 자치

파레콘에서는 지구적 규모의 의사결정체제에 대해서는 구체적으로 언급하지 않았지만 노동의 위계적 분업의 폐지는 지구적 차원의 자본주의 모순해소를 전제로 한다. 이는 탈자본주의적인 세계화가 진행되었다는 것을 의미하며, 인권, 민주주의, 생태주의적 소비 등과 같은 가치가 중요한 국제적 규범으로 등장했음을 의미한다(앨버트, 2002: 23~31). 자국 자본의 이익을 대변해야 할 국가 간의 패권 경쟁 대신 지구와 인류의 지속가능성을 증진시키기 위한 국제적 규범을 촉진하기 위해 국가 간 협력이 중시되는 것이다. 한편 국가 역시 전통적인 개념의 국가체제는 사라지고 언어적·문화적·지역적 동질성을 유지하는 집단을 대표하여 지구적 문제와 지역적 문제를 연계하는 느슨한 의사결정체제로 새롭게 자리매김할 수밖에 없다. 그러나 지구적 규범이 생활에서 실천되는 것은 결국 지역단위의 의사결정체제를 통해서이다. 생태주의적 생산과 소비 및 노동자와 소비자의 균형적 권한 배분을 실천하는 지역 공동체가 가장 중요하면서도 기본적인 의사결정 단위가 될 수밖에 없다.

탈자본주의 교육의 작동 원리

노동의 위계적 분업이 폐지된 탈자본주의 사회에서 교육은 노동시장에서의 가치를 높이는 활동이 아닌 교육의 본래적 목적에 충실해질 수밖에 없다. 이때 교육의 본래적 목적은 인간의 자유의지에 따라 본인이 원하는 삶을 살아가는 데 필요한 지식과 기능을 획득하는 과정이라고 규정될 수 있다. 즉 인간의 자아실현이 교육의 중요한 목적이자 교육을 구성하는 기본 원리가 된다. 그러나 한편으로 이러한 자아실현의 과정은 사회적 상황 속에서 이루어질 수밖에 없다. 따라서 사람은 기본적으로 타자와 공존해야 하고, 토론과 타협을 통해 갈등을 해소하고 공동으로 의사결정하는 방법을 배워야 한다. 이렇게 볼 때 교육은 타자와 공존해야 하는 사회적 상황에서 자아실현을 할 수 있도록 하는 데 필요한 도움을 받는 활동으로 규정될 수 있다. 이는 마치 대안 사회에서 노동이 사회 속에서 자아를 실현하는 활동으로 규정되는 것과 마찬가지이다(장귀연, 2015: 89).

한편 타자와 공존은 시민적 훈련을 필요로 한다. 인간이 선택할 수 있는 탈자본주의 사회가 지속가능하면서도 민주적인 참여계획경제라고 할 때 타자와 합리적 토론을 통한 의사결정능력을 필요로 한다. 즉 탈자본주의 사회에서 교육의 목적과 교육적 행위의 구성 원리는 자아실현과 시민교육으로 압축될 수 있다.

이러한 원리를 바탕으로 탈자본주의 사회에서 교육이 민주적 참여경제의 제도적 장치 내에서 어떻게 수용될 수 있을지를 연역적으로 도출해 볼 수 있을 것이다. 그럼에도 불구하고 몇 가지 쟁점이 제기될 수 있으며, 이에 대한 사항을 미리 규정해 둘 필요가 있다.

첫째, 학교는 필요한가? 탈학교주의자들은 자본주의 국가에서뿐만 아니라 사회주의국가에서도 학교가 실패했음을 이유로 하여 학교 자체의 폐지를 주장했다. 물론 학교가 실패하는 이유가, 탈학교주의자들의 생각처럼 학교가 학습자의 요구보다는 학교 자체를 위해서 존재하는 현상에도 기인할 수 있지만 근본적으로는 학교 바깥의 영향이 더 크게 작용한 결과라고 볼 수 있다. 이른바 현실 사회주의국가들의 경우도 산업 활동이 위계적인 분업을 바탕으로 조직되었으며, 이로 인해 더 좋은 직업을 갖기 위해 학교 내에서 경쟁은 피할 수가 없었다(박상현, 2005). 그러나 위계화된 노동 분업이 폐지되고 직군 또는 직무 간의 비교적 자유로운 이전이 가능하게 되려면 기존의 관료화된 학교교육체제로는 개개인이 요구하는 경제생활을 효율적으로 준비시킬 수 없다. 이러한 점에서 탈학교주의자들이 학습자원과 교육수요자를 효과적으로 연결할 수 있는 대안으로 제시한 이른바 '학습망(일리히 1970: 145~196)'의 구성은 대안적 경제체제에서도 핵심적 장치로 활용될 수 있다. 더군다나 정보통신망, 온라인대중교육콘텐츠, 온오프라인 학습공동체의 발달은 이러한 학습망이 이미 현실화되고 있음을 보여 주고 있다. 그럼에도 불구하고 학습망이 학교를 온전히 대체할 수 있는지 문제에 대해서는 반론이 제기될 수 있다. 그 반론은 시민생활에 대한 훈련의 필요성과 학교가 갖는 보호custody 기능의 긍정적 측면[5]에 근거하여 제기될 수 있다. 일정 연령에 이르기까지 부모의 보호에서 벗어나 민주적인 방식으로 타자와 갈등을 해소하고 합리적인 집단의사결정능력을 배양하기 위해서는 집단화된 학교교육을 필요

---

5 라이머(1971: 30~35)는 학교급이 올라갈수록 학교의 보호기능이 강화됨을 지적하면서, 사회가 존속하기 위해서는 학년이 올라갈수록 교육기능이 보호기능으로부터 분리되어야 한다고 하였다.

로 한다는 것이다. 다만 학습 조직은 학습자의 요구에 따라 지금보다 훨씬 유연하게 조직되어, 학교 밖의 자발적 학습망과 유기적으로 연계될 필요가 있다.

둘째, 교육체제를 운영하는 정치적 단위는 무엇인가? 교육은 국민국가체제의 수단으로 활용되어 왔지만 본래적 의미에서 볼 때 국가의 속성과 충돌할 수 있는 소지가 다분하다. 자신과 차이를 가진 타자의 신선한 자극이 학습을 촉진한다는 점에서 교육은 기본적으로 국가의 경계를 넘어선 인류 상호 간의 자유로운 교섭을 장려한다(듀이 1916: 163~164). 따라서 국가 간의 갈등을 정치적으로 활용하려는 국민국가의 속성과 교육은 본질적으로 충돌할 수밖에 없다. 그럼에도 불구하고 교육자원의 균등한 배분이라는 측면에서 교육은 권력을 필요로 한다. 탈자본주의 사회라 하더라도 학습자의 요구를 조사하고 이를 바탕으로 공정하게 교육자원교사, 시설, 교재, 교구 등을 배정하는 정치적·행정적 행위가 필요하기 때문이다. 반드시 국가의 형태일 필요는 없지만 학습자가 거주하는 기초공동체 내부에서 해결할 수 없는 교육자원의 분배 기능을 수행하는 거시적 정치 단위는 필요하다.[6]

셋째, 학생의 자발적 요구와 배치되어 의무적으로 부과되는 교육내용이 있는가? 역사적으로 학습자의 흥미와 요구에만 기반을 둔 교육은 비난을 면치 못했다. 심지어 진보주의 교육을 이끌었던 듀이조차도 깊이 있는 학문적 내용의 학습을 수반하지 않는 찰라적 흥미 위주의 교육 행태를 비판하였다(듀이 1913: 52). 듀이에 따르면 진정한 흥미란 노력을 들여서라도 학습하고자 하는 욕구이며, 이런 점에서 흥미와 요구 역시 훈련에 의해 길러지는 것이다. 탈자본주의 사회가 학습자의 자아실현을 존중한다고 하지만 공동체 생활에 필요한 주제에 대해 학습하는 것은 의무적으로 부과될 수 있다. 여기

---

6 보울스와 진티스(1976: 308)는 이러한 역할을 국가정부가 수행해야 한다고 주장했다.

서 공동체란 소규모의 지역공동체뿐만 아니라 인류공동체가 포함된다. 상호 간의 의사소통에 필요한 읽기, 쓰기, 말하기 교육을 비롯하여 인류공동체의 생존과 번영에 필요한 기본적인 수학교육 및 사회와 과학의 다양한 주제에 대한 교육을 모든 학생을 대상으로 실시할 필요가 있다. 회피하는 노동을 분담하기 위한 기본적 노작교육도 의무적으로 부과될 수 있다. 다만 어떤 교육내용이 의무적으로 부과될 것인지는 의사결정 공동체의 합의를 거쳐야 한다.

넷째, 학교의 선발기능이 사라지는가? 탈자본주의 사회에서 노동의 분업이 폐지되고 직업의 귀천이 사라진다는 점에서 전통적인 학교의 선발기능이 사라질 것이다. 회피하는 직업의 경우 인센티브 혹은 균등한 분담, 기계화인공지능 활용의 이기를 활용할 수 있다. 그렇다 하더라도 개인이 종사하는 일이 자연스럽게 사회적으로 분화되는 것은 회피할 수 없다. 저마다 잘할 수 있고 좋아하는 일이 다르기 때문이다. 따라서 학교는 학생의 흥미와 요구에 따라 교육과정도 다양화되어야 하며, 개설된 프로그램마다 어느 정도 학습에 필요한 준비 상태를 점검할 필요가 있다. 직업별 소득이 평등화된 핀란드의 경우에서 학과별 입시경쟁률이 가장 높은 학과가 연극학과이듯이 (Häkinnen, 2004), 자아실현 효과가 높은 교육프로그램에 들어가기 위한 경쟁이 자연스럽게 유발될 수 있다. 교육자원의 유한성, 학업준비도 등에 의한 진입문턱이 존재할 수 있지만 고작해야 대기시간이 길어지는 수준의 장벽이라 할 수 있다.

다섯째, 지식수준에 따른 차별이 사라지는가? 지식수준에 따른 노동의 분화가 이루어질 때, 비록 노동의 대가로 주어지는 보상의 크기는 평등화된다고 하지만 공동체 의사결정과정에서 지식수준이 높은 직군의 영향력은 더 커질 수밖에 없으며, 이는 필연적으로 지식노동자와 육체노동자의 구분 및 갈등을 낳을 것이라는 문제제기가 있을 수 있다. 그러나 과잉 생산 및 소외 노동으로부터 해방 및 자아실현 욕구의 증가는 학습사회의 출현을 촉진하게 될 것이며, 이는 시민의 교양수준이 평균적으로 높아지는 것을 의미한다. 또한 시민적 의사결정은 전문화된 지식을 보조적으로 활용할 뿐 평균적인 교양수준 정도만을 필요로 하며, 특정 분야에서 전문적인 지식을 가진 사람도 그 밖에 영역에서는 평균적인 교양 수준으로 참여하게 된다. 또 위키피디아와 같은 지식의 민주적 공유체제가 고도화될 경우 지식의 독점적 소유도 약화되며 지식의 소유로 인한 권력 및 권위의 집중 현상도 현저히 약화될 것이다(라이트, 2010, 274~286).

대안적 교육의 구체적 형태

이상에서 살펴본 대안 교육의 원리와 전제들을 통해 대안 교육의 핵심 원칙들을 다음과 같이 제시할 수 있다.

① 사회 전체의 개방적 학습망과 연계된 유연한 학교체제

② 균형적 직군체제하에서 직군 및 직무의 이동을 지원하는 교육의 기능

③ 교육의 공급 및 수요의 민주적·참여적 계획

④ 지구적·지역적 의사결정의 합리성을 제고하기 위한 공통교양의 증진 및 시민적 훈련

⑤ 타자와 공존이라는 사회적 압력 속에서 민주적으로 갈등을 해결하기 위한 방법을 익히기 위한 집단적 과정

이러한 원칙들을 바탕으로 민주적 참여경제체제하에서 이루어질 수 있는 학교교육의 작동방식을 예상해 볼 수 있다. 구체적인 학교교육의 모습을 간략히 살펴보면 다음과 같다.

• 학교체제

탈자본주의체제하에서 학교조직은 학습자의 자아실현 요구에 맞게 개방적 학습망체제와 병행되거나 이를 학교 조직 내부로 흡수한 유인한 학교 조직으로 대체될 것이다. 그러면서도 공동생활에 필요한 시민적 능력을 기르기 위한 집단적 과정을 수행하는 제도로서 학교는 필요하다.

초등교육기관

우선 생산과 분배를 공동으로 의사결정하는 자치단위별로 초등교육기관예: K-8을 운영한다. 초등교육기관은 부모와 사회를 대신하여 보호기능을 수행하며 모든 학생을 대상으로 시민교육을 실시한다. 그러나 교육 내용은 타자와 공존해야 하는 상황에서 민주적 공동 의사결정 방식을 체득하는 과정과 관련된 활동으로 한정된다. 여기에는 읽기, 쓰기, 말하기, 기초 수학교육이 포함되는데 모든 학습의 기초기능이자 타자와 효율적인 의사소통에 필요한 기초기능과 관련된 교과 활동으로 한정된다.

균형적 직군체제하에서는 회피 노동의 분담이 필요하며 따라서 학교교육에서 이를 준비하기 위해 기본 노동교육노작교육을 모든 학생들에게 요구할 수 있다. 그 밖의 과목은 공동체의 문제 중심으로 통합적으로 구성되며, 다양한 주제에 대해 토론하는 방식의 교육이 된다과학과 사회의 통합 교과. 초등은 주로 지역의 문제를 다루고 고학년으로 갈수록 지구 공동체의 문제를 다룬다. 이상의 과목을 제외한 모든 과목은 선택과목으로 제공된다. 학교는 기본 교육시민교육과 노작교육을 제외하고는 학습자가 원하는 학습자원을 제공하는 장소로 변모된다. 예술과 체육은 모든 학생이 참여하되 프로그램은 학습자의 요구에 따라 다양화된다.

중등교육기관

중등교육9~12은 미래의 삶을 직접적으로 준비하는 과정으로 이루어지며 학교의 보호기능은 교육기능으로 대체된다. 즉 기술과 인문교육을 통합하는 종합학교 형태의 학교가 자치단위마다 설립되지만 학습자의 적성에 따라 다양한 교육 프로그램을 선택하여 수강하는 것으로 집단적 과정이 대체된다. 학문적인 소양이 있는 학생들을 대상으로 고전읽기, 고급수학, 과학실험 등의 교육 프로그램을 제공할 수 있으며, 예술, 연극, 자동차 정비, 제작 등 이에 맞게 특화된 기관에서 교육을 받을 수 있다. 다만 중등교육에 있어서도 언어, 수학, 공동체 문제, 선택형 예체능 교육, 노작교육은 필수로 요구된다.

교육 자원의 배분

한편 학습자원에 대한 수요를 조사하고 배분하는 과정은 기초 공동체 단위에서 이루어진다. 탈자본주의 사회의 유지에 필요한 생산 및 분배의 기본 단위가 정해지면 학습자원의 배분 과정도 그 단위에서 공동 의사결정을 통해 이루어질 수밖에 없다. 즉 자치단위별 교육위원회가 구성되고 교육위원회에서 학습 수요를 조사하고 이에 맞게 교사, 교재, 교실을 배분한다. 인터넷이 발달한 현재의 기술 환경에서는 학생과 교사가 각각 공동으로 인터넷을 통해 등록하기 때문에 교사와 학교, 학생의 연계가 용이하다 할 수 있다.

해당 자치단위에서 구할 수 없는 학습자원의 경우 보다 큰 의사결정 단위에서 배분의 책임을 맡는데, 이는 주로 영재 교육예술, 수학, 체육, 직업 기술 또는 외국어교육과 관련된 학습자원의 배분에 한정된다. 영재교육은 주로 대학과 연계되어 이루어지며, 영재학교와 같은 형태는 아니다.

고등교육

대학의 경우 기초학문 분야라 할지라도 도서관과 강의실, 실험실 등의 교육 및 연구 시설에 대한 투자가 필요하며, 이에 따라 기초 자치단위별로 설립된 소규모 대학이 설립·제공될 수 있다. 교수가 되고자 하는 사람은 일정한 자격 조건을 충족한 뒤 교수직군에 등록되며, 거주지에 따라 원하는 대학의 학과에 소속되어 강의를 할 수 있다. 거주지를 옮길 경우 대학 및 학과 소속을 비교적 자유롭게 변경할 수 있다. 도서관과 실험실은 공동으로 사용하며 개별 또는 공동 연구실을 배정받을 수 있다. 일부 강좌는 교수와 학생이 자발적으로 연계되는 학습망을 활용하거나 온라인 대중강좌MOOC 등의 형태로 운영될 수 있다.

한편 농학과 공학, 자연과학, 의학 등 대규모 투자가 필요한 분야는 종합대학 내에 설치하며, 종합대학은 광역 자치단체별로 하나씩 설치된다. 대학 진학은 교사의 추천서나 학과별 시험을 치러서 기본 자질 검증을 통해 이루어지며 선발은 학과공동체교수, 학생의 공동결정으로 이루어진다. 학생들도 교수와 마찬가지로 특정 대학의 학과에 소속되어 공부를 하지만 원하는 경우 타 지역의 대학에서 일부 과목을 자유롭게 수강할 수 있으며, 전학도 자유롭게 할 수 있다. 어느 대학에서 공부를 했는지는 중요하지 않으며 누적된 이수 학점을 통해 특정 직군 진입에 필요한 경력을 인정받을 수 있다. 대학진학률은 화이트칼라 노동자의 감소로 인해 당장은 낮아지겠지만 장기적으로는 학습사회의 실현 및 평생교육에 대한 요구 확대로 활성화될 것으로 보인다.

해외 유학의 경우 학습자원의 공유를 지구적 차원으로 확대하는 차원에서 이해할 수 있으며, 광역 의사결정 단위 간의 협약에 따라 자유로운 학생 교류가 이루어질 수 있다.

- 학교의 의사결정

학교에서 규율 및 교육과정에 대한 의사결정은 20세기 초반부터 지역공동체 또는 단위학교 수준에서 이루어졌던 민주적 대안 교육체제, 즉 민주학교의 경험을 활용할 수 있다. 애플(2015: 30~46)은 민주학교의 특징으로 첫째, 민주적 구조와 과정, 둘째, 민주적 교육과정을 제시한다. 전자는 교육의 공급자와 소비자인 교사와 학생이 참여하여 학교 운영과 관련된 의사결정을 수행하는 것을 말하며, 비단 학교 공동체뿐만이 아니라 지역 공동체 단위에서도 이루어질 수 있다. 둘째, 민주적 교육과정이란 교육과정이 인종, 성, 문화, 환경의 다양성 등에 따른 학습자의 다양한 사회적 관심사를 반영하는 것이면서도 학생이 처한 조건을 비판적으로 탐색할 수 있는 주제들로 구성되는 것을 말한다. 콜버그가 교도소와 학교를 대상으로 실험적으로 운영한 바 있는 정의공동체 모델이 민주적 학교의 이념형을 제시한다(Kohlberg 1976: 190~195). 즉 공동체의 모든 구성원이 일종의 '사회 계약'을 통해 규칙을 정하고, 다양한 사회적 관심사에 대한 토론을 통해 지적인 성장은 물론 사회적 연대감을 강화시키는 모델이 그것이다.

• 교육과정

자본주의가 민주적으로 해체된 사회적 상황에서 상업 활동에 필요한 공용어라 할 수 있는 영어 교육, 국가주의·민족주의와 관련 있는 국어교육, 국사교육 등은 사라지거나 다른 성격의 과목으로 대체될 것이다.

국어교육은 읽기, 쓰기, 말하기를 중심으로 한 의사소통 교육으로 대체되며, 다양한 주제의 읽을거리와 토론거리가 주어지기 때문에 통섭적 교양을 쌓는 효과가 예상된다. 역사교육은 공동체지역, 인류가 직면한 다양한 문제를 중심으로 재구성되어 가르치거나, 의사소통교육의 일부로 활용된다.

수학교육은 초등은 사칙연산 중심, 중등은 기본적 추론능력에 필요한 교육을 중심으로 모든 학생에게 가르치며, 이후는 단계별로 원하는 학생에게 제공되거나 학생이 관심을 갖는 분야의 학습에 보조하여 강조된다.

기타 학문적 내용을 기반으로 하고 있는 오늘날의 전통 교과들은 언어와 수학을 제외하고는 통합적 교과들로 대체될 것이며, 대학의 학문체계를 바탕으로 하는 교과편제는 사라질 것이다.[7]

모든 학생들은 공동체 유지에 필요한 기본적인 노동활동을 해야 하며, 여기에는 요리, 가사노동, 농사, 간단한 제작, 수리, 기계 운전 등의 활동이 포함된다.

체육이나 예술은 필수로 요구되지만 그 내용은 학생의 선택에 따라 다양한 프로그램으로 이루어진다. 자치단위의 결정에 따라 수영이나 자전거타기, 긴급인명구조 등 특정한 내용을 의무적으로 배우도록 결정할 수 있다.

대학은 순수한 지적 호기심을 바탕으로 분화된 기초학문 중심으로 재편되며, 공학, 농학 등과 같은 실용적 학문은 노동 현장과 연계하여 산학연계 교육의 형태가 강화될 것으로 보인다.

외국어교육의 경우 여행이나 직업적 요구에 필요한 경우에 한정된다. 사회가 복수의 언어를 사용할 경우 학교교육에 이중 언어 교육이 도입될 수 있다.

• 학습 및 평가 방법

교육과정의 기본적 가이드라인은 교사가 제시하지만 교육내용과 학습방법은 학생의 동의를 전제로 한다. 기초기능을 필요로 하는 학습은 강의와 협력학습의 방법이 사용될 수 있지만, 사회적 주제에 대한 학습은 다양한 형태의 토론 수업과 소크라테스식 방법이 활용될 수 있다. 학생이 선택하는 직업교육은 실습 중심의 교육 방식이 활용될 수 있다.

표준화된 성취시험은 사라지며, 학생의 자기평가와 병행하는 교사별 평가제[8]로 바뀐다. Pass/Unpass, 또는 학생이 어떤 학습활동을 했는지를 기록

---

7 전통의 기초학문을 중심으로 중고등학교교육과정을 편성하는 전통은 스콜라주의적 정신훈련론에 입각한 엘리트 중심 교육방식이라 할 수 있다. 대안 사회의 교육이 미래의 자유로운 노동자를 준비시키는 과정이라 할 때 이러한 인문주의 방식의 교육은 폐지될 수밖에 없다.

8 핀란드 교육이 성공적인 이유로 교사별 수시평가제도가 중요한 역할을 했다고 볼 수 있다(세이지 2007: 150~152).

하는 형태의 평가가 이루어질 수 있다. 평가 방법에 대해서도 학생과의 사전 합의가 있어야 한다.

• 교사 교육

탈자본주의 사회에서는 다양한 사회적 생산에 참여하는 사람들이 자신의 지식을 공유하기 위해 교육 활동에 참여하기를 원할 것으로 생각된다. 따라서 교육 활동의 자기 주도성이 증진하여 교사의 직무 만족도는 높아질 것으로 보인다. 누구든 교사가 되길 원하는 사람들은 해당 분야에서 경력을 갖춘 사람들 중 사범대학에서 최소한의 과목을 수강한 뒤 교사기본인증을 받을 수 있다. 교사인증을 받은 사람은 교육위원회에 교사등록을 한 뒤 학생 및 학교 배정을 받을 수 있다. 교사에 대한 평가는 교육위원회에 등록되며, 이를 바탕으로 교사 관리가 이루어진다.

• 홈스쿨링 및 사회교육

학생은 학교를 거부할 권리가 있다. 다만 가정에서 관리되는 학생들은 주기적으로 교육위원회의 관찰과 감독을 받아야 한다. 그러나 가족의 형태가 유연해지고 자녀 양육이 사회화될 경우 홈스쿨링 형태의 교육은 축소될 것으로 보인다. 또한 홈스쿨링이 근대 학교교육체제에 대한 소극적 저항에서 비롯된 점을 감안할 때 학생의 요구와 흥미를 중심으로 학교가 구성될 경우 홈스쿨링에 대한 요구도 줄어들 것으로 보인다.

• 진로 결정

상급학교에 진학하거나 직업을 갖기 위해서는 해당 학교나 직업현장에서 요구하는 학업 이력을 쌓은 뒤 진출할 수 있다. 예를 들어 의사가 되기 위해서는 의과 대학에서 기본과목을 수강해야 하며, 의사직군에서 제공하는 훈련 과정을 거쳐야 한다. 또 의과 대학에 진학하기 위해서는 사전에 관련 과목을 수강했거나 학과 공동체와의 면접을 거쳐야 한다. 진학 경쟁이 있을 수 있으나 높은 소득을 위한 경쟁이 아닌 기본 소양의 검증, 또는 한정된 학습 자원으로 인한 경쟁이기 때문에 심각한 사회 문제를 유발한다고 볼 수는 없다. 또한 직군 및 직무의 이동이 자유로운 체제하에서 진로 결정은 평생에 걸쳐 본인이 원하는 만큼 기회가 주어지며 이는 평생교육에 대한 수요를 유발한다.

• 평생교육 / 직업교육

노동의 위계적 분업이 폐지될 경우 개인은 본인의 다양한 요구나 사회적 의무를 충족하기 위해 평생에 걸쳐 다양한 종류의 사회적 생산에 참여하게 된다. 기본적인 노작교육은 학교에서 이루어지지만 지금 당장 필요한 전문적인 노동 기술을 배우기 위해서는 직업학교나 노동현장별로 운영하는 사내대학또는 대학위탁교육이 유력한 형태의 교육기관이 될 수 있다. 분화된 숙련기술이 아닌 종합적 숙련기술이 더 필요하다는 점에서 과거의 도제 교육과 같이 장인으로부터 전수받는 형태의 교육이 활성화될 것이다.[9] 학교, 대학과 연계된 실용적 산학연계 교육도 강화되며, 대학의 평생교육 기능도 활성화될 것이다.

• 여가교육

과잉 생산 요구의 감소, 생태적 소비체제의 정착, 단순·위험 노동의 자동화·기계화가 촉진되면 여가 시간 및 여가 활동의 종류가 크게 확대될 것으로 예상된다. 학교교육은 물론 학습망에 의한 여가교육 프로그램이 크게 활성화될 것으로 보인다.

---

9 오늘날 도제식 교육apprenticeship은 명시적으로 전달하기 힘든 암묵적 지식을 가르치는 데 효과적인 교육방안으로 재조명되고 있다.

3. 사회개혁에 있어서 교육의 역할

유토피아적 기획이나 전망에 대한 논의는 실현 가능성이 희박할 뿐 아니라 실제 그런 사회가 도래되었을 때 어떤 부작용이 초래될지 모르기 때문에 학문적 논의에서 회피되어 왔다. 그러나 사회의 진보에서 유토피아적 기획이 가져올 수 있는 긍정적 효과 역시 부인할 수 없다. 유토피아는 현실을 비판하는 준거가 될 수 있으며, 대안이 작동하는 방식에 대한 리허설 기회를 제공한다.

대안 사회에 관한 유토피아적 기획들이 현실적 설득력을 갖기 위해서는 단순히 희망하는 이상 사회의 모습을 그릴 것이 아니라 현실 사회에 존재하는 조건들을 중심으로 대안 사회가 작동하는 원리를 설명할 수 있어야 한다. 이상에서 살펴본 대안적 교육이 작동하는 방식은 노동의 위계적 분업의 철폐 및 누구나 쉽게 접근할 수 있도록 교육자원이 공공재로 주어지는 시스템의 구축을 토대로 한다. 그리고 노동의 위계적 분업이 철폐되면 어떤 효과를 가져 오는지, 교육자원이 어떻게 공공재로 배분되고 그것이 어떻게 학습자의 자아실현에 기여할 수 있는지는 현실적 사례들 속에서 얼마든지 발견될 수 있다. 다만 이 글에서는 그러한 사회적 시스템이 어떻게 전 지구적으로 확산될 수 있는지 이행전략에 대해서는 논의하지 않으며, 대안적 시스템의 기획이 가져올 수 있는 전시적 효과에 만족하고자 한다.

마지막으로 앞에서 제시한 대안적 교육 시스템이 반드시 자본주의체제의 전면적 탈피를 전제로 하는지에 대해 논의해 볼 필요가 있다. 핀란드의 경우처럼 자본주의를 포기하지 않더라도 정치적·사회적 역량에 따라 훌륭한 교육 체제를 만들 수 있지 않는가 하는 것이다. 그러나 거꾸로 핀란드의 사례는 교육개혁의 성패가 자본주의적 생산양식의 대체와 관련이 있다는 점을 잘 보여 주고 있다. 우선 핀란드는 지구상의 나라들 중에 가장 평등한 사회이며, 이는 학생들의 평균적으로 높은 학업성취도의 원인이 되고 있다(Sahlberg, 2011: 112~113). 직업 간 소득 분배가 실질적으로 평등화되어 있어서 대학 입시에서 선호되는 학과의 분포가 학생의 자아실현 욕구를 반영한다. 또 학생 간의 경쟁은 적지만 학업성취도는 대단히 높다(세이지, 2007). 학습의 자기주도성이나 흥미 역시 높은 것으로 나타나 학습의 질도 대단히 높다고 할 수 있다. 즉 평등한 사회가 더 좋은 교육을 제공할 수 있다는 점을 잘 보여 준다. 반면 자본주의적 모순이 심화된 사회일수록 교육 관련 문제도 심각하다는 것은 미국과 영국, 한국과 일본 등의 사례에서 쉽게 찾아볼 수 있다. 이러한 점에서 볼 때 자본주의적 모순 해소와 교육의 질 관계는 인과관계가 아니더라도 상관관계의 형태로 파악될 수 있다. 자본주의의 모순이 극도로 심화된 한국 등의 국가는 교육의 질도 그에 상응하게 낮을 수밖에 없다. 핀란드처럼 자본주의의 모순이 비교적 완화된 사회는 교육의 질도 상대적으로 높다.[10] 그러나 문제는 핀란드와 같은 사회가 예외적이라는 것이다. 지구화된 자본주의의 속성상 한 사회의 선택에 따라 점진적으로 모순을 완화하는 것이 어렵다면 교육개혁에 대한 가능성도 낮아질 수밖에 없다. 특히 한국과 같이 경제개혁에 대한 사회적 역량이 낮은 경우 교육의 점진적 개혁은 마치 불가능한 과업처럼 보일 수밖에 없다.

그렇다면 현존하는 조건에서 교육은 사회 발전을 위해 어떤 역할을 할 수 있을 것인가? 교육 그 자체는 평등한 사회를 만드는 데 결정적 기여를 하지

---

10 최근 핀란드의 PISA 순위가 하락되고 있는 이유로 교육 부문의 정부지출 감소, 소득 불평등의 악화 등의 요인이 지적되고 있다(Sahlberg, 2011: 138).

못하지만 평등한 사회를 만드는 데 필요한 시민적 각성을 하는 데는 효과가 있다. 제3세계의 비판적 리터러시 교육이나 60년대80년대 한국 학생들의 각성은 교육이 사회 변혁에 어떤 역할을 할 수 있을지 가능성을 보여 준다. 문제는 학교교육을 통한 시민적 각성을 촉진하는 교육적 실천을 할 수 있는지의 여부도 그 사회의 민주적 역량에 달려 있다는 점이다.

참고문헌

- 강남훈, 「국립교양대학, 공교육 정상화를 위한 대학체제개편안」, 『사회운동과 비전』, 한국 사회포럼, 2011.
- 강내희, 『교육개혁의 학문전략: 신자유주의 지식생산을 넘어서』, 문화과학사, 2003.
- 강대현 외, 『사회과 교육내용 적정성 분석 및 평가』, 한국교육과정평가원 연구보고서 RRC 2004-1-4, 2004.
- 강영혜 외, 『교육 관련 집단의 이념적 좌표 분석 연구』, 한국교육개발원, 2003.
- 강영혜 외, 『특수목적고의 현주소와 개선방향』. 한국교육개발원, 2007.
- 강일국, 「해방 이후 초등학교의 교육개혁운동과 반공교육의 전개과정」, 『교육비평』, 12, 2003.
- 경상대학교 사회과학연구원 편, 『대학서열체제 연구: 진단과 대안』, 한울 아카데미, 2004.
- 고형일 외, 『2002학년도 이후의 입학제도 개선에 관한 연구』, 교육부 정책연구보고서GOVP1199813438, 1998.
- 교육개혁위원회, 『세계화·정보화 시대를 주도하는 신교육체제 수립을 위한 교육개혁 방안』, 1997.
- 교육과학기술부, 『대학자율화 1단계 추진계획(안)』, 2008.
- 교육부, 『창조적지식기반국가건설을 위한 교육발전 5개년 계획(시안)』, 1999.
- 교육인적자원부, 『2005년 교육주요업무계획』, 2005, 3. 35.
- 교육인적자원부, 『교육발전 5개년 계획(1999~2003)』, 1999. 3. 17.
- 교육혁신위원회, 『미래교육 비전과 전략(안)』, 2007a.

- 교육혁신위원회,『학습사회 실현을 위한 미래교육 비전과 전략』, 2007b.
- 구가인,「애물단지 '교과서'」,『주간 동아』, 2008. 9. 2.
- 국정브리핑 특별기획팀,『대한민국교육 40년』, 한스미디어, 2007.
- 권오정 외,『통일 시대의 민주시민교육론』, 탐구당, 1992.
- 권오정·김영석,『사회과교육학의 구조와 쟁점』, 교육과학사, 2003.
- 김광수,「학교부적응 청소년을 위한 위탁형 대안 교육의 제도적 위상」,『교육철학』, 44, 2011.
- 김기석·박환보,「고등교육의 팽창: 민영화에 의한 고등교육의 보편화」,『한국교육 60년』, 서울대학교출판문화원, 2010.
- 김미란,『외국의 대입제도』, 한국교육개발원 Position Paper, OR 2010-01-9, 2010.
- 김미현,『입시의 정석 2013: 대입편』, 살림 Biz, 2012.
- 김상봉,『도덕교육의 파시즘』, 길, 2005.
- 김승현,「기회균등선발을 중심으로 한 대입제도 개선안에 대한 토론」,『대입제도개선에 관한 국회 토론회 자료집』, 2012.
- 김영석,「미국의 대입제도: 공립대학의 차별적 평준화 정책을 중심으로」, 경상대학교 사회과학연구원편,『대학서열체제연구: 진단과 대안』, 한울아카데미, 2004.
- 김영석,「제7차 사회과 교육과정의 구조적 문제와 사회과의 해체」,『사회과교육연구』, 12(2), 2005.
- 김영석,「현행 국가교육과정체제의 문제점과 대안의 모색」,『사회과교육연구』, 13(2), 2006.
- 김영석,「신보수주의 교육개혁 이후 사회 교과 위상의 변화와 도전: 영국과 미국의 사례를 중심으로」,『시민교육연구』, 41(2), 2009.
- 김영석,「제6차 교육과정 개정에 대한 기억의 재구성: 국민에서 시민으로」,『사회과교육연구』, 20(2), 2013.
- 김영석,「탈자본주의 사회에서의 교육」,『마르크스주의연구』 13(3), 2016.

- 김영철·이민환, 「지역 인재의 수도권 대학 진학과 지역 경제력 유출 효과: 대구 지역을 중심으로」, 『지역연구』 19(2), 2003.
- 김용, 「주기적, 일시적, 전면적 교육과정 개정 방식: 존속과 기능의 조건」, 『교육과정연구』, 20(1), 2002.
- 김용일, 『위험한 실험: 교육개혁의 정치학』, 문음사, 2001.
- 김용일, 『교육의 미래–시장화에서 민주화로』, 문음사, 2002.
- 김용일 외, 『대학 입시제도 개선방향 탐색』, 구논회 의원실 정책연구보고서, 2005.
- 김재춘, 「국가교육과정 연구: 개발체제의 문제점과 개선방안: 제7차 교육과정 연구개발체제를 중심으로」. 『교육과정연구』, 20(3), 2002.
- 김태정, 「한국의 교육운동 그 평가와 전망」, 『진보평론』, 10, 2001.
- 김희규, 「교원평가제도의 개정에 담긴 정책적 함의와 개선방안」, 『HRD연구』, 10(3), 2008.
- 나라정책연구회, 『소비자주권의 교육대개혁론』, 길벗, 1995.
- 대통령직인수위원회, 『교육개혁과 지식문화강국 실현』, 국정과제 T/F 보고서, 2003.
- 데릭 히터, 김해성 옮김, 『시민교육의 역사』, 한울 아카데미, 2007.
- 마이클 애플, 성열관 옮김, 『미국 교육개혁 옳은 길로 가고 있나?』, 우리교육, 2003.
- 마이클 애플, 강희룡 외 옮김, 『교육은 사회를 바꿀 수 있을까?』, 살림터, 2014.
- 마이클 애플 외, 『마이클 애플의 민주학교』, 살림터, 2015.
- 마이클 앨버트, 김익히 옮김, 『파레콘: 자본주의 이후, 인류의 삶』, 북로드, 2002.
- 마틴 화이트, 「중국과 러시아의 교육개혁」, 이규환·강순원 엮음, 『자본주의사회의 교육』, 창작과비평사, 1984.
- 문상석, 「새마을운동과 정신 개조」, 『사회이론』, 38, 2010.

- 미하이 칙센트미하이, 노혜숙 옮김, 『창의성의 즐거움』, 북로드, 2003.
- 박도순 외, 『한국 교육개혁의 평가와 대안 탐색 연구』, 교육인적자원부 위탁연구보고서(2007-위탁-87), 2007.
- 박상현, 「대중교육의 이론과 쟁점」, 윤종희·박상현 외, 『대중교육: 역사·이론·쟁점』, 공감, 2005.
- 박세일, 「세계화 시대의 교육을 위한 발상의 전환: 구제에서 탈규제로」, 나라정책연구회 편, 『소비자 주권의 교육대개혁론』, 길벗, 1995.
- 박순경, 「교육과정 분권화의 출발점과 방향 타진을 위한 시론」, 『교육과정연구』, 26(2), 2008.
- 박정원, 「대학 특성화 및 선택과 집중 원칙의 문제」, 전국교수노동조합 편, 『우리대학 절망에서 희망으로』, 노기연, 2006.
- 박진환, 『박정희 대통령의 한국 경제 근대화와 새마을운동』, (사)박정희대통령기념사업회, 2005.
- 백종국, 「권역별 네트워크 활성화로 교육의 질을 높이는 미국 대학들」, 『교육개발』, 38(3), 2011.
- 보울스·진티스, 이규환 외 옮김, 『자본주의와 학교교육』, 사계절, 1976.
- 새교육공동체위원회, 『지식기반사회의 교육공동체 구축을 위한 교육정책보고서』, 2000. 7.
- 서길원, 「작은 학교교육의 희망과 남한산 초등학교」, 『교육비평』, 26, 2009.
- 성기선, 「한국 사회와 대학입시제도에 대한 성찰」, 송순재 편 『대학입시와 교육제도의 스펙트럼』, 학지사, 2007.
- 성병창, 「참여정부의 교육정책 기조와 내용」, 『교육비평』, 12, 2003.
- 성열관, 『호모 에코노미쿠스 시대의 교육』, 문음사, 2004.
- 성열관, 「미국 교육과정 성취기준 논쟁의 동향 및 평가」, 『한국 교육학연구』, 11(1), 2005.
- 성열관, 「계급화를 넘어 평준화로: 자율형 사립고 100개 정책에 대한 비판」, 『교육비평』, 24, 2008.

- 성열관, 「국가 수준 교육과정 의사결정의 특징에 대한 고찰: 은유의 발견」, 『교육방법연구』, 20(2), 2008.
- 소경희, 「우리나라 교육과정 개정에 있어서 총론과 각론의 괴리 문제에 대한 고찰」, 『교육과정연구』, 18(1), 2000.
- 소경희, 「영국의 국가교육과정 개정 및 시행절차 고찰」, 『비교교육연구』, 15(2), 2005.
- 손민호, 「호주의 교육과정 개정정책에 대한 일고찰-뉴사우스웨일즈주의 교육과정 개정방식을 중심으로-」, 『비교교육연구』, 14(1), 2004.
- 손인수, 『한국 교육운동사 Ⅰ』, 문음사, 1994a.
- 손인수, 『한국 교육운동사 Ⅱ』, 문음사, 1994b.
- 손인수, 『한국 교육운동사 Ⅲ』, 문음사, 1994c.
- 손인수, 『한국 교육운동사 Ⅳ』, 문음사, 1999a.
- 손인수, 『한국 교육운동사 Ⅴ』, 문음사, 1999b.
- 송경원, 「한국의 계급구조와 교육체제」, 『진보평론』, 10, 2001.
- 송순재 편, 『대학입시와 교육제도의 스펙트럼』, 학지사, 2007.
- 안미숙, 「블런켓은 교육과정을 교사들에게 다시 돌려주고 있다-영국 교육과정 2000-」, 『교육개발』, 119, 1999.
- 양성관 외, 「미국 대학입학제도의 전형자료, 입학사정관제도 및 기여입학제도 분석: 개별적 검토를 중심으로」, 『비교교육연구』, 17(3), 2007.
- 양성관 외, 「대입자율화의 가능성에 대한 비판적 검토: 입학사정관제를 중심으로」, 『한국 교육학연구』, 14(3), 2008.
- 양승실, 「대학입학제도의 운영 실상과 영향 분석 연구」, 한국교육개발원 연구보고 RR 2003-4, 2003.
- 양정현, 「한말 경남지역 근대 초등교육의 보급과 확산」, 『역사와 경계』, 부산경남사학회, 2008.
- 에릭 올린 라이트, 권화현 옮김, 『리얼 유토피아』, 들녘, 2010.
- 에버릿 라이머, 김석원 옮김, 『학교는 죽었다』, 한마당, 1971.
- 오천석, 『외로운 성주』, 광명출판사, 1975.

• 우석훈·박권일, 『88만원 세대』, 잡생각, 2007.
• 윤종희, 「법인자본주의와 대중교육의 역사」, 윤종희·박상현 외, 『대중교육: 역사·이론·쟁점』, 공감, 2005.
• 윤종희, 『현대 자유주의적 교육개혁의 역사와 지식권의 제도화–세계헤게모니 국가의 교육제도를 중심으로』, 서울대학교 대학원 박사학위 논문, 2010.
• 이돈희, 『한국 교육평론 1997: 열린교육운동의 이념과 실태』, 한국교육개발원 연구보고서(EP1998–01–14), 1998.
• 이두휴, 「대학서열체제의 형성과 현황」, 경상대학교 사회과학연구원편, 『대학서열체제연구: 진단과 대안』, 한울아카데미, 2004.
• 이만규, 『조선교육사 Ⅱ』, 거름, 1988.
• 이반 일리히, 박홍규 옮김, 『학교 없는 사회』, 생각의 나무, 1970.
• 이병곤, 「영국의 교육개혁과 그 그늘」, 『교육비평』, 1, 2000.
• 이병곤, 「교육개혁의 방향과 주체설정에 대한 교육철학적 모색: 한국과 영국에서 진행된 최근의 교육개혁에 대한 비교 분석」, 『비교교육연구』, 12(2), 2002.
• 이소영, 「해방 후 한국 교육개혁운동의 성격 고찰: 교육주도 세력의 새교육운동을 중심으로」, 『인격교육』, 2010.
• 이은숙, 『교육운동론』, 아침, 1985.
• 이주호 외, 『평준화를 넘어 다양화로』, 학지사, 2006.
• 이치석, 『전쟁과 학교』, 삼인, 2005.
• 이혁규, 「사회과교육과정 개발체제의 문제점과 대안에 대한 시론」, 『시민교육연구』, 32, 2001.
• 이혁규, 「사회과 교육과정 개정 방식의 개선 방안 탐색」, 『교육과정연구』, 21(3), 2003.
• 임재홍, 「이명박정부 교육정책에 대한 평가와 과제–신자유주의 고등교육정책을 중심으로」, 『민주법학』, 50, 2012.

- 장귀연, 「대안적 노동원리: 노동으로부터의 해방과 노동을 통한 해방」, 경상대학교 사회과학연구원 편, 『자본주의를 넘어선 대안 사회경제』, 한울 아카데미, 2015.
- 장미혜, 「사회계급의 문화적 재생산: 대학간 위계서열에 따른 부모의 계급구성의 차이」, 『한국 사회학연구』, 36(4), 2002.
- 전교조, 「전교조, 20년 전의 정신과 각오로 제2참교육운동을 시작하겠습니다」, 『20주년 기자회견문』, 2009.
- 장회익, 「교육 정상화를 위해 서울대를 개방하자」, 『교수신문』, 2001. 4. 16.
- 정용교 외, 「교육계몽운동으로서 새마을운동의 특성과 의의」, 『민족문화논총』, 49, 2011.
- 정일환 외, 「미국과 캐나다의 교육체제와 교육개혁동향」, 『비교교육연구』 14(2), 2004.
- 정진상, 『국립대 통합네트워크』, 책세상, 2004.
- 정진상 외, 『교육부의 대국민 사기극』, 책갈피, 2006.
- 정진화, 「교사주도 학교개혁 운동의 등장과 의미」, 『교육비평』, 31, 2013.
- 조금주, 「학교다양화 정책 속에서 살펴본 혁신학교의 성과 및 과제」, 『중등교육연구』, 60(2), 2012.
- 존 듀이, 조용기 옮김, 『흥미와 노력: 그 교육적 의의』, 교우사, 1913.
- 존 듀이, 이홍우 옮김, 『민주주의와 교육』, 교육과학사, 1916.
- 차석기, 『한국 민족주의교육의 생성과 전개』, 태학사, 1999.
- 천보선 외, 『신자유주의와 한국 교육의 진로』, 한울, 1998.
- 최혜원, 「교과서 체계 문제 있다」, 『주간 조선』, 2008. 4. 21.
- 켄 베인, 안진환·허형은 옮김, 『미국 최고의 교수들은 어떻게 가르치는가?』, 뜨인돌, 2004.
- 파울루 프레이리, 남경태 옮김, 『페다고지』, 그린비, 1970.
- 한국교육연구소 편, 『한국 교육의 성격과 교직원노조운동』, 푸른나무, 1990.
- 한상권, 「일제강점기 차미리사의 민족교육운동」, 『한국독립운동사연구』, 16, 2001.

- 허경철 외, 『교육과정·교육평가 국제비교연구(Ⅳ)-교육과정 개정 방식을 중심으로-』, 한국교육과정평가원 연구보고서 (RRC2002-2), 2002.
- 허수열, 『개발없는 개발』, 은행나무, 2005.
- 홍미리, 「일본의 교육개혁에 있어서 「총합적 학습의 시간」의 의의」, 『일어교육』, 25, 2003.
- 홍후조, 「국가 수준 교육과정 개발 패러다임의 전환(Ⅰ): 전면개정형에서 점진개선형으로」, 『교육과정 연구』, 17(2), 1999.
- 후쿠다 세이지, 박찬영 외 옮김, 『영국 교육의 실패와 핀란드의 성공』, 북스힐, 2007a.
- 후쿠타 세이지, 박찬영·김영희 옮김, 『영국 교육의 실패와 핀란드의 성공』, 북스힐, 2007b.

- Anyon, J.(2011), *Marx and Education*, New York: Routledge.
- Atkinson, R. C.(2001), *Standardized Test and Access to American Universities*, The 2001 Robert H, Atwell Distinguished Lecture delivered at the Annual Meeting of the American Council on Education, Washington D.C., Feburury 18.
- Baker, M.(2002), *Murder of the National Curriculum*, BBC News, 2. 9. 2002.
- Berliner et al.(1995), *The Manufactured Crisis: Myths, Fraud, and the Attack on America's Public Schools*, Perseus Book.
- Blacker, D. J.(2013), *The Falling Rate of Learning and The Neoliberal Endgame*, Croydon, UK: Zero Books.
- Brand, G.(2001), "Hochbegabte und Hochleistende Jugendliche - Anmerkungen zum Marburger Hochbegabtenprojekt", *Labyrinth* 69.

- Briggs, D. C.(2009), *Preparation for College Admission Tests*, 2009 NACAC Discussion Paper, National Association for College Admission Counselling.
- Brunning, R. H., Schraw, G. J., & Ronning, R. R.(1995), *Cognitive Psychology and Instruction*, Second Edition, Prentice Hall.
- Cheney, L. V.(1994, Oct, 20), *The End of History*, The Wall Street Journal, p.22.
- Clark, K.(2010, 11,15), *8 Big Changes to College Admissions in 2010 and 2011*, US News.
- Cohen, A. M.(1998), *The Shaping of American Higher Education: Emergence and Growth of the Contemporary System*, Jossey-Bass Publishers.
- Davis, N.(2007), 이병곤 옮김, 『위기의 학교: 영국의 공교육은 왜 실패했나?』 우리교육.
- Department of Education and Skills (2007), *The Beacon Schools Program*, www,standards,dfes,gov,uk/beaconschools.
- Evans, R. W.(2005), *Social Studies Wars: What Should We Teach the Children?* New York: Teachers College Press.
- Gillard, D.(2007), *Education in England: A Brief History*, www,dg,dial,pipex,com/history.
- Golden, D.(2005), *The Price of Admission: How America's Ruling Class Buys its Way into Elite Colleges and Who Gets Left outside the Gate*, Crown.
- Häkkinen, I.(2004), *Do University Entrance Exams Predict Academic Achievement? Uppsala University Working Paper*, Working Paper 2004: 16.

- Harlen, W. & Deakin Crick, R.(2002), "A Systematic Review of the Impact of Summative Assessment and Tests on Students' Motivation for Learning", *in Research Evidence in Education Library,* London: EPPI–Centre, Social Science Research Unit, Institute of Education, University of London.
- Hart Research Associates(2015), *Falling Short? College Learning and Career Succes,* Selected Findings from Online Surveys of Employers and College Students Conducted on Behalf of the Association of American Colleges & Universities.
- Hertzberg, H. W.(1988), "Foundations: The 1892 Committee of Ten," *Social Education*, Vol. 52, No. 2.
- Herzberg, H. W.(1981), *Social Studies Reform, 1880~1980*, Boulder, CO: Social Science Education Consortium.
- Karabel, J.(2005), *The Chosen: The Hidden History of Admission and Exclusion at Harvard, Yale, and Princeton*, Mariner Books.
- Kliebard, H.(2004) *The Struggle for the American Curriculum: 1893~1958*, New York: Routledge Falmer.
- Kohlberg, L.(1976), "Moral Reasoning," in D, Purple and K, Ryan, *Moral Education,,, It Comes with the Territory*, Berkeley, CA: McCutchan Publishing Co.
- Meier, D. & Wood, G.(2004), *Many Children Left Behind: How the No Child Left Behind Act is Damaging Our Children and Our Schools*, Boston: Beacon Press.
- Meyer, J., Kamens, H. & Benavot, A.(1992), *School Knowledge for the Masses: World Models and National Primary Curricular Categories in the Twentieth Century*, London: Palmer Press.
- Monyhan, D. P.(1975), "The Politics of Higher Education" *Daedulas* Vol. 140, No. 5.

- Moon, T. R., Brighton, C. M., Jarvis, J. M., & Hall, C. J.(2007), *State Standardized Testing Programs: Their Effects on Teachers and Students (RM07228)*, Storrs, CT: The National Research Center on the Gifted and Talented, University of Connecticut.
- NEA(2006), *Voters Repeatedly Reject Vouchers*, www.nea.org/vouchers.
- NEA(2008), *Charter Schools*, www.nea.org/charter.
- Niu S. X., & Tienda, M.(2010), *Testing, Ranking and College Performance: Does High School Matter?* Unpublished paper to be presented at the annual meeting of the Population Association of America, Dallas, TX.
- Paton, G. & Bryant, B.(2012. 9. 13.), *Third of Britain's Elite Universities Still Looking for Students*, Telegraph.
- Ravitch, D.(2010), *The Death and Life of the Great American School System: How Testing and Choice Are Undermining Education*, Basic Books.
- Reich, R. B.(1991), *The Work of Nations: Preparing Ourselves for 21st-Century Capitalism*, New York: Vintage Books.
- Resnik, L. B.(1987), "Learning In School and Out," *Educational Researcher*, Vol. 16, No. 9.
- Roth, P. L., BeVier, C. A., Switzer III F. S. & Schippmann, J. S.(1996), "Meta-analyzing the Relationship between Grades and Job Performance," *Journal of Applied Psychology*, Vol. 81, No. 5.
- Sahlberg, P.(2011), *Finnish Lessons 2.0: What Can the World Learn from Educational Change in Finland?* New York: Teachers College.
- Schmidt, F. L. & Hunter, J.(1998), "The Validity and Utility of Selection Methods in Personnel Psychology: Practical and Theoretical Implications of 85 Years of Research Findings," *Psychological Bulletin*, Vol. 124, No. 2.

- Walpole, M.(2003), "Socioeconomic Status and College: How SES Affects College Experiences and outcomes", *Review of Higher Education*, Vol. 27, No 1.
- Whitty, G. et al,(1999), 학교, 국가, 그리고 시장, 내일을 여는 책.
- Wong, S. Y.(1991), "The Evolution of Social Science Instruction, 1900–86", *Sociology of Education*, 64(1)

찾아보기

ㄱ

가계부채 증가 원인 115
갑오개혁 16
개방대학 146
개방형 이사 53
경례 문화 17
경상대학교 사회과학연구원 194, 196
경성제국대학 18, 21
경제결정론 39
경제 메타포 57
계급 재생산 23, 24
계몽운동 217
고교교육 정상화 118
고교 다양화 37, 59, 60
고교등급제 54
고급심화과목(AP, UP) 120
고대 대학 146
고등교육기본법 143
고등교육재정교부금법 200, 209
공교육 정상화법 210
공동선발 및 공동학위 197
공립대학 확대 조치 75
공립형(위탁형) 대안학교 263
공영형 사립대학 209
공영형 혁신학교 53
과도한 국가 42
광주학생운동 223
교과서 자유발행제 95
교과이기주의 84, 85
교과전담제 187
교내 일제고사 121
교련교육 20, 244
교사별 수시 평가제 181
교사의 수업자율권 및 평가권 205
교사회 및 학부모회 법제화 50, 51
교수 성과연봉제 38
교실 붕괴 16, 23
교원노조 결성운동 252
교원노조설립및운영등에 관한법률 259
교원노조결성운동 234
교원정년 48
교원평가제 53, 61
교육공급시장의 다양화 및 특성화 39
교육 공급자의 자율과 경쟁 44
국가교육과정 84, 94, 95, 98
국가교육과정 개발 및 학습교재 위원회 102
국가교육과정 운동 72
국가교육과정위원회 101
국가교육과정의 수시·부분 개정 97
국가교육내용의 반복성 177
국가교육민주화선언 254

국가교육비전2030 37
국가교육열 13, 16
국가교육의 시장화 33
국가교육인적자원부 47
국가교육전문대학원 202
국가교육정보센터 44
국가교육칙어 18
국가교육혁신위원회 50
국가교장 공모제 264
국립대 네트워크 193
국립대 발전계획안 193
국립대 법인화 38, 44, 60
국립대 통합네트워크안 193
국립대학발전계획 47
국립대학 성과급적 연봉제 61
국립대학 운영체제 다양화·자율화 방안 51
국민교육헌장 22, 241, 242
국민윤리교육 216
국민의 정부 46
국사교육강화 242, 243
국사의 교과독립 22
국적 있는 교육 242
국정교과서 65, 242
군사교육 17, 20
군사정부 236
균형적 직군 277
그랑제꼴 132, 142
근대 사립학교 220
근대 학교교육의 발달 269
기능주의 교육학 26
기러기 아빠 13
기여입학 금지 54
기초교양대학 163
기초학교 71
김일성주의 사상교육 245
꼬마 교수 88

ㄴ

나라정책연구회 44
낙오방지법 73
남한산초등학교 263
네트워크 총 정원제 194
노동야학운동 224
노작교육 281
농어민소득증대특별사업 238
능력시험 153

ㄷ

다이안 래비치 72, 188
대강화 94
대안교과서 89
대안학교 운동 262, 263
대입 3단계 자율화 방안 117
대입자율화 59, 60, 119
대입지원 중앙관리 165
대학교육 정상화 206
대학구조개혁 61
대학별 고사 117, 121
대학생 멘토링 사업 55
대학서열체제 31
대학서열화 109
대학설립준칙주의 38
대학수학능력 예측타당도 139

대학의 기능 29
대학입시의 변천 116
대학입학 예비고사 116
대학입학처 147
대학입학 학력고사 116
대학 특성화 사업 48
대한교련 256
대한교육연합회 243
도덕·국민윤리 교과개설 22
도산 안창호 217
독립교과화 83
독립학교 75
동맹휴학운동 223
등록금 직접 지원 정책 75

ㄹ

루이 파스퇴르 대학 142

ㅁ

마이스터고등학교 78
모릴법 270
문민정부 37, 41
문제풀이식 반복교육 107
문화자본 24
미국대학협의회 108
미국화 229
미군정 19
미군정청 학무국 227
민립학교 218
민족 개조 사상 217
민족계몽운동 217
민족국가 운동 269
민족·민주·인간화 교육 251
민족·민중 교육운동 222
민족주의교육운동 226
민족통일민주쟁취민중해방투쟁위원회 248
민주주의교육 233
민주학교 285

ㅂ

바우처 제도 70
바칼로레아 132
반공교육 216, 244, 245
반공교육(학도호국단)운동 226
반공궐기대회 20
방과 후 학교 55
백낙준 232
백령도로 간 선생님 255
법교육지원법 90
병영집체훈련 245
보습과정 127
보통학교 설립운동 269
보호(수용)기능 273
분권화 95
붉은 벽돌 대학 146
비구조화된 문제 178

ㅅ

사립학교법 개정 53
사립학교 설립운동 218
사립학교의 비중 27
사학비리 22
사회개조론 222
사회과 19

사회생활과 229
사회재건주의 교육 274
산학협력중심대학 육성사업 51
상관형, 융합형, 통합형 교육과정 86
새교육 228
새교육공동체위원회 46
새교육운동 216, 226, 233
새교육협회 228
새로운 학교 운동 262
새마을 가꾸기 운동 238
새마을운동 17, 239, 240
새마음운동 240
생활중심·아동중심의 교육 226
서당개량운동 222
서울대의 나라 195
서울대학교 법인화 60
선린상업학교 16
선행학습 175
성내운 242
성전수행 18
세계 주요 지역 대학 순위 112
세계화 41, 43
소득 2만 불 시대 도약을 위한 대학경쟁력 강화 방안 51
소비자 주권론 43, 65
소양(역량)교육 108
송도국제학교 53
수능등급제 54, 80, 118
수도권 집중화 113
수요자 중심의 교육 39
수준별 교육과정 39
수학능력시험 14, 24, 106, 116, 117
수행평가 46
스탠더드 73, 98
슬림화 42
시립기술학교 71
시험위주교육 106
신교육연구협회 227
신교육체제 수립을 위한 교육 개혁방안 37
신대학 146
신보수주의 교육개혁 69, 77
신사참배 17, 18
신자유주의 교육개혁 23, 26, 39, 66
신자유주의 대학 정책 30

ㅇ

아비투어 133
안보 교육 244
안호상 228, 230, 231
애국계몽운동 215, 216
애국조회 17
앤더슨 230
업적주의체제 271
에드엑셀 72
역사 교과서의 국정화 83
연구중심대학육성사업 47
열린교육 38, 39
열린교육강령 261
열린교육운동 261
영미식 신자유주의 교육개혁 68
영어 교육 강화론 66

오천석 226, 228, 233, 234, 253
온라인 대중강좌 285
왕따 문화 15, 16
우리의 교육지표 242
운동장 청소하기 17
유리벽 대학 146
의무교육 무상화 49
이해찬 교육부 장관 46
인간개조 237
인간적 세속주의 69
인문학 및 기초과학의 위기 30
인터내셔널 바칼로레아 137
일민주의교육 216, 228, 231
입시 다양화 정책 37
입시위주교육 77
입학사정관제 60, 78, 118, 122
입학자격고사 160
입학자격시험 106, 194
입학할당제 18, 144

ㅈ

자강운동 217
자립형 사립학교 25, 33
자율학교 71, 264
작은 학교 운동 262, 263
잠재적 교육과정 25
재건국민운동 237
적격성지표 149
전교조 법외노조화 65
전교조 해직 사태 258
전국교사협의회 256
전국단위 학업성취도 평가 61
전국대학생대표자협의회 249
전문학교 223
절대평가 157
절대평가형 내신 194
정부의존형 사립대 198
정신 개조 237, 239
정의공동체 286
정책 돌려쓰기 68
정책실행검증정보센터 107
교육사절단 228, 229
제1차 국가인적자원개발기본계획 51
제2차 국가인적자원개발기본계획 51
제2참교육운동 259
제3차 교육과정 242
제3차 교육령 17
제6대학 137
제6차 교육과정 개정 260
제7차 교육과정 38, 46
제임스 코넌트 105
조선교육령 222
조선교육연합회 228
조선총독부 교육통계 220
조선총독부 학무국 221
조지 피바디 사범대학 230
조화로운 학급 150
졸업정원제 246
종합생활기록부 38, 119
종합중등학교 75
좌파 평등주의 37, 40, 59, 66, 68

주·야학 강습소 설치 운동 222
주한 미국대사 무초 232
준학교교육운동 222
중고등학교 교원노동조합연합회 234
중등교육의 대중화 270
중등자격시험 136
중등학교 삼원체제 74
줘잡기 17
지방대 육성 65
지방대학혁신역량 강화사업 51
지역인재 할당제 209
직업별 소득평준화 201
진보주의 교육사조 226

ㅊ

차별적 평준화 정책 111
차터스쿨 71
참교육운동 216, 251
참여경제(파레콘) 276
참여정부 50
참여정부 교육인적자원개발 혁신 로드맵 51
초등교원 노동조합연합회 234
초·중등교육 정상화 171
총력안보를 위한 전국 교육자대회 244
총체적 전형 124, 149
총합학습 87
최소필수학습요소 98
충군애국 18
충효교육 240, 241
치안유지법 225

ㅋ

캘리포니아대학 111
콩도르세 269

ㅌ

탈자본주의 사회 276
탈학교주의자 279

ㅍ

파리 대학 142
파울로 프레이리 274
평생학습능력 108
평준화 정책 28
포뮬라 방식 124
폴리테크닉 144
표준능력시험 180
표준성취 수준 69
표준성취시험 105, 171, 173
표준성취역량 중심 교육과정 182
핀란드 아비투어 134

ㅎ

학교교육의 책무성 강화 55
학교근로보국대 17
학교 붕괴 23
학교선택 73
학교 선택권 60
학교 선택 운동 71
학교 운영위원회 72
학교정보공시 78
학도호국단 231, 245
학벌 없는 사회 195

학부모회(건육회) 설립 227
학생부 종합전형 24, 121
학습망 279, 283
학습의 소외 273
학원안정법 248
학원자율화조치 247
학점인플레이션 157
한국YMCA중등교육자협의회 254
한국교원단체총연합회 258
한국교육과정평가원 92, 100
한국대학교육협의회 78
한성 사범학교 16
한완상 교육부총리 195
혁명정부 문교시책 237
혁신학교 171
혁신학교 운동 263, 264
홍익인간 231
화장실 청소하기 17
황국신민서사 암송 17, 18
황국신민화 16, 17, 18, 216

ABC

ACT 141
Advanced Schools 75
A–level 135
America 2000 73
AO 122
AP 시험 138
Beacon Schools 75
BK21 47, 48, 195
City Academy 72
Eleven Plus 74
GMS 71
Goals 2000 73, 99
Grammar School 74
IMF 구제금융사태 43, 46
J.S. 밀 126
Modern School 74
NEIS 문제 51
NL (민족해방민중민주주의혁명론) 249
PD(민중민주주의혁명론) 249
QCA 97, 100
SAT 139
SKY 대학 110
Technical School 74
UC 적격성지표 147
WCU 사업 202
WTO체제의 출범 41

123

1면 1교주의 220
1인당 사교육비 119
2·8 독립선언 221
2대 8 타협론 198
3·1운동 221
3단계 대입자율화 방안 120
3불정책 54
5·31교육개혁 37, 38, 56, 65
6·10 만세운동 223
7·30 교육개혁조치 246
19세기 대학 146
46년 6월 대한 정책에 대한 기본 훈령 227
1944년 교육법 74

1968년 5월 혁명	*143*
1976년 교육법	*75*
1988년 교육법	*71, 72*
2002학년도 대학입학제도 개선안	*119*

한국의 교육 모순의 근원과 대안

초판 1쇄 발행•2017년 8월 16일

지은이•김영석
펴낸이•이상경
부 장•박현곤
편집장•김종길
편 집•김종길, 양지현
디자인•김성은

펴낸곳•경상대학교출판부
주소•경남 진주시 진주대로 501
전화•055) 772-0801(편집), 0802(디자인), 0803(도서 주문)
팩스•055) 772-0809
전자우편•gspress@gnu.ac.kr
홈페이지•http://gspress.gnu.ac.kr
페이스북•https://www.facebook.com/gnupub
블 로 그 •https://gnubooks.tistory.com
등록•1989년 1월 7일 제16호

•책값은 뒤표지에 있습니다.

이 도서의 국립중앙도서관 출판시도서목록(CIP)은 서지정보유통지원시스템 홈페이지(http://seoji.nl.go.kr)와 국가자료공동목록시스템(http://www.nl.go.kr/kolisnet)에서 이용하실 수 있습니다.
(CIP제어번호: CIP2017018429)